KB235455

각개약진 공화국

각개약진 공화국

각개약진 공화국

초판 1쇄 찍음 2008년 3월 25일 • 초판 1쇄 펴냄 2008년 3월 31일 • 지은이 강준만 • 펴낸이 강준우 • 편집 홍석봉, 정지희, 김윤곤, 김수현, 이지선 • 디자인 이은혜, 최진영 • 마케팅 이태준, 최현수 • 관리 김수연 • 펴낸곳 인물과사상사 • 출판등록 제17-204호 1998년 3월 11일 • 주소 (134-850) 서울시 강동구 성내1동 533-1 영우빌딩 301호 • 전화 02-471-4439 • 팩스 02-474-1413 • 우편 (134-600) 서울시 강동구 강동우체국 사서함 164호 • www.inmul.co.kr • insa@inmul.co.kr • ISBN 978-89-5906-080-1 03300 • 값 13,000원

각개약진 공화국

대한민국, 그 치열하고 전투적인 생존경쟁의 비밀

각개약진은 한국적 삶의 기본 패턴이다. 공적 영역과 공인에 대한 불신이 워낙 강해 사회적 문제조차 혼자 또는 가족 단위로 돌파하려는 경향이 매우 강하다는 뜻이다. 사람들은 수많은 배신과 공약파기, 그리고 속고 속는 세월 속에 각개약진을 선택했다. 1극체제의 타파? 균형발전? 어느 세월에? 그걸 믿을 수 있나? 장사 하루 이틀 해보나? 그런 의문 끝에 택한 게 바로 각개약진이다. 그래서 한국인의 삶은 날이 갈수록 피곤하고 살벌해진다.

강준만 지음

인물과 사상사

'각개약진 공화국'에서의 삶

지난 몇 년간 많은 사람들을 불편하게 만들면서 썼던 사회비평 글들을 책으로 묶어낸다. 여기에 실린 글들은 그 내용과 성격에서 다양하긴 하지만, 대부분 '각개약진 공화국'의 신민으로 살아가는 한국인의 삶을 다루고 있다.

각개약진(各個躍進)이란 적진을 향해 병사 각 개인이 지형지물을 이용하여 개별적으로 돌진하는 걸 뜻하는 군사용어다. 각개약진은 한국적 삶의 기본 패턴이다. 공적 영역과 공인에 대한 불신이 워낙 강해 사회적 문제조차 혼자 또는 가족 단위로 돌파하려는 경향이 매우 강하다는 뜻이다.

지방에서 '서울공화국' 체제에 대해 비분강개조로 비판하면서 대안을 역설해봐야 좋은 소리 못 듣는다. 무슨 정치적 속셈이 있어 그러는 걸로 여기거나 성격적으로 문제가 있다는 평가를 받기 십상이다.

조금이라도 지역공동체 잘되게 하자는 공적인 일을 해보려면 대뜸 날아드는 말이 "민폐 끼치지 말라!"다. 나와 더불어 일종의 '지역 살리기 운동'에 참여한 한 학생이 그런 말을 듣고 상처받았다고 털어놓은 걸 듣고 나도 상처받았다. 관변 시민단체는 수억 원씩 도민 세금을 받고 관의 들러리 역할을 해도 아무런 문제제기조차 없는 지역사회에서 젊은 학생들이 자기 돈 들여가며 참여를 좀 요청했더니, 같은 동료 학생이 기껏 한다는 소리가 "민폐 끼치지 말라"라니!

그렇다고 해서 지방 사람들에게 "당신들은 당해 싸다"고 독설을 퍼부을 일은 아니다. 왜냐하면 그들은 각개약진을 선택했기 때문이다. 서울과 지방의 균형발전? 어느 세월에? 그걸 믿을 수 있나? 반세기 넘게 수없이 반복된 그 허튼 수작을 믿으란 말인가? 장사 하루 이틀 해보나? 그런 의문 끝에 택한 게 바로 각개약진이다.

내가 서울로 들어가 살면 되는 거다. 나의 분신인 내 자식을 서울유학시키면 되는 거다. 서울에도 집을 두고 지방에도 집을 두면 일거양득(一擧兩得)이지 무엇 때문에 양자택일(兩者擇一)을 해야 한단 말인가? 게다가 서울유학간 자식은 서울에서 성공한 뒤 고향 내려오면 서울에서 만든 '줄'을 과시하면서 높은 벼슬자리도 할 수 있는데 무엇 때문에 서울과 싸워야 한단 말인가?

믿기지 않는가? 어느 언론사건 '특별취재팀'을 가동시켜 조사해보라. 평소 써오던 '파워 엘리트' 범주를 이용해 지방의 파워 엘리트를 조사해보라. 대부분 자녀를 서울로 유학시켰거나 수도권에 집 한 채는 갖고 있다. 파워 엘리트가 아니더라도 지방에서 웬만큼 사는 사람들은 다 그 코스를 밟고 있다. 그 판에 대고 지역 살리기를 해보자는 선동이 먹혀들 수 있겠는가?

2006년 6월 30일 밤 전북의 민영방송인 JTV 뉴스를 시청하다가 조금 놀랐다. 생존 중인 역대 도지사 12명 중 딱 1명만 전북에서 생활하고 있다는 뉴스였다. 퇴임하는 강현욱이 전북에서 살겠다고 공언한 걸 소개하면서, 그간 역대 도지사들이 고향을 등져와 소외감을 낳았는데 '신선'하다는 평가였다.

서울 소재 대학들의 교수 채용 방식 변경도 서울—지방 전선을 희미하게 만들고 있다. 갓 박사 학위받은 사람보다는 지방대에서 경력을 쌓은 교수를 채용한다. 긍정적인 면이 없지 않지만, 오직 '지방에서 서울로의 이동'만 있다는 게 문제다. 그래서 매년 수백 명의 지방대 교수들이 서울로 이동하며, 지금도 수천 명의 지방대 교수들이 서울로의 이동이라는 '코리언 드림'을 실현하기 위해 지방보다는 서울에 신경 쓰는 삶을 살고 있다.

수도권 공공기관이 지방으로 이전하면 좀 나아지지 않을까? 꿈 깨는 게 좋다. 서울—지방간 교통량만 늘릴 뿐이다. 지방의 원룸 수요만 늘어난다. 직원들이 가족은 수도권에 남겨두고 홀로 지방으로 내려가게끔 돼 있다는 것이다. 어느 공기업의 경우 설문조사를 해봤더니 '가족과 함께 이사하겠다'고 답한 사람은 10퍼센트에 불과했다.

각개약진이 문화를 넘어서 아예 한국인의 유전자가 된 건 아닌지 모르겠다. 심심하면 벌어지는 집단적 열광의 비밀도 바로 여기에 있다. 집단적 열광은 각개약진에 지친 심신을 달래기 위한 집단주의 축제다.

한국의 각개약진 문화엔 명암이 있다. 그건 세계에서 가장 빠른 경제발전을 이뤄낸 원동력이기도 했지만, 모든 문제를 개인과 가족 단위에서 해결해야 하기 때문에 삶은 더할 나위 없이 피곤하고 살벌하기까지

하다. 당연히 행복도도 매우 낮다. 이런 문제를 자꾸 지적하는 글을 쓴다고 해서 세상이 달라질 것 같진 않지만, 그래도 어쩌겠는가? 직업적 사명이라 믿고, 나도 각개약진 식으로 계속 떠들어 보련다.

이 책에 실린 글들은 2005년 4월부터 2008년 2월까지의 한국사회를 다루었다. 글은 시간 순서대로, 그렇지만 거꾸로 배열했다. 시간의 흐름을 차례대로 느끼고 싶은 분들은 뒤에서부터 읽어도 좋겠다. 비슷한 이야기가 반복되기도 하겠지만, 오죽 자신의 메시지 전파에 굶주렸으면 그랬을까 하고 이해해주시면 고맙겠다. 각개약진할 때 하더라도 다른 방식의 삶에 대해서도 관심을 기울이는 세상이 되면 좋겠다.

2008년 3월
강준만 올림.

4장　'연역적 개혁'에서 '귀납적 개혁'으로

5장　지방은 한국의 미래다

1장

이명박 정권의 '37번째 쇼'

한국사회의 '인터넷 콤플렉스'

한국의 '댓글 문화'는 악명이 높다. 물론 '악플' 때문이다. 악플이 범람하는 이유에 대해선 설이 분분하지만, 그것이 지극히 한국적 현상이라는 데엔 이견이 없다. 한국 대학의 한 외국인 교수는 한국의 '댓글문화'는 서방국가가 200년에 걸쳐 이룬 민주주의를 50년 만에 압축 도입하면서 계층·세력 간에 형성된 '뒤집기 문화'에 연유한다며 '내 이름'으로 책임지는 문화를 가진 선진국에는 한국처럼 무분별한 댓글문화는 없다고 비판했다.

그렇게 볼 수도 있겠지만 노르웨이 오슬로대학 교수 박노자가 최근에 출간한 『박노자의 만감일기』(2008)에서 한국 특유의 '관계 문화'를 지목한 게 더 가슴에 와 닿는다. 그는 가족이든 동창이든 친한 지인이든 정말 '관계'가 있는 사이라면 한국인만큼 잘해주는 사람은 없으며, 모르는 사람일지라도 대면해서 이야기하는 경우라면 '상대방'이라는 '관계'가 성립되니까 속마음이야 어떻든 간에 일단 얌전한 척이라도 한다고 했다. 맞다. 누구든 동의할 수 있는 한국인의 유별난 특성이다.

그러나 세상에 공짜는 없는 법. 밀물이 있으면 그만큼 썰물이 있기 마련이다. 바로 그런 특성은 완전한 타인들이 익명으로 서로 접촉하는 인터넷이라면 바로 정반대가 된다는 게 박노자의 분석이다. 그는 이런 성향을 '마을의식'으로 부르면서, 다음과 같이 말했다.

"자기 마을 안에서는 예의범절을 다 챙기지만, 바깥에 나가면 속을 풀대로 푸는 전근대적 '소속 소집단 중심의 사회적 연대'인 셈이다. 글쎄, 나 같은 사람들은 '민족주의' 등의 거대담론들을 자꾸 문제 삼지만, '우리'에게 더욱 중요한 범주는 사실 무슨 '민족'보다도 이 '마을(가족, 동창 집단, 친구들 등 가까운 사람들)'인 듯하다."

골수 악플러들이 일상에서는 자기주장이 강하지 않고 소심한 편이라는 조사 결과는 이 분석의 설득력을 높여준다. 신촌세브란스병원 정신과 교수 남궁기는 "상사의 불합리한 주문에는 순응하는 듯하다가 자기보다 힘이 약한 후배의 말에는 버럭 화를 내는 사람처럼, 특정 환경에서 평균 이상으로 공격성을 표출하는 사람은 '악플'의 유혹에 빠지기 쉽다"고 했다. 이 또한 악플이 현실의 결핍에 대한 분풀이 또는 보상심리의 산물이라는 걸 말해준다.

박노자가 지적한 '마을의식'은 댓글문화뿐만 아니라 한국정치의 작동방식도 설명해준다. 왜 한국정당들의 수명은 포장마차의 수명보다 짧은가? 왜 한국정치인들은 자주 철새 떼나 들쥐 떼가 되는가? 왜 선량한 보통사람들은 정치참여만 했다 하면 무조건적 열성 지지자로 변하며, 왜 또 그들 중 일부는 반대파 처단에 앞장서는 홍위병 흉내를 내지 못해 안달하는가? 이 물음들에 대해선 '마을의식'이 좋은 답이 될 것 같다.

소설가 조선희가 수년전 「악취 진동하는 사이버 토론장」이라는 제목의 글에서 온라인 공간이 "한국정치의 드잡이 난투극을 그대로 닮아가면서 토론문화의 첨단이 아니라 게토가 되어버렸으며, 오히려 오프라인 시절의 토론수업 교양과정을 훌쩍 월반해 최소한 게임의 룰조차 실종된 흑색선전과 편 가르기와 극단적 주의·주장의 거점이 되어버"렸다고 개탄한 것도 바로 그런 '마을의식'에 대한 고발이 아니고 무엇이랴.

조선희는 "'욕설, 비속어, 인신공격' 글이 횡행하지 못하도록 엄격히 수질 관리를 하든가, 게시판이나 댓글 공간을 관리 가능한 만큼 줄이든가, 그것이 아니라면 쌍방향 소통의 대의를 당분간 접고 온라인 토론공간을 폐쇄하는 고육지책이 필요할른지 모른다"고 했는데, 지금까지 그어느 것 하나도 이루어지지 않았다.

왜 그럴까? 왜 우리는 악플에 대해 너그러운가? 이 물음에 대해선 한림대 언론정보학부 교수 최영재가 답을 제시한 바 있다. 그는 댓글이 특정 여론의 움직임을 읽게 만드는 지표 역할을 한다는 주장도 있지만, "합리와 이성, 절도가 없는 댓글의 폐해는 정도가 지나쳐 건전한 여론형성 과정을 망가뜨리고 있다"며 다음과 같이 주장했다.

"인터넷 강박중에 눌려버린 언론들은 댓글이 불러올 수 있는 민주주의 파괴 현상에 대한 성찰이 부족했고, 애써 눈을 돌리기도 했다. 세계적인 권위지라는 미국 워싱턴포스트와 뉴욕타임스의 인터넷판은 현재 기사에 대한 댓글제도가 없다. 한때 기사 댓글을 운영했지만 쓰레기 글들이 너무 많이 올라와 명예훼손이나 프라이버시 침해와 같은 법적인 문제가 제기되자 폐지했다. 절제가 없는 의견은 시민 여론의 자격이 없다는 것이 기사 댓글 폐지의 이유이다. … 언론은 댓글 민주주의에 대한 착각과 환상에서 벗어나야 한다. 기사 댓글을 과감히 폐지하고 제대로 된 시민의 추임새를 들을 수 있는 토론광장을 활성화하자."

언론의 '인터넷 강박증'이라는 말에 주목할 필요가 있다. 인터넷에 대해 주눅이 들어있는 '인터넷 콤플렉스'라고 해도 좋겠다. 텔레비전을 시청하지 않는다고 해서 '텔레비전 맹(盲)'이라고는 하지 않는다. 오히려 수준이 높다고 본다. 그러나 인터넷을 하지 않으면 '인터넷 맹'이라고 한다. 시대에 뒤떨어진 부적응자로 본다. 인터넷은 첨단을 상징한다. 모두 다 주눅이 들어 있다. 어느 정도인가? 명예훼손이나 프라이버시 침해와 같은 법적인 문제조차 눌러 버릴 정도다.

최근엔 좀 달라진 모습을 보이고 있기도 하지만, 그간 언론은 악플 피해자들이 법에 호소하는 방법도 있다고 말은 하면서도 "악플의 상처에서 벗어나는 가장 좋은 방법은 둔감해지는 것이다"는 식의 조언을 많이 해왔다. "피해를 당하면 극히 일부 미성숙한 아이나 열등한 성인의 행동으로 치부하고 스스로를 달래는 것이 가장 좋은 방법이다"는 조언이 제시되기도 했다. 이런 기사엔 '나에게 문제가 있는 것이 아니고 악플을 다는 사람이 문제가 있다는 사실을 스스로 객관화하는 것이 중요하다"는 신경정신과 의사의 조언까지 곁들여진다.

이런 이야기를 듣다 보면 한국에선 어느 영역에서건 이름깨나 있는 사람이 되기 위한 첫 번째 자질은 '악플을 참아내는 법'이 아닌가 싶을 정도다. 왜 그럴까? 무언가 또 다른 이유도 있는 게 아닐까? 문화평론가 강명석은 언론이 때론 악플러를 비난하지만, 대부분은 실질적으로 공생관계라며 다음과 같이 말했다.

"인터넷에서 악플이 사라지지 않는 것은 그것이 개개인의 윤리적·

도덕적 판단뿐만 아니라 그들을 통해 수익을 얻는 언론매체, 그리고 궁극적으로는 그들을 통해 방문자를 끌어들이는 포털 사이트의 문제와 연결돼 있기 때문이다. 즉, 악플의 문제는 단지 개개인의 인격적인 문제로만 치부할 것이 아니다. 이는 어떤 방법으로든 '주목'을 받아야 살아남는 포털 사이트와 그 속에서 활동하는 언론매체가 얽혀 있는 산업적인 문제다. 이것이 단지 몇몇 비정상적인 악플러들만을 비난할 수 있는 문제일까."

한국을 가리켜 '인터넷 강국'이라고 한다. 껍데기만 그럴 뿐이지만, 그 껍데기조차 바로 그런 인터넷 콤플렉스와 인터넷 상업주의를 먹고 자란 것이다. 웬만한 나라에선 법적인 문제 때문에 불가능했을 일이 한국에선 마구잡이로 저질러져도 아무런 법적 제재를 받지 않았을 뿐만 아니라, 심지어 찬사를 받기까지 했다. 한국의 인터넷 '도덕적 해이'에 대한 관용은 '새것'과 '첨단'과 '세계 최고'에 걸신들린 한국인들의 굶주림과 무관치 않다. 여기에 자유주의적 착각과 진보주의적 착각이 가세했다.

자유주의적 착각은 표현의 자유가 억압당했던 과거에 대한 반작용에서 비롯된다. 악플의 폐해가 아무리 심각하다 해도 그걸 통제하는 것보다는 표현의 자유를 보장하는 것에서 얻을 게 더 많다는 논리다. 권력 감시, 내부고발, 창의력 발휘 등의 장점이 열거된다. 대놓고 말은 않지만, 이게 명예훼손이나 프라이버시 침해와 같은 문제보다는 더 중요하다는 식이다. 흑색선전과 편 가르기와 극단적 주의·주장의 사회적 비용은 잘 거론되지 않는다. 거론된다 해도 '분열과 혼란은 민주주의의 꽃'이라는 원론이 답으로 준비돼 있다.

내가 궁금하게 생각하는 건 국가보안법을 철폐하고, 내부고발자를 보호하는 법을 제대로 만들고, 모든 공적 영역을 투명하게 만드는 법과 규칙을 완비하는 노력이 기울여지지 않는 가운데, 왜 그런 기능을 인터 넷으로 대체하려는가 하는 점이다. 아니 인터넷을 그런 노력에 이용해 야 할 텐데 과연 그게 이루어지고 있느냐 하는 것이다.

진보주의적 착각이라 함은 기존 거대매체를 보수세력이 사실상 장악 했던 과거와 비교해 인터넷을 진보세력의 대안매체로 보는 시각에서 비롯된다. 일종의 이념적 '편 가르기' 논리가 인터넷에 적용된 셈이다. 실제로 '인터넷 실명제'만 하더라도 찬성하는 측은 대부분 보수파였고, 반대하는 측은 대부분 진보파였다.

초기엔 인터넷이 진보세력의 대안매체였을지 모르지만, 인터넷이 점 점 더 돈이 되는 산업으로 커가면서 이제 그건 더 이상 통용되지 않는 옛날이야기가 되고 말았다. 특히 노무현 정권이 보수 신문에 대한 견제 매체로 인터넷을 택해 큰 공을 들이면서 포털과 밀월관계를 누린 건 정 권교체와 함께 부메랑이자 자충수가 될 가능성이 높아졌다. 그럼에도 습관과 관성 때문인지 아직도 인터넷에 대한 진보주의적 착각이 횡행 하고 있다.

지난 2006년 8월 전 미국 부통령 앨 고어(Al Gore)는 영국 에든버러 국 제TV페스티벌에서 행한 연설에서 "권력과 돈으로 인한 미디어 통제 때 문에 민주주의가 큰 위협을 받고 있으며 해결책은 인터넷뿐입니다"라 고 주장했다. 반의 반쪽짜리 진실일 뿐이다. 기존 미디어 재벌들이 앞 다투어 인터넷매체들을 사냥해온 건 보지도 못했나? 언제건 권력과 돈 이 없는 사람이나 세력이 쉽게 생산자가 될 수 있다는 점에서 인터넷의 매력은 여전하지만, '쏠림' 현상을 그 속성으로 삼는 인터넷 공간에서 그 가능성의 실질적 가치는 상징적 수준에 머무를 수밖에 없다.

그래서? 인터넷을 포기하자는 것도 아니고 강력 통제하자는 것도 아니다. 거대담론적 가치를 앞세워 인터넷의 표현의 자유를 무작정 예찬해온 자유주의·진보세력의 자세가 과연 옳은 것이었는지 한 번 더 생각해보자는 뜻이다. 예컨대, 악플의 표현의 자유엔 너그러우면서 그로 인해 박탈되는 다른 표현의 자유엔 무관심했던 건 아닌가? 악플이 지식인의 자기검열을 초래하는 결과를 낳아 오히려 공론을 위협하는 결과를 낳은 건 아닌가?

연세대 영상대학원 교수 윤태진은 "지인 한 명이 칼럼을 쓴 후 느꼈던 참담함을 사석에서 토로한 적이 있었다. 인터넷 게시판의 악의적인 댓글들 때문이었다. 그는 왜 정당하지 않은 비난과 욕을 감내하면서까지 자기가 글을 써야 하는지 모르겠다며 푸념했다. 그냥 무시하라고 위로했지만, 그도 사람인지라 아마도 그 불쾌감이 쉽게 사라지지는 않을 것이다. 모든 사람이 공감하고 칭찬하리라 기대하며 글을 싣는 이는 없게 마련이다. 하지만 욕설과 비꼼, 비방과 인격적 모독으로 가득 찬 댓글은 글 쓰는 이들 대부분의 힘을 쏙 빠지게 만든다"고 했다.

그래도 힘을 쏙 빠지게 만드는 정도면 다행이다. 아예 글을 안 쓰려는 사람들도 많이 생겨났다. 글을 쓰더라도 논쟁적인 글은 피하려고 든다. 실제로 그 어느 언론매체에도 기사화되진 않지만, 시사적인 글을 쓰는 많은 지식인들이 인터넷으로부터 튀기는 '배설물' 세례를 염두에 두고 자기검열을 하고 있는 것이다. 물론 그런 배설물에 전혀 개의치 않고 자기 소신을 더 세게 밀고 나가는 지식인들도 있지만, 그것도 문제다. 아주 독하거나 상처받지 않는 기계적 인간들만 제 목소리 내고, 나머지 대다수가 배설물을 피하려는 글만 쓰려고 드는 공공 커뮤니케이션 시장이 건강하다고 보기는 어렵다. 악플에 대해 어떻게 대응하건, 한국사회에 만연한 인터넷 콤플렉스 만큼은 다시 생각해보면 좋겠다.

이 글 첫머리에 소개한, '내 이름'으로 책임지는 문화를 가진 선진국에는 한국처럼 무분별한 댓글문화는 없다는 비판엔 불편하게 여겨지는 점이 있다. '내 이름'으로 책임지는 문화를 가질 수 없었던 독재정권 시절의 아픈 과거가 떠오르며, 또한 아직 그 상흔이 다 치유된 게 아니기 때문이다. 그러나 '내 이름'으로 책임져도 될 만한 일까지 자꾸 역사적 상흔을 앞세우거나, 다른 방법으로도 얼마든지 가능한 익명성의 예외적 사회적 가치를 앞세워, 계속 익명성의 보호막에 안주케 하는 건 우리 모두를 위해 이제 더 이상 도움이 될 것 같지는 않다. 기존 댓글문화의 장점도 생각하는 동시에 그 사회적 기회비용에도 눈을 돌려보자.

—『한겨레 21』, 2008년 2월 5일자.

이명박 정권의 '37번째 쇼'

3년 전 「한국 엘리트의 인해전술(人海戰術)」이라는 제목의 칼럼을 쓴 적이 있는데, 주요 내용을 다시 한 번 말씀드려야겠다. 최근 대학 입시제도를 둘러싼 뜨거운 논쟁을 지켜보면서 논쟁마저도 인해전술로 해야하는 건지 답답한 생각이 들어서다. 논쟁을 벌이는 양쪽 모두 문제의 핵심을 피해가는 '쇼'를 하고 있다는 생각마저 든다.

나는 지난 1996년 『서울대의 나라』라는 책을 낸 걸 가끔 후회할 때가 있다. 대부분의 사람들이 내 주장을 '서울대 폐지론'으로 오해하고 있기 때문이다. 나는 서울대 폐지에 반대한다. 서울대 사람들 말마따나, 누구 좋은 일 시키려고 서울대를 폐지한단 말인가? 서울대 폐지가 가능하지도 않겠지만, 가능하다 한들 소위 'SKY(서울, 고려, 연세) 대학' 중 KY가 다시 서울대가 될 게 뻔하지 않겠는가.

내 주장을 한마디로 요약하자면, SKY의 정원을 대폭 줄여 그들을 소수 정예화하면서, 한국사회의 엘리트층에 편입되고자 하는 입시경쟁의 병목현상을 타개하자는 것이다. 이 주장은 엘리트의 존재와 기능을 인정한다. 아니 그 정도를 넘어서 엘리트는 엘리트다워야 한다는 엘리트주의를 적극 포용한다.

그래서 내 주장은 평등을 강조하는 진보파의 지지를 얻지 못한다. 또한 기득권 사수에 열을 올릴 뿐만 아니라 기득권 무한 팽창주의를 지향하는 보수파의 지지도 얻지 못한다. SKY의 주요 경쟁력은 졸업생 수가 많은 인해전술이기 때문에 정원의 대폭 축소는 그들로서는 상상하기조차 싫은 최악의 사태이기 때문이다.

진보파와 보수파는 크게 다른 것 같지만, 이들 모두 SKY의 정원을 언급하지 않는다는 점에선 똑같다. 입시정책에서 노무현정권은 앞으로 출범할 이명박정권과는 크게 다른 것 같지만, SKY 기득권을 팽창시켰다는 점에선 다를 게 하나도 없다. SKY의 정원을 그대로 두고선 무슨 짓을 혁명적으로 벌인다 해도 달라질 게 없다는 신념을 가진 나로서는 양쪽 모두 실속 없는 이념투쟁을 하는 것으로 여겨진다.

이 지구상의 모든 나라를 다 살펴보시라. 그 어떤 나라도 3개 대학 졸업생이 각 분야 상층부 인력의 60~100퍼센트를 점유하는 나라는 없다. 이걸 질리도록 보아온 한국 학부모들은 나중엔 어떻게 될망정 일단 자녀교육의 목표를 SKY 진입에 두고 있으며, 이게 바로 입시에 목숨을 걸어야 하는 만병의 근원이 되고 있다.

SKY 정원을 대폭 줄임으로써 상층부 인력의 60~100퍼센트가 수십 개 대학 졸업생으로 구성된다면, SKY 진입에 실패하더라도 다른 대학에 들어가서 또 한 번의 경쟁을 해볼 수 있다. 즉, 대학입시에 집중되는 병목현상을 완화함으로써 입시로 인해 피폐해진 한국인의 삶을 개선하는 동시에 '공부하는 대학'의 효과도 거둘 수 있다는 것이다. 물론 시간이 오래 걸리는 일이다. 그러나 우리는 단 한 번도 이 방향으로 발걸음을 뗀 적조차 없다. 해방 후 지금까지 입시제도를 36번이나 바꾸는 '쇼'만 계속해왔고, 이제 '37번째 쇼'를 구경하기 직전에 있다.

3년 전 서울대 총장이었던 정운찬 씨는 "SKY 출신이 사회요직을 독차지하고 있다"면서 "형평성이나 양질의 교육을 위해 학생 수를 과감하게 줄여야 한다"고 했다. 그는 "인구 2억 8,000만 명인 미국의 상위 10개 대학 총 졸업생이 매년 1만 명에 불과한데 인구 4,700만 명인 한국에서는 SKY에서만 1만 5,000명의 졸업생이 나온다"고 지적하면서, "효율적인 학교 운영이나 연구와 교육의 질 등을 생각하면 학생 수를 지금보다 많이 줄여야 한다"고도 했다. 정씨의 생각은 백번 옳았지만, 그에겐 그렇게 할 만한 힘이 없었다. 한국 엘리트의 인해전술, 신물이 나지도 않는가? '37번째 쇼'를 관람하더라도 알건 제대로 알면서 즐기는 게 좋겠다.

—한국일보, 2008년 1월 30일자.

'친절'에 관한 생각

내가 살고 있는 전북의 문화에 대해 글을 쓸 때마다 불친절의 문제를 지적하곤 했다. 좋게 말해서 '양반 기질'로 표현되는 전북인의 대인관계적 특성이 외지인에 대한 무뚝뚝함으로 나타나 전북의 관광사업에 장애가 되고 있다는 주장을 편 것이다. 전북에 사람이 몰려드는 걸 꿈꾸며, 외지인을 "친절의 바다에 풍덩 빠트리자"는 선동을 하기도 했다.

그런 이력 때문에 박노자 교수가 최근에 출간한 『박노자의 만감일기』를 읽다가 「'친절'이라는 국제자본주의체제의 코드」라는 제목의 글에 눈길이 갔다. 여성 노동자들의 '감정 노동'을 거론하면서, 강요된 친절의 문제를 제기한 글이다. 그는 "이런 현실을 생각하면 북유럽의 비행기 승무원이나 은행 창구 노동자들의 모습이 그리워진다"며 이렇게 말했다.

"그들은 고객의 '기'를 살리느라 억지로 웃어야 하는 의무도 없고 그렇게 하지도 않는다. 가끔은 좀 무뚝뚝해 보이긴 하지만 그게 인간의 존

엄을 표현하는 것은 아닐까 싶다. 나와 고객의 관계가 공적인 관계라면 사적인 관계에 어울리는 웃음과 상냥함을 억지로 가장할 필요가 있는 가. 여직원은 좀 상냥해야 한다는 생각에선 가부장주의적인 악취가 풍긴다."

친절에 대해 깊이 생각해볼 수 있는 기회를 준 탁견이다. 나는 이 주장의 취지엔 흔쾌히 동의하면서도, 여전히 남녀 불문하고 손님을 "친절의 바다에 풍덩 빠트리자"는 생각을 바꿀 뜻은 없다. 문제는 가식성의 여부와 정도일 텐데, 불쾌할 정도로 무뚝뚝한 태도보다는 차라리 가식적인 친절이 더 나은 게 아닐까?

얼마 전 대형마트 때문에 위기에 몰린 어느 재래시장 상인들이 친절 교육을 받는다는 뉴스에 접하면서 "그래, 바로 이거야!"라고 내심 외쳤던 적이 있다. 직원의 '친절도 평가 조사'까지 하는 대기업의 직원과 영세 자영업자의 친절을 단순 비교할 수는 없는 일이다. 그러나 고객 입장에선 그런 사정까지 헤아려 주진 않는다. 오히려 영세 자영업자는 대기업 직원이 따라갈 수 없는 수준의 친절, 즉 가식성이 없거나 약한 친절을 베풀어야 한다. 그래야 살아남을 수 있지만, 그 이전에 그렇게 하는 것이 자신의 행복감을 높이는 길이기도 하다는 점을 아는 것이 중요하다.

"직업에 귀천이 없다"는 말은 적어도 한국에선 거짓말이다. 한국의 직업문화는 위계질서가 서 있어 모두 다 '보다 더 높은 곳'을 향하기 때문에 자신의 일에 자긍심을 갖기 어렵다. 자긍심이 없는데 친절이 나오겠는가? 영세 자영업자의 불친절을 지적하면 "날 뭘로 보고"라거나 "내가 이런 일 한다고 우습게 보는 거야"라는 말이 튀어나오는 것도 바로 그런 이유 때문이다. 대기업의 친절 공세가 과도하게 가식적인 것도 바로 그런 풍토에 대한 반작용의 결과가 아닐까 싶다.

각 나라·지역마다 친절문화가 다른 건 경쟁의 강도, 인구밀도, 프라이버시 의식 등과 밀접한 관련이 있다. 생존경쟁이 치열할수록 친절의 상품화가 발달할 것이고, 인구밀도가 높을수록 친절에 대한 수요가 높을 것이고, 프라이버시 의식이 강할수록 과잉 친절을 불편하게 여길 가능성이 높다. 한국과 북유럽, 서울과 지방의 친절문화가 크게 다른 것도 바로 그런 이유 때문이다.

일상적인 삶에서 한국인의 친절은 대상을 차별한다는 데에 큰 특징이 있다. 아는 사람에겐 지나칠 정도로 잘해주고, 모르는 사람에겐 지나칠 정도로 쌀쌀맞다. 대기업이 친절을 상품화한다면, 보통사람들은 친절을 정실주의에 귀속시킨다고 볼 수 있다. 친절은 상대방을 불쾌하기 만들지 않기 위한 최소한의 배려라는 기본 원칙이 지켜진다면, 대기업의 '친절 상품화'도 변화를 보이게 될 것이다. 무엇보다도 비정규직에 열악한 노동조건에 처해 있는 직원들에게 좀더 친절하면 좋겠다.

—한국일보, 2008년 1월 23일자.

언제까지 방송을 전리품 삼을 건가?

"만약 내년 대선에서 한나라당이 집권하면 어떻게 될까? 방송 공정성 문제에 입 닫고 살던 개혁파는 계속 입을 닫을까? 공정성을 외치던 보수파는 계속 공정성을 외칠까? 공정성이란 무엇인가? 그건 당파성인가? 내 맘에 들면 모른 척하고 내 맘에 안 들면 문제 삼아야 하는 그런 것인가? 우리는 언제까지 공정성을 둘러싼 이 얄팍한 정략 게임을 계속할 것인가?"

2006년 10월 「'방송의회'를 구성하자」라는 제목으로 쓴 칼럼의 일부다. 나는 이 칼럼에서 방송을 시민사회에 돌려주자며 가칭 방송의회 구성을 제안했다. 다시 이 제안을 하기 위해 핵심 내용을 소개하면 다음과 같다.

행여 돈 걱정할 필요는 없다. 방송의회를 구성하는 방송의원은 교통비조차 받지 않는 완전 무보수 명예직이다. 방송의원들은 방송위원회 위원 및 방송사 사장 등을 선출하는 투표권만 행사하면 된다. 선출 후

중대사안에 국한하여 결정을 내리는 추가 투표도 있을 수 있겠다. 방송의원 규모는 사회 각계를 대표하고 외부 압력과 로비를 거의 무의미한 수준으로 만들 수 있게끔 수천 명으로 하자. 선출은 완전 자유경쟁 공모제로 하자. 후보자들은 수천 명의 방송의원 앞에서 자신의 비전과 소견을 역설해 본격적인 검증을 받도록 하자. 공정성 안전장치도 그런 검증 과정을 통해 마련하도록 하자. 방송계를 눈만 뜨면 싸움질하기에 바쁜 정치권의 대리전쟁터로 만들거나 볼모로 잡아두는 건 우리 모두의 자학(自虐)이다. 다른 정부 유관기관들도 이런 인사 방식을 원용하자. 이런 식으로 우리 사회의 중립적 영역을 넓혀가지 않는 한 한국은 내부 당파 싸움에 역량을 소진시켜 주저앉고 말 것이다.

이 주장처럼 나는 노무현 정권 출범 이후 '중립적 영역'의 확대를 입이 닳도록 외쳐왔다. 그러나 노 정권은 정반대로 나아갔다. 나는 노 정권에 대한 최근의 전반적인 평가가 부당할 정도로 가혹하다고 생각하는 사람이지만, 이 점에 대해서만큼은 더욱 혹독한 비판이 퍼부어져야 한다고 생각한다. 노 정권은 보수적인 신문들의 공격을 염두에 두고 방송을 '중립화'하면 정권유지가 어렵다는 생각을 했을지도 모르겠지만, 바로 이런 사고방식이 노 정권의 성찰 기능을 박탈하는 최악의 결과를 초래하고 말았다.

앞으로 출범할 이명박 정권은 노정권의 전철을 답습할 생각인가? 이미 그런 조짐이 농후하게 나타나고 있다. 관련 학자들까지 노무현파와 이명박파로 나뉜 가운데 강한 당파성으로 무장하고 있다. 중립적 학자들이 없느냐 하면 그건 아닌데, 이들은 '사교'와 거리가 멀어 별 영향력을 행사하지 못하고 있다. 앞으로 또 방송이 전리품으로 전락하는 꼴을 지켜보아야만 하는가?

　문화방송(MBC)의 민영화는 올바른 해법이 아니다. 기존 공영방송 체제가 안고 있는 문제들을 해결하기 위해 민영화가 필요하다는 주장은 공영방송 문제의 주범이 늘 정권이었다는 사실을 은폐하는 것이다. 12·19 대선 이후 방송의 재빠른 변신에 대해 말이 많지만, 더욱 문제삼아야 할 것은 역대 정권들이 방송을 그렇게 길들여왔다는 사실이다. 따라서 문제를 바로잡고자 한다면, 새로운 정권이 방송의 중립화를 선언하고 실천하면 되는 것이다. 이런 과정도 거쳐보지 않은 채 곧장 MBC의 민영화에 돌입하는 것은 방송을 전리품으로 생각하는 최악의 사례가 될 것이다.

　평소 방송개혁을 주장했으면서도 그간 정권과의 '거리두기'에 실패함으로써 신뢰와 권위를 잃은 사람들이 또다시 전면에 나서선 안된다. 방송이 정권 따라 춤을 추고, 방송계의 많은 고위직을 놓고 이권투쟁하듯 싸우는 꼴을 지켜보는 게 지겹지도 않은가. 방송 중립화를 염원하면서도 이른바 '귀차니스트' 체질 때문에 그간 침묵했던 사람들이 이젠 목소리를 내야 한다.

―한국일보, 2008년 1월 2일자

내가 꿈꾸는 세상

"며칠 전 목욕탕에 갔더니 중학생으로 보이는 아이가 계속 물을 틀어놓고 쓰고 있어 물을 사용하지 않을 때는 잠그는 게 어떻겠냐고 말하며 내가 수도꼭지를 잠갔다. 그 아이는 한 번 슬쩍 쳐다보더니 가만히 있었다. 그런데 갑자기 옆에 있던 그 아이의 엄마가 매우 기분 나쁜 표정으로 아이를 옆으로 제치고 수도꼭지를 다시 틀면서 남이 뭘 하든 상관 말라는 식으로 말하는 것이었다. 아이가 물을 그냥 흘려보내고 있으면 응당 엄마가 제지를 했어야 하는데 오히려 물을 낭비하도록 권장하는 듯한 모습에 어이가 없었다."

몇 년 전 한국일보 '독자의 소리'에 실린 글의 일부다. 이런 경험을 해본 분들이 많을 것이다. 공공장소에서 함부로 날뛰는 어린 아이를 타이르는 건 상당한 용기를 필요로 하는 일이다. 그 아이의 부모가 기분 나빠하거나 노골적으로 화를 낼 가능성이 높기 때문이다. 부모가 아이 문제 때문에 사회적 물의를 빚는 사건이 자주 일어나는 걸 보더라도 한국인의 자식 사랑은 유별난 면이 있다.

그런데 흥미로운 건 한국인의 정치적 지지행위도 그런 맹목적인 자식 사랑과 매우 비슷하다는 사실이다. 물론 열성 지지자들에게 국한된 것이긴 하지만, 이들이 정당·정치인에게 미치는 막강한 영향력을 감안컨대 그런 지지행위가 한국정치를 결정하는 최대 요인이라고 해도 과언이 아니다.

생각해보자. 어떤 정당이나 정치인을 지지하기 시작했을 때엔 그 정당·정치인이 자기 나름대로의 기준과 원칙에 비교적 들어맞았기 때문일 것이다. 그렇다면 그 정당·정치인이 자신의 기준과 원칙에 맞게끔 일을 잘하는가를 감시하면서 고언을 해주는 게 주된 참여행위가 되어야 하지 않을까? 즉, 내가 지지하는 정당·정치인이 일을 잘해서 더 많은 지지를 얻길 바라는 게 당연하지 않겠느냐는 것이다.

그런데 그게 영 그렇지 않다. 정반대다. 한국에서 '열성'은 곧 '맹목'을 뜻한다. 열성 지지자는 자신이 지지하는 정당·정치인에 대해선 무조건적인 지지를 보내고, 반대편의 정당·정치인을 때리는 걸 정치참여의 본령으로 삼는 경향이 농후하다. 내부비판은 없다. 내부비판은 배신으로, 그 동기는 원한으로 간주해, 맹폭격을 퍼붓는다.

'내부고발'에 대한 태도도 마찬가지다. 한국은 내부고발자에 대해 매우 잔인한 사회다. '개혁'을 입에 달고 다니는 지도자도 행여 자기 패거리가 다칠까봐 내부고발에 대해서는 반개혁적이다. 자기 패거리에 대해선 무한 신뢰를 보내면서 그걸 자랑으로 내세우기까지 한다. 선량한 보통사람들도 자신이 몸담고 있는 조직에 대해선 조폭이 된다. 한국인은 비교적 정의감이 강한 사람들이긴 하지만, 그건 늘 정(情)에 죽고 사는 치정주의(癡情主義)의 하위 개념일 뿐이다.

내부비판의 부재는 자기교정 능력의 박탈로 이어진다. 한국사회에선 잘못된 것을 차분하게 고쳐나가는 법이 드물다. 홍수 철에 한꺼번에 휩쓸려 내려가게끔 하는 방식의 해법을 선호한다. 이게 한탕주의와 한건주의가 만연하는 토양이기도 하다. 유권자들도 '욱' 하는 기질로 특정 정치세력을 지나치게 키우거나 지나치게 죽임으로써 착실한 정치발전을 크게 위협한다. 그래놓고선 모든 책임은 정당·정치인에게만 덮어씌운다.

나는 한국의 모든 부모들이 공공장소에서 예의를 지키지 않는 자기 자식을 타이르는 사람에게 감사를 드리는 세상을 꿈꾼다. 모든 국민이 내부고발자의 실존적 고뇌와 선의에 동참해 지지와 존경을 보내는 세상을 꿈꾼다. 어떤 정당·정치인에 대한 열성적 지지는 그 정당·정치인에게 고언과 비판을 집중시키는 걸 뜻한다는 게 상식으로 통용되는 세상을 꿈꾼다. 치정관계는 욕망에 눈이 먼 남녀 사이에 일어나는 것만으로도 족하다.

─한국일보, 2007년 12월 19일자.

지방자치와
입신양명 문화

"지방의원들의 낯은 두꺼웠다. 지역주민과 여론의 따가운 눈총에도 불구하고 지방의원들은 내년도 의정비를 최고 98퍼센트까지 과감하게 올렸다." "지방의회의 파렴치 행각은 여론의 돌팔매를 맞더라도 눈 딱 감고 조례만 통과시키고 나면 그만이라는 인식에서 나온다." "과거 '그냥 노는 지방의원'이 지금은 '돈 받으면서 노는 지방의원'으로 변했다." "의회진출을 이권을 챙기는 수단으로 여기는 인식이 남아있기 때문에 난맥상이 계속되는 것이다."

최근 신문 기사들에 등장한 비판이다. 이런 비판을 억울하게 생각할 지방의원들도 있겠지만, 그간 언론에 보도된 지방자치 관련 기사들을 검색해볼 걸 권하고 싶다. 대부분의 기사들이 지자체 단체장과 의원들의 비리와 도덕적 해이에 관한 것이다. 언론보도로만 보자면, 한국의 지방자치는 '이권투쟁'이다.

물론 언론의 지방자치 관련 보도에 문제가 없는 건 아니다. 무엇보다도 긍정적인 기사가 드물다. 청렴하면서도 유능하고 열심히 일하는 단체장이나 의원들도 있을 텐데, 이들을 소개하는 데에 매우 인색하다. 그렇지만, 진짜 문제는 이런 보도관행상의 문제점이 한국 지방자치의 현주소에 대한 개탄과 환멸의 목소리를 누를 정도는 아니라는 데에 있다.

왜 이런 일이 벌어진 걸까? 단체장이나 의원이 되려는 동기나 자세 자체에 문제가 있다. 이른바 왜곡된 입신양명(立身揚名) 문화가 주범이다. 입신양명은 출세하여 이름을 세상에 떨친다는 뜻이다. 원래는 세상을 위해 좋은 일을 한다는 뜻이 강했다. 그러나 입신양명의 좋은 취지는 변질돼 관존민비(官尊民卑)형 출세주의로 전락하고 말았다. 이와 관련, 전북대 명예교수 김재영은 다음과 같이 말한 바 있다.

"양명의식은 그동안 우리 역사에서 어떻게든 높은 지위를 차지해야만 안심할 수 있다는 관료주의적 사고가 그 바탕을 이루고 있다. 우리가 얼마나 이러한 지위에 집착하고 있는가는 그동안 조상신에 대한 신앙의 형식으로 신주에까지 관직명을 붙이고 비석을 세웠으며, 지금도 가보, 명함, 각종 모임 등에서 직함을 붙여 호칭을 사용하는 사례를 보면 알 수 있다."

그런 입신양명 문화에서 공복(公僕)이라는 개념은 애당초 설 땅이 없다. 최근 내가 전해들은 몇몇 기업인들의 비판을 소개한다. 이들은 한결같이 단체장, 의원, 관료의 권위주의를 지적했다. 말로는 '봉사'와 '서비스'를 외치면서도 실제로는 '군림'하려 들며, 일이 되게끔 도와주려 하기보다는 '권력'의 맛을 누리겠다는 자세를 보인다는 것이다.

이상한 일이다. 언론과 지식인들의 비판적 글을 보자면, 이 나라는 온통 '기업의, 기업에 의한, 기업을 위한' 자세로 움직이는 '기업국가' 처럼 보인다. 그런데도 기업인들은 지방정부에 대한 불만이 높다. 왜 그럴까? 기업이라고 해서 다 똑같은 기업이 아니기 때문이다. 기업은 덩치에 따라 전혀 다른 대접을 받는다. 대부분의 중소기업은 여전히 지방정부를 상전처럼 모시고 살아야 한다.

역설이지만, 한국 지방자치를 망친 주범은 정당정치다. 선거 때마다 중앙에서 소용돌이가 몰아치기 시작하면 지방에선 정당 간판 하나로 모든 게 결판난다. 지역언론 기능이 부실해 후보에 대해 잘 알지 못하는 유권자들은 정당 이외의 것은 보지 않는 '묻지 마 투표'를 하는 경향이 있다. 여기에 중앙보다 훨씬 강한 연고·정실주의까지 가세한다. 단체장, 의원, 관료를 아무리 비판해도 바뀌지 않는 근본 이유가 바로 여기에 있다.

언론에게 요청하고 싶다. 사정이 그러한 만큼 지방자치에 관한 긍정적 보도의 양을 대폭 늘려주기 바란다. 일부러 발로 뛰어 발굴해주기 바란다. 이게 비판보다 훨씬 더 큰 변화의 효과를 낼 수 있다고 보기 때문이다. 옥석(玉石) 구분 없이 지방자치 전체가 싸잡아 욕을 먹으면 종국엔 후안무치(厚顔無恥)한 사람들이 유리해진다.

—한국일보, 2007년 11월 21일자.

1980년대,
그 '오래된 정원'

지난 새천년 봄에 출간된 황석영의 『오래된 정원』(창작과비평)은 1980년대를 '관념, 시대, 역사'의 기존 틀에서 벗어나 '현실, 개인, 일상'이라는 새로운 틀로 바라본 걸작이다. 황석영은 성찰을 시도하면서도 행간을 읽어줄 걸 요청하는 소극성을 보였지만, 이 작품을 토대로 한 임상수 감독의 〈오래된 정원〉은 지난 6년 세월의 무게를 더해 한 걸음 더 나아간 자세를 취하고 있다.

주인공 한윤희(염정아)는 운동권 조직과 조직목표를 위해 희생하려는 후배에게 "인생 길어, 역사는 더 길어. 우리 좀 겸손하자. 너 그거 하지 마. 조직인지 지랄인지"라고 일갈한다. 이 말을 운동권과 1980년대에 대한 냉소로 읽고 싶은 사람이 있다면 그건 그 사람의 자유겠지만, 바로 그런 도식주의를 탈피하자는 게 그 말의 뜻임을 어이하랴.

한국은 본말의 전도가 매우 왕성하게 일어나는 나라다. 인간답게 잘 살아보자는 게 모든 이들의 삶의 목표일 텐데, 그 목적을 이루기 위해 목적을 죽이는 수단을 쓰고, 얼마후엔 수단이 목적이 된다. 모든 삶의 양식과 행태가 전쟁에 근접한다. 모두 다 목적이 된 수단을 향해 질주하느라 "왜 사는 거지?"라는 의문을 가질 시간조차 없다.

한국사회의 시간 속도는 워낙 빠르기 때문에, 한국인의 평균 수명은 100년이 넘는다고 볼 수도 있다. 경제발전이건 민주주의건 다른 나라들이 몇백 년 걸린 걸 몇십 년 만에 해치워냈다. 뿐만 아니라 갈등과 분열도 초고속이다.

2004년 4월 15일 자정 무렵을 기억하는가? 당시 노무현정권 사람들은 열광의 도가니로 빠져들었다. 47석의 열린우리당이 과반의석을 2석 넘은 152석을 먹었기 때문이다. 노무현은 '위대한 지도자'로 다시 태어났고, 노 정권 사람들은 피를 나눈 형제들처럼 얼싸안고 감격의 눈물을 흘렸다. 그러나 노무현이 국민적 원성과 조롱의 대상으로 추락하고, 노 정권 사람들이 서로 원수처럼 이전투구를 벌이는 데엔 오랜 시간이 걸리지 않았다.

그러나 사람들은 놀라지 않는다. 노 정권 사람들이 공동의 적(敵)에 대한 적대감으로 다시 또 손을 잡고 서로 뜨겁게 껴안는 모습을 보인다 해도 사람들은 놀라지 않을 것이다. 한국인은 놀라는 법을 잊어버린 사람들이다. '인간에 대한 예의'는 거추장스러운 것이 되고 말았다. 목적을 이룰 수만 있다면, 무엇이건 가능하다.

운동보다는 동료들에 대한 죄스러운 마음 때문에 16년 8개월간 감옥생활을 한 '광주의 아들' 오현우(지진희), 미혼모로 그의 딸을 낳고 그를 기다리다 암에 걸려 죽은 한윤희. 이들은 우리 시대에 환영받기 어려운 사람들이다. 이들을 지루하다고 생각할 관객들도 있을지 모르겠다. 둘다 '인간에 대한 예의'가 투철한 사람들이었기 때문이다.

분배의 정의는 운동권에도 없다. 운동권 출신으로 출세한 이들이 운동하느라 패가망신한 이름 없는 운동가들을 위해 무슨 일을 했는가? 법 만들어 보상해주는 일? 그건 분배가 아니다. 분배란 내 주머니에서 나가야 한다. 내 주머니는 움켜쥐고 불리면서, 이름 없는 동료들에 대한 죄책감(이런 게 있다면)을 자신들이 부풀려 만들어놓은 '수구 꼴통'들에 대한 적대감 발휘로 해소하고자 하는가? 혹 계속 출세하기 위한 권력 중독성 책략은 아닌가?

이름 없는 동료들을 생각한다면, 운동권 경력을 앞세워 세상에 대해 도덕적 우월감을 갖고 훈계하는 건 해선 안될 일이다. 겸손하고 또 겸손해야 한다. '친노, 비노, 반노'를 불문하고 모든 노정권 인사들에게 이 영화를 볼 걸 강력히 권한다. 1980년대의 삶에서 살려야 할 건 죽이고 죽여야 할 건 살리는 일을 해온 건 아닌지, 부디 눈물을 흘리는 기회를 갖길 바란다. 감독은 관객의 눈물을 막으려는 시도를 끊임없이 하고 있지만, 그래도 눈물이 흐른다면 막을 이유는 없다.

―한국일보, 2006년 12월 27일자.

2장

한겨레의 '고립'은 '영광'인가

'포로수용소'에 갇힌 중산층

지난 2006년 사망한 미국 여성운동가 베티 프리단(Betty Friedan)은 1963년에 출간한 『여성의 신비』에서 안락한 미국 중산층 가정을 '포로수용소'라고 비판한 바 있다. 그녀는 현대식 '현모양처 이데올로기'를 '여성의 신비'라고 규정하면서 그런 주장을 폈는데, 포로수용소 개념은 좀 다른 의미에서 한국의 중산층에 더 어울리는 게 아닌가 하는 생각이 든다.

중산층은 무너졌는가?

'중산층이 무너졌다!' 지난 대선을 지배한 정치구호다. '중산층 복원'이 필요하다는 말까지 나왔다. 2007년 11월 서울대 사회발전연구소의 조사에 따르면, 스스로 중산층이라고 생각하는 국민은 10년 전 41퍼센트에서 28퍼센트로 감소했다. "국민의 70퍼센트를 중산층으로 만들겠다"는 게 노무현의 대선 공약이었는데, 턱도 없는 헛소리를 한 셈이다.

'중산층 몰락론'은 허구라는 주장도 있다. 유팔무, 김원동, 박경숙은

『중산층의 몰락과 계급양극화』(소화, 2005)에서 중산층 몰락론이 "노동자와 서민의 고통을 이야기하기보다는 중산층이 이들과 같아지는 것을 우려하고 그들을 보호하는 대책에만 열중하는" 정치적인 편파성을 가진 논리라고 비판했다.

사실 정치인들의 '중산층 포섭전략' 이야말로 세계적으로 정치를 보수화시키는 주범이다. 어느 나라를 막론하고 선거에서 '빈곤 문제의 정치 쟁점화' 는 금기사항으로 여겨지고 있는데, 그 이유는 빈곤층보다 훨씬 더 막강한 힘을 가진 중산층 유권자들을 소외시킬 수 있다는 우려 때문이다.

미국 중산층에 팽배하던 물질 만능주의와 순응주의에 깊은 회의를 느낀 중산층 젊은이들이 저항의 길을 택한 건 1950년대였다. 이른바 '히피' 의 출현이다. 한국에서 1980년대에 출현한 이른바 '386' 은 군사독재정권에 저항한 것으로 알려져 있지만, 실은 광주학살의 토대 위에 선 군사독재정권에 순응하면서 물질적 삶에 안주하는 중산층 가치에 정면 도전했다고 보는 게 더 정확할지도 모른다. 두 저항세력 모두 종국엔 몰락하고 말았지만, 이는 중산층 가치에의 도전이 그만큼 어렵다는 걸 말해주는 것이기도 하다.

중산층은 경제·사회적 개념인 동시에 심리적 개념이다. 중산층의 꿈은 105평방미터 아파트와 중형차의 소유, 주말여행, 골프와 스키 등으로 상징되고 있다곤 하지만, 각 항목 내에서도 다양한 차별화가 이뤄지기 때문에 중산층의 실체를 종잡기가 어렵다.

아니 뜬구름을 잡는 것과 비슷하다. 서울대 사회발전연구소의 조사가 나오기 6개월 전에 발표된 삼성경제연구소와 성균관대 리서치센터

설문조사에선 자신이 중산층에 속한다고 답한 사람은 전체의 74퍼센트였다. 6개월 만에 74퍼센트에서 28퍼센트로 급락할 수가 있는가? 믿기 어렵겠지만 그럴 수도 있는 게 바로 한국의 중산층이다.

2007년 8월 삼성경제연구소는 중산층을 ①예비 부유층(월 소득 420만~499만 원), ②전형적 중산층(350만~419만 원), ③무관심형 중산층(270만~349만 원), ④생계형 중산층(200만~269만 원) 4개 그룹으로 세분화했다. 연구소는 "중산층을 획일적인 시장이 아닌 다양한 특성을 지닌 세분화된 시장들의 집합체로 봐야 한다"며 "각각의 세분화된 시장을 타깃으로 기업 마케팅 전략도 바뀌어야 한다"고 주장했다.

이 네 가지 분류에 따라 기업 마케팅 전략이 바뀌어야 한다면, 어떻게 바뀔 것이며, 그것이 의미하는 건 무엇일까? 광고를 지겹다고만 생각하지 말고 광고주의 숨은 뜻까지 파악하려는 시도를 해보면, 광고는 우리 사회를 읽을 수 있는 좋은 텍스트라는 걸 알게 될 것이다.

범주화 전략과 이웃 효과가 낳은 불안

마케팅의 기본 원리 중 하나는 범주화 전략이다. 특히 한국 광고에서 많이 사용되는 전략이다. "너 이거 있어?" "너 여기 살고 싶지?" "쉿! 아무 말하지 마. 브랜드가 널 말해주는 거야!" 한국 광고의 특성은 이런 메시지가 비교적 직설적으로 표현되어도 소비자의 저항이 없거나 약하다는 점이다.

범주화 전략의 묘미는 불안을 부추기는 데에 유리하다는 것에 있다. 과거 고교시절에 이른바 '우열반'을 겪어본 분이라면 이게 무슨 말인지 이해하실 게다. 불안은 중산층의 본원적 속성이지만, 한국 중산층의 불안은 유별나다. 생존경쟁이 치열하고 해외의존도가 높은 탓도 있지만, 사회문화적 비교의식이 지나칠 정도로 발달돼 있기 때문이다.

한국은 세계에서 가장 높은 사회문화적 동질성과 거주밀집성으로 인해 이웃을 의식하지 않고선 단 한시도 살 수 없는 묘한 시스템을 갖고 있는 나라다. 이웃과의 비교는 처절하다고 해도 좋을 정도로 필사적이다. 물질적으로 잘살게 될수록 행복해지는 게 아니라 자신보다 더 잘사는 사람을 이웃으로 두게 되는 결과만 초래해 결국 불행해지는 역설마저 가능해진다.

2006년 11월 동아대 교수 장세훈은 제9회 비판사회학대회에서 "이제 집값이 비싼 서울 강남이나 수도권 일부 지역 같은 곳에 자기 집을 갖고 있는 사람만 중산층이다"는 파격적인 주장을 펴기도 했지만, 심리적으론 강남에 살아도 자신보다 더 잘사는 이웃을 두면 비강남 거주자보다 더 위축될 수도 있다.

실제로 2006년 한국종합사회조사에선 월 소득이 500만 원대인 사람 중 26.6퍼센트가 자신이 하위계층이라고 답한 반면, 400만 원대인 소득계층에선 그 비율이 5.1퍼센트에 불과했으며, 100만 원 미만 소득계층에선 61퍼센트가 스스로 중산층이라고 평가했고, 36.5퍼센트만이 하위계층이라고 인식한 것으로 나타났다.

삶의 만족감이 이웃과의 비교로 결정된다는 이른바 '이웃 효과'는 한국인 삶의 전 국면을 지배하고 있으며, 특히 상층지향성이 높은 동시에 하층으로의 전락을 두려워하는 중산층에서 가장 강하게 나타나고 있다. 사회적 전염효과와 쏠림 현상이 자주 극단으로 치닫곤 하는 이유다. 교육문제, 부동산문제를 비롯한 사회적 문제들을 순수한 정책적 고려만으로 풀기 어려운 이유도 바로 여기에 있다.

키치, 프랙털, 삼종신기

중산층 행태의 본질은 '키치(kitsch)'다. 키치란 19세기 말 유럽의 급속한 산업화로 생겨난 중산층이 귀족의 예술적 취향을 흉내 낸 데서 비롯된 개념이지만, 부정적으로만 볼 건 아니다. 정통 예술가들은 키치를 경멸하지만, 키치엔 사회적 이동에 따른 평등의 욕망이 강하게 내재돼 있다. "너희들만 즐기냐? 너희들만 잘났냐? 어디 나도 좀 맛보자!"라는 오기가 키치의 본질이라고 해도 과언이 아니다. 최근 국립국어원이 키치를 대신할 우리말 순화어로 '눈길끌기'를 선정한 건 바로 그 점을 겨냥한 것으로 볼 수 있겠다. 예술을 스스로 즐길 만한 감식안이 없기 때문에 예술을 남들의 눈길을 끄는 용도로 소비하는 것이다.

실제 삶에서 대상의 본래적 가치 이외에 다른 덧붙여진 가치들을 소비하려는 존재를 가리켜 '키치 인간'이라는 개념까지 등장했다. 키치 인간이 따로 있는 건 아니지만, 그 정신에 가장 충실한 계층은 단연 중산층이다. 중간에 속해 있기 때문이다. 부분이 전체와 비슷한 구조로 되풀이되는 구조를 가리키는 '프랙털(fractal)' 개념은 여기에도 적용될 수 있다. 계층을 떠나 국가와 개인도 중간에 속할 경우 아래와는 구별되고 싶고 위를 닮고 싶은 욕망에 몸부림치기 마련이다.

키치는 압축 성장, 사회변동, 역동성에 친화적이다. 한국에서 키치를 조롱하거나 경멸하는 건 누워서 침 뱉기일 수 있다. 매우 빠른 시간 내에 근대화 또는 서구화를 이룩한 한국사회의 많은 부문이 서구적 원형을 흉내 냈다는 그 사실만으로도 키치의 굴레에서 벗어날 수 없기 때문

이다. 그런 점에서 키치는 한국인에게 숙명이며 한국은 '키치의 제국'
이라고 할 수 있다.

세계의 주요 명품 소비국은 선진국이 아니라 한국과 같은 '중간층'
국가들이며, 한국 내에서 명품의 주요 소비층도 상류층이 아니라 중산
층이다. 호텔의 주요 소비층도 상류층인 것 같지만 실은 중산층이다.
『도시의 창, 고급호텔』(후마니타스, 2007)을 쓰기 위해 서울 시내 15개
'특1급' 호텔들을 취재한 발레리 줄레조(Valerie Gelezeau)에 따르면, 숙
박에서는 외국인 여행객의 비중이 절대적이지만 전체 매출액에서는 상
류층 고급 사교문화를 향유하려는 중산층의 소비가 더 큰 비중을 차지
한다.

상층지향성이 강한 중산층의 키치 문화가 명품 열풍, 골프 열풍, 해외
여행 열풍을 넘어서 다양한 면모를 보이고 있다. 최근 가장 두드러진 현
상은 와인 열풍과 고급예술 열풍이다. 경제력을 갖춘 신(新)중산층 사이
에 불고 있는 클래식 음악 열풍, 와인 열풍, 미술품 구매 열풍을 합쳐 부
르는 '삼종신기(三種神器)'라는 신조어마저 생겨났다. 다 좋고 아름다운
일이겠지만, 남과의 '구별짓기'를 위한 속물근성이 너무 노골적으로 드
러나는 건 아닌가 하는 생각이 든다. 각종 열풍의 주체가 되기보다는 포
로가 되는 게 아니냐는 것이다.

최근 와인 전문가 박찬일은 서양에서는 와인 인구의 0.001퍼센트가
될까 말까 한 와인감정사에게나 필요한 시음법이 한국 중산층에게 필
수 교양으로 통용되고 있는 현실을 지적하면서 "뭔가 우리는 외래문화
에 주눅이 들어 있는 것 같다. 그렇지 않고서야 외국 대통령도 안 지키
는 예절을 우리가 수수한 대중식당에서조차 지키고 있을 까닭이 없지

않은가"라고 했다.

그런데 와인만 그런 게 아니다. 무엇이건 유행만 했다 하면 대부분이 다 그런 식이다. 자신이 스스로 즐기기보다는 남과의 구별짓기가 우선적인 목적이기 때문에 빚어지는 일이다. 와인, 고급예술 열풍은 웃어넘길 수나 있지만, 그럴 수 없는 건 '나도주의(me-tooism)'로 인해 가족의 삶 자체가 피폐해지는 경우다.

대표적인 게 상류층에서 시작돼 중산층으로까지 열병처럼 번진 조기유학 바람이다. 물론 자녀의 조기유학은 치열한 생존경쟁에 적응하기 위해 내린 비장한 결단이겠지만, '이웃효과'에 따른 불안 심리가 증폭돼 나타난 현상인 것도 분명한 사실이다. 가족 차원에선 아무리 진지하고 심각해도 사회적 차원에선 포로수용소가 연상되는 걸 어이하랴. "중산층이 무너졌다"는 소리도 높지만, 그 전에 중산층 스스로 만든 포로수용소를 무너뜨리는 게 삶의 질을 향상시키고 행복감을 높일 수 있는 첩경은 아닐까?

중산층 딜레마

대학도 중산층 포로수용소로 변해가고 있다는 비판의 목소리가 높다. 서울대는 점점 더 부잣집 아이들의 대학으로 변해가고 있고, 이에 질세라 명문 사립대학들은 어떻게 해서건 부잣집 아이들을 유치하기 위해 혈안이 돼 있다. 대학 교수진도 그 추세를 따르고 있다. 박노자는 "지금 같으면 시간강사 몇 년 않고는 교수할 수 없는 분위기인데, 시간강사라는 것이 생계를 해결 못할 직업이에요. 박사과정 들어가는 사람들 보면 가난뱅이 출신들 별로 없어요. 십중팔구 중산층 그 이상 출신인데, 그들은 대한민국에 대해 불만조차 없지요."라고 개탄했다.

대한민국에 대한 불만보다는 상류층에 편입되고자 하는 열망을 가진 사람들이 많아질수록 전 인구의 한 자릿수밖에 안되는 상류층의 이해관계가 다수결의 원리로 관철되는 희한한 사태가 발생하게 된다. 이는 마치 서울대를 개혁하자고 그러면 이제 겨우 초등학교에 다니는 자녀를 둔 중산층 학부모가 자기 자식 서울대 보낼 생각하고 서울대 개혁론에 반대하거나 시큰둥해하는 것과 비슷한 이치다. 이 또한 중산층을 가둔 포로수용소라 할 수 있다.

중산층은 진보정치 세력의 딜레마다. 영합할 수도 없고 포기할 수도 없기 때문이다. 그래서 나오는 말이 '양심적인 중산층'이나 '문화적 감수성이나 지향하는 가치가 진보적인 중산층'이다. 그러나 이들의 수가 얼마나 되랴. 그렇다고 중산층의 상층지향성과 속물근성을 노골적으로 비판할 수도 없으니 이래저래 죽을 맛이다.

진보정치 세력이 이런 딜레마를 타개하기 위해선 기업들과는 다른 목적으로 중산층 세분화를 해 맞춤형 설득을 하는 '실사구시(實事求是) 전략'이 필요하다. 실용주의 노선이라고 해도 좋겠지만, 한국형 실용주의엔 워낙 때가 많이 묻었으니 실사구시라는 말을 쓰기로 하자. 그런데 문제는 무슨 말을 쓰건 진보진영이 실사구시에 비교적 무관심하거나 적대적이기까지 하다는 점이다.

진보진영을 대변하는 논객들의 글을 읽어보시라. 구구절절이 옳고 아름답다. 그런데 대부분 거대담론이다. 비분강개다. 비진보 · 반진보 세력의 양심 없음, 어리석음, 파렴치함을 공격하는 걸로 진보진영에 표를 주는 유권자가 늘 거라고 믿는 방식이다. 포로수용소에 갇힌 중산층

을 구해내야 할 이들마저 자기들 스스로 만든 포로수용소에 갇혀 있으
니, 무슨 변화가 가능하랴. 다양성은 진보파의 미덕이기도 하다. 옳고
아름다운 거대담론과 더불어 생활밀착형 담론도 꽃을 피우면 좋겠다.
포로수용소에서의 탈출을 꿈꾸지만 아무런 길이 없다고 자포자기한 중
산층이 많기 때문이다.

―『한겨레21』, 2008년 3월 4일자

소문에 굶주린 사회

최근 가수 나훈아 씨를 둘러싼 괴소문과 이에 따른 사회적 파동을 지켜
보면서 한국사회의 독특한 커뮤니케이션 구조와 관행에 주목하지 않을
수 없다. 세계 어느 나라를 막론하고 겉과 속이 다른 이중적 문화를 갖
고 있기 마련이지만, 한국에선 그 이중성이 다른 요소들과 결합해 권력
의 원천이 되고 엔터테인먼트의 소재가 되는 정도가 매우 심한 것 같다.
이를 이해하기 위해 우리 사회의 익숙한 모습을 몇 장면 살펴보자.

방학 때만 되면 서울로 올라가는 지방 학생들이 많다. 고교생은 대학
입시를 위해, 대학생은 취업을 위해 서울로 간다. 왜 가느냐고 물으면
거의 예외 없이 '고급정보'를 얻기 위해서란다. 누구에게나 공개된 정
보만으론 어림도 없기 때문에 서울에 가서 귀동냥이라도 해야 한다는
것이다.

직장 여성은 사내 회식 후에 고민에 빠져든다. 2차 술자리에 갈 것인
가, 말 것인가? 가고 싶지 않지만, 마음에 걸리는 게 있다. 공식회의 석

상에선 언급도 되지 않은 고급정보가 주로 2, 3차 술자리에서 흘러나오기 때문이다. 그래서 술자리 내내 끝까지 버티면 남성 사원들이 '독하다'고 험담을 해대니 이래저래 죽을 맛이다.

지방에 사는 사람이 서울에서 온 손님을 접대하는 자리에서 빠지지 않고 등장하는 말이 있다. "그 사건의 내막은 뭡니까?" 모른다고 답하기엔 질문을 던진 사람들의 눈빛이 너무 초롱초롱하다. 신문에서 본 이야기를 하더라도 자기 나름대로 살을 붙여 '고급스러운' 느낌을 주는 게 예의로 통용되고 있다.

지난 2005년 탤런트, 영화배우, 가수 등 유명 연예인 125명의 사생활, 그것도 미확인 소문까지 실명으로 담긴 광고대행사 제일기획의 내부 문건이 인터넷을 타고 무차별로 유포되는 사건이 일어났다. 제일기획이 그런 문건을 작성한 이유가 기가 막혔다. 수백억에서 수천억 원을 투자한 제품의 운명이 달린 중대사이기 때문에 광고대행사는 CF모델 선택을 위해 거의 모든 정보와 소문까지 빠짐없이 수집한다나. 과연 지금은 이런 짓을 그만두었을까?

비슷한 시기에 서울엔 흔히 '찌라시'로 불리는 사설정보지를 만들어내는 소문 제조공장이 100여 개나 있었다. 소문 수집가들은 '소문'을 '정보'라고 부르면서 자기들끼리 정보교환팀을 만들기도 했는데, 그 수도 수십여 개에 이르렀다. 정보맨들은 찌라시 신뢰도에 대해 스스로 40퍼센트 정도는 믿을 수 있다고 자평했다지만, 열심히 일을 했다는 증거를 남기기 위해 무슨 소문이건 정보로 둔갑시켜 상부에 보고하곤 했다. 정부가 단속에 나서면서 사설 정보지가 없어졌다고 했는데, 예전보다 활동이 더 왕성하다는 소문도 있다.

자, 우리 사정이 이와 같다. 소문에 관한 한, 40퍼센트 정도만 믿을 수 있어도 60퍼센트의 희생을 감수할 수 있다는 전투적 의지로 충만하다. 거의 신앙 수준이다. 그 신앙의 첫 번째 계명은 "아니 땐 굴뚝에 연기나랴"다. 사람들은 인터넷 탓을 하지만, 인터넷 이전부터 한국인의 소문 사랑은 유별났다. 소문의 신속한 접수와 유포는 치열한 생존경쟁 사회의 경쟁력으로 간주되었다. 소문이 들어맞지 않은 경우는 잊어버리고 들어맞은 경우만 상기하면서 소문 숭배 신앙의 제1계명에 충실했다.

국가보안법으로 대변되는 분단체제의 기밀주의도 소문 숭배 신앙에 기여했다. 국가기관의 정보공개와 회의공개를 전면적으로 하자고 그러면 정권은 그렇게 하면 나라가 망하기라도 할 것처럼 펄쩍 뛰면서 반대하곤 했다. 모든 걸 공개하면 정보로 먹고 사는 이른바 '실세'니 '측근'이니 하는 자들이 설 땅이 없기 때문에 그들을 배려한 걸까? 한국인의 소문 중독증을 치유하기 위해선 권력을 가진 자들의 독식주의와 기밀주의를 바로 잡는 일에서부터 출발해야 한다.

—한국일보, 2008년 2월 6일자

한겨레의 '고립'은 '영광'인가?

최근 기자실 폐쇄 파동을 지켜보면서 새삼 신뢰의 중요성을 절감했다. 이건 '기자실 갈등'이 아니라 '신뢰 갈등'이다. 왜 그런가? 우리는 어떤 사건이 벌어지면 그 사건에 국한해 찬반 논리를 전개하는 것이 옳은 논쟁법이라고 배워왔지만, 실제로는 결코 그렇지 않다. 사람들에게 큰 영향을 미치는 건 그 사람의 과거 행적과 행실이다. 옳건 그르건 그게 현실이다.

기자실 문제도 바로 그런 함정에 빠져 있다. 갈등의 주요 당사자인 신문과 노무현 정권은 각자 신뢰의 문제를 안고 있다. 일반 대중은 기자실 문제엔 별 관심이 없다. 갈등의 당사자들이 보여온 평소 실력에 대한 판단으로 기자실 문제를 대할 뿐이다.

기자들이 기자실 폐쇄를 그토록 결사반대한다면, 여론이 적극 호응해줘야 하겠건만 현실은 그렇지 못하다. 평소 신뢰를 잃은 탓이다. 신문들이 분노해야 할 대상은 노 정권이 아니라 자기 자신이다. 특히 누리꾼들의 압도적 다수가 이 문제에 관한 한 노정권의 조치를 지지하고 있다는 걸 뼈아프게 생각해야 한다.

신문의 적(敵)은 권력도 아니고 인터넷을 비롯한 뉴미디어도 아니다. 신뢰를 얻지 못한 자기 자신이다. 신문들이 국민적 신뢰를 누리고 있다면 노 정권은 지금과 같은 일을 감히 꿈도 꾸지 못했을 것이다. 노 정권의 지지율이 아무리 낮다 해도 신문의 신뢰도보다는 높다는 자신감을 갖게 만든 책임은 바로 신문에게 있다.

기자실 문제는 이미 기자실 수준을 넘어섰다. 신문의 근본적인 위기의 문제다. 노 정권과의 관계가 아니라 국민과의 관계에서 비롯된 문제다. 바로 이 점을 자책하는 목소리가 신문 내부에서 나오지 않는 건 한심한 일이다.

이번 사건에서 가장 흥미로운 건 한겨레의 태도다. 대부분의 언론사 기자들이 부처별 기자실 폐지와 통합브리핑 시행에 항의해 정부의 통합브리핑 참석을 거부한 반면, 한겨레는 통합브리핑에 참석하기로 했다. 편집국 수석부국장 오태규는 10월 16일 그 경위를 설명한 칼럼을 썼다. 그 제목이 「한겨레는 왜 ‘스따’가 됐나」다. 1988년 창간 당시 한겨레 기자들은 언론계의 ‘왕따’였지만, 2007년엔 스따(스스로 따돌림)를 선택했으며, 그 중심에는 언제나 ‘국민의 알권리’라는 명제가 있다는 내용이다.

‘함께하는 쉬운 길이 아니라, 홀로 가는 어려운 길’을 택한 한겨레 기자들에게 존경을 보낸다. 그러나 좀 짚고 넘어갈 문제는 있는 것 같다. 한겨레 내부에서도 이 문제로 1시간여 찬반 토론을 벌였다고 하니 더욱 그렇다.

일부 참석자들은 "정부의 취재 선진화 방안은 발상 자체가 취재 통제에서 시작된 것이다" "부처별로 기자실을 두고 대면접촉을 활발하게 하는 것이 맞다"며 다른 언론사와 보조를 맞추자는 주장을 폈다. 반면 다른 참석자들은 "핵심은 취재 접근권을 제한하느냐 마느냐인데, 독소조항으로 지적돼 온 홍보관실을 통한 취재 약속이나 대면 취재 장소 제한 등의 큰 문제가 해소됐다. 브리핑을 거부할 명분이 없어졌다" "기자실 폐지 문제에 매달리는 것은 취재 접근권보다 기자들의 편익이나 기득권 유지라는 측면이 있다"며 '독자행동'을 주장했다고 한다. 수적으로는 후자 쪽의 의견이 많았지만 양쪽의 주장이 되풀이되면서 쉽게 합의가 이뤄지지 않았는데, 누군가의 입에서 나온 "국민의 관점에서 문제를 보자"는 한마디가 회의의 대세를 결정지었다는 것이다. 이런 과정을 소개한 오태규는 다음과 같은 말로 글을 끝맺었다.

"국민의 관점에서 '작은 불만'을 접고 '대의(국민의 알권리)'를 선택하기로 했습니다. 물론 통합브리핑에 참여하기로 한 것이 정부 정책을 지지하는 것이 아니라는 것은 말할 필요도 없습니다. 앞으로 한겨레는 서로 정도를 넘어서고 있는 정부와 언론계의 중간 어느 긴장된 지점에 서서, 국민한테 박수받는 '영광된 고립'의 길을 걸을 작정입니다."

그러나 과연 이번 결정이 영광된 고립인지는 의문이다. 한겨레 결정의 핵심은 "국민의 관점에서 작은 불만을 접고 대의를 선택"했다는 것일 텐데, 이게 이해가 안 간다. 기자실과 관련된 언론의 취재 행태에 대한 노 정권의 비판은 상당 부분 타당하지만, 통합브리핑제가 해결책일 수는 없기 때문이다. 기자실의 가장 큰 문제라 할 이른바 '발표 저널리즘(관의 발표에만 의존하는 저널리즘)'은 통합브리핑제로 해소되기는커녕 오히려 악화될 수 있다.

노 정권의 조치는 평소 잘못된 취재 행태를 보여 온 언론의 기득권에 타격을 줌으로써 언론이 성역은 아니라는 걸 보여준 상징적 의미를 갖는다. 그것뿐이다. 그것도 좋은 일이긴 하지만, 문제는 그 수익을 초과하는 비용이다.

통합브리핑 참여에 찬성한 어느 기자의 말대로, 핵심은 취재 접근권을 제한하느냐 마느냐이다. 그런데 과연 "독소조항으로 지적돼 온 홍보관실을 통한 취재 약속이나 대면 취재 장소 제한 등의 큰 문제가 해소됐"는가? 한겨레마저 강력 반발한 덕분에 그 조항은 뒤늦게 빠졌을망정 그 조항을 넣었던 원래의 생각과 자세가 바뀌었느냐는 것이다. 보수신문들의 주장은 제쳐 놓더라도, 경향신문은 그게 해소되지 않았다고 주장하는데, 경향신문이 거짓말을 하는 건가? 이 신문의 전국부장 박래용은 10월 22일자 칼럼 「대통령은 알까」에서 공무원에 대한 취재 접근이 사실상 가로막힌 현실을 실감나게 지적하고 있는데, 이게 과장된 주장이란 말일까?

나는 오히려 한겨레의 통합브리핑 참여 찬성의 논리로 나온 발언 중 "기자실 폐지 문제에 매달리는 것은 취재 접근권보다 기자들의 편익이나 기득권 유지라는 측면이 있다"는 말에 주목하고 싶다. 한겨레 특유의 순결주의가 작동한 대목이라고 보기 때문이다. 나는 이 발언에 동의한다. 기자들이 기자실 폐지에 펄펄 뛰는 건 '취재 접근권보다 기자들의 편익이나 기득권 유지' 때문일 가능성이 높다. 다만 내가 묻고 싶은 건 그 두 가지가 꼭 상호 충돌하는 성격의 것인가 하는 점이다.

대통령을 비롯하여 모든 공무원들은 그들 나름의 '편익이나 기득권'

을 갖고 있지만, 그건 그들의 업무를 수행하기 위한 수단이기도 하다. 우리는 그 수단이 업무 수행에 필요한 정도를 넘어서면 반드시 문제를 제기해야겠지만, 일체의 '편익이나 기득권'을 완전히 버리라고 말할 수는 없다. 이론적으론 대통령도 허름한 달동네에서 업무를 수행함으로써 만민은 평등하다는 걸 실감나게 보여줄 수도 있겠지만, 우리가 대통령 관저에 엄청난 특혜를 베푸는 건 그것이 대통령 업무를 수행하기 위해 필요하다고 보기 때문이 아닌가.

그간 기자실이 업무 수행에 필요한 수준을 넘어서 과도한 '편익이나 기득권'의 온상이 되었다는 건 분명한 사실이다. 한겨레 논설위원 곽병찬이 10월 23일자 칼럼에서 "기자들은 안다. 국민의 알권리를 충족시켜줄 뉴스는 기자실 바깥에 숨겨져 있고, 안에는 홍보성 정보만 있다는 것을"이라고 말한 것도 바로 그런 문제를 지적한 것이리라.

사실 이 점에 대한 분노만 놓고 보자면 노 정권의 기자실 폐지는 박수를 받아 마땅한 개혁조치다. 그밖에도 기자실 문제는 하나둘이 아니기에 기자실에 대한 반감에만 근거하자면 기자실 폐쇄와 통합 브리핑제는 노 정권의 위대한 업적으로도 볼 수 있겠다.

그러나 세상만사를 그렇게 일방적으로만 볼 수는 없는 일이다. 고려대 교수 심재철은 '선진국 취재관행'과 비교하여 노 정권의 조치에 지지를 보냈는데, 왜 '선진국 공무원관행' '선진국 정보공개관행' '선진국 내부고발 관행' 등은 언급하지 않았는지 모르겠다. 기자실의 존폐 문제는 공무원들의 수준 및 자세와 정보공개와 내부고발의 활성화 정도에 따라 상대적으로 평가해야 할 일이지, 그 자체로서 답을 내릴 수 있는 성격의 것이 아니다. 우리는 한겨레와 오마이뉴스의 노력 덕분에 기자실 문화에 적잖은 변화가 일어난 걸 목격해왔다. 즉, 폐지 이외의 다른 방법도 얼마든지 있을 수 있다는 뜻이다. 기자실의 완전 개방과 언론사별 분담 비용을 높이는 방안을 추진할 수도 있었다.

노 정권의 조치는 문제를 해결해보려는 차분함보다는 신문의 노 정권 비판에 대한 반감과 오기로 추진된 혐의가 짙다. 여권의 의견조차 수렴하지 않은 채 대통령 혼자서 밀어붙인데다, 심지어 여권의 반대를 '비겁함'으로 보기까지 하니, '책임윤리'를 전제로 한 조치로 보기 어렵다. 노 정권의 조치가 다음 정권에서 뒤집어져 원상 복귀한다면 그간 발생한 실제 비용과 사회적 비용은 누가 책임질 것인가?

한겨레 편집국장 김종구는 "기자들이 밖에서 농성하는 것은 떼쓰는 것이다. 어차피 정치권에서 향후 원점으로 돌리겠다고 얘기하지 않느냐"라고 말했는데, 이는 지나친 겸손이다. 보기에 따라선 무책임한 말씀이다. 향후 원점으로 쉽게 돌아갈 정도로 지지를 얻지 못하는 정책의 사회적 비용 걱정을 한겨레가 하면 안되는가? 이제 언론매체 중 가장 높은 신뢰를 누리는 한겨레 정도의 위상이면, 자신만의 순결을 드러내기보다는 중재안이나 타협책을 내놓고 갈등을 조정해보려는 시도를 할 때도 되지 않았을까?

기자실에 대한 평소의 판단이 이번 사건에 영향을 미친 게 분명한 만큼, 노 정권에 대한 평소의 판단도 고려하는 게 공정하다는 것도 강조하고 싶다. 늘 기득권에 안주할까봐 노심초사하는 한겨레의 순결주의는 감동적이긴 하지만, 이런 균형 감각이 있었더라면 좀 다른 결론에 도달할 수 있지 않았을까 하는 생각이 든다.

노 정권이 그간 보여온 행태의 본질을 상징적으로 말한다면, '기자실'과 '공기업'이라는 두 단어로 압축할 수 있을 것 같다. 사회적 이슈로서의 두 문제에 대한 노 정권의 대응이 극명하게 대비된다는 점에 주목해보자. 옳건 그르건, 노 정권은 신문개혁에 정권의 생명을 걸다시피 하는 강경 대응으로 일관해왔다. 이유는 둘이거나 둘 중의 하나다. 첫째, 국가와 민족을 생각하는 좋은 뜻이다. 둘째, 사이가 나쁜 신문들에 대한 보복심이다. 옳건 그르건, 노 정권은 공기업 개혁에 별 관심이 없는 것처럼 보이는 무대응 또는 소극적 대응으로 일관해 왔다. 이 역시 이유는 둘이거나 둘 중의 하나다. 첫째, 국가와 민족을 생각하는 좋은 뜻이다. 둘째, 공기업을 정권 창출과 유지에 기여한 사람들의 '낙하산 인사' 착륙지로 써먹으면 그만이라는 생각이다.

둘 다 가급적 선의 해석을 하고 싶지만, 형편은 그렇지 못하다. 노 정권은 신문개혁에 대해선 근본주의적 대응을 해온 반면, 공기업 개혁에 대해선 정반대의 대응을 해왔다. 신문에 대해선 톡 건드리면 터질 것만 같은 예민함으로 엄청난 다변(多辯)을 쏟아낸 반면, 공기업에 대해선 엄청난 양의 비판이 쏟아져도 믿기지 않을 정도의 둔감함을 보이며 아무런 말이 없었다. 생각하면 생각할수록 신기한 일이었다. 유력 신문들과는 원래 사이가 나빴으니, 싸우는 것 말고는 답이 없었다. 반면 공기업은 노 정권에 충성하는 이들이 요직을 차지하고 있으니, 대통령이나 청와대가 공개적으로 쓴소리 몇 번만 해도 크게 달라질 수 있었다. 그러나 노 정권은 쓴소리는커녕 자화자찬하기에 바빴다. 노 정권 덕분에 '공기업 민영화'가 유일한 개혁방안인 것처럼 여론의 지지까지 받게 되었으니 이 노릇을 어찌할 것인가.

편 가르기 논리 외에 달리 설명할 길이 없다. 공기업은 우리 편이지만, 유력 신문은 우리 편이 아니라는 논리 말이다. 자신과 사이가 나쁜 쪽에 대해선 역사에 큰 족적을 남기겠다는 듯 개혁 기질로 밀어붙이고, 자신과 사이가 좋거나 자신이 장악한 쪽에 대해선 기존 질서를 수긍하는 보수 기질로 판을 키우는 건 노 정권의 일관된 행동양식이었다. 노 정권의 공무원 대폭 증원과 찬양이라는 이상한 행태도 그 틀로 이해하면 간단히 풀린다. 박상훈이 잘 지적한 것처럼, 이제 '강력한 국가의 귀환'을 걱정해야 할 정도가 되었다. 기자실 문제도 마찬가지다. 이 문제의 핵심은 언론과 관의 관계에 있다. 노 정권은 관을 자신과 동일시하는 전제하에 기자실 폐쇄를 밀어붙였다. 그 관은 한나라당이 집권하면 한나라당 관이 된다. 관의 독립성과 중립성? 그게 현 단계의 대한민국에서 가능한 이야기인가? 노 정권 스스로 그걸 지키기 위해 애써왔는지, 또 관의 정보공개와 공무원의 내부고발 활성화를 위해 무슨 일을 해왔는지, 가슴에 손을 얹고 자문자답해보라.

아무리 옳은 일이라도 상대성이 있는 사안에 대해 편을 갈라 내 편을 향해선 솜방망이를 들고 상대편을 향해선 칼을 빼드는 건 개혁이 아니라 개혁을 망치는 일이다. 이 사건을 통해 우리가 얻어야 할 값비싼 교훈은 무엇인가? 그건 바로 신뢰다. 신뢰의 토대 위에 서지 않는 개혁은 가능하지 않다.

―『한겨레 21』, 2007년 11월 13일자

방송위원회의 직무유기

12년 전 지역 민영방송이 출범했을 때 허가를 한 쪽이나 허가를 받은 쪽 모두 앞 다투어 '지역문화 창달'이니 '지방자치 활성화'니 하는 공적 명분을 내세웠다. 민간기업이라곤 하지만 방송사업의 특수성에 비춰 돈 버는 것을 주요 목적으로 삼는 기업일 수는 없다는 대전제를 분명히 한 셈이었다. 그러한 대전제는 실현되고 있는가? 전북지역의 민영방송인 전주방송(JTV) 노조원들이 지난 10월 26일부터 파업에 들어간 사건은 그 물음에 대한 답을 요구하고 있다.

그간 이런저런 파업이 워낙 많았던 탓인지, 요즘은 시민들이 파업을 좋아하지 않는다. 어느 쪽이 비교적 옳은지 알려고도 하지 않는다. 냉랭하다. 그걸 염두에 둔 것인지, 노조의 파업 성명서는 "방송국 직원들이 왜 파업을 하지? 이상하실 것입니다. '고놈들 월급 더 받으려고, 수당 더 받으려고 하겠지' 하실 수도 있습니다"라고 말하면서, 이런 호소로 끝을 맺었다.

"반성합니다. 죄송합니다. 이제 저희가 나서서 시청자와 도민들에게 봉사하고 사랑받는 방송국으로 바꾸겠습니다. 그래서 파업을 하게 됐습니다. 시청자와 도민 여러분 널리 이해해주시고 응원해주십시오."

그렇다. 일단 무조건 반성하고 죄송하게 생각해야 한다. 지방에서 방송인들은 봉급생활자들 중에선 고소득층에 속하는 동시에 영향력에 있어서도 최고 엘리트층이다. 그간 방송인들은 지역발전과 관련해 그런 위상에 걸맞은 행동을 보여주지 못했다. 지방의 낙후에 대해서 '서울 탓' 만 할 게 아니라, 가장 반성하고 죄송하게 생각해야 할 사람들이 바로 지방대 교수들과 더불어 방송인들이다. 이 점을 분명히 해놓고 이야기를 해보자.

JTV는 최근 3년 동안 110억 원의 순이익을 올려 주주들에게 33억 원을 배당했다. 비슷한 규모의 다른 지역 민방이 배당을 못했거나 하지 않은 것과 비교하여 주주를 존중한다는 점에서 일단 긍정 평가할 만하다. 더욱이 경제가 전국 최하위권인 전북에서 그런 실적을 올렸다는 건 감탄을 자아내게 만든다.

그런데 문제는 그런 성공이 방송장비 투자와 제작여건을 희생으로 한 것이라는 데에 있다. 이른바 '주주 자본주의' 의 문제가 드러난 것이다. 9개 지역 민방 중 전주방송의 제작환경이 최하위라는 게 노조 측 주장이다. 노조 측이 지적한 열악한 제작환경을 여기에 소개할 필요는 없을 것 같다. 사측에서도 할 말이 있을 것이니, 양쪽의 의견을 모두 청취하고 판단을 내려야 할 주체는 바로 방송위원회다.

그런데 문제는 방송위원회가 '서울지역 방송위원회' 인지 아니면 '전국 방송위원회' 인지 헷갈릴 정도로 지방방송에 대해선 신경을 쓰지 않고 있다는 점이다. 최근 방송위원회가 한국방송(KBS) 수신료 60퍼센트 인상, 지상파 방송사에 중간광고 허용 등 굵직한 결정을 내리면서도 지방방송에 대해 아무런 말이 없는 걸 보면, '방송경영위원회'로 문패를 바꿔달아야 하는 건 아닌가 하는 생각마저 갖게 된다. 이 두 가지 결정의 옳고 그름을 떠나, 지방방송 육성이 매우 어려운 일인 만큼 그런 파격적인 결정과 연계시켜 추진해야 함에도 방송위원회는 아무런 문제의식조차 없는 직무유기를 범하고 있는 것이다.

방송위원회가 방송과 통신의 융합 등과 같은 기술적·법적 문제로 인한 갈등에 시달릴 대로 시달린 만큼 고충이 많다는 걸 이해하지만, 그 와중에서 죽어나는 건 지방방송이라는 걸 심각하게 생각해줄 걸 요청하고 싶다. 지역 민방에 대해선 막판에 인허가 갱신권을 행사하는 충격요법을 쓰지 말고 평소 점검 체제로 전환하면 좋겠다. 지역 민방은 KBS 지역국이나 MBC 계열사들에 비해 로컬 편성 비율이 훨씬 높으므로 방송위원회가 깊은 관심을 갖고 발전방안을 모색할 걸 권하고 싶다.

—한국일보, 2007년 11월 7일자.

"지방방송 꺼!"

얼마 전 KBS가 수신료를 인상하는 대신 앞으로 무슨 일을 하겠다고 내놓은 몇 가지 주요 방안을 보고 놀랐다. 그 방안 중엔 지방방송을 발전시켜보겠다는 이야기가 없었기 때문이다. 언론보도에 문제가 있나 싶어 KBS가 발간한 홍보책자를 보았더니 '시청자께 드리는 10대 약속' 중 여덟째 약속에 이런 게 있었다.

"지역에서 만들어 전국에서 함께 보는 프로그램을 늘리는 등 지역방송 활성화, 지역문화 발전에 앞장서겠습니다."

언론보도가 잘못됐다고 보긴 어려웠다. KBS가 '지역방송 활성화'를 '10대 약속' 중의 하나로 넣은 건 다행이긴 하지만, 그 중요도에서 뒤로 밀려났거니와 구체적 방안에서 새로운 이야기가 없었기 때문이다.

그간 노무현 정권이 외쳐온 지역균형발전은 오직 건설 중심의 프로젝트인가? 그건 문화와 의식의 문제이기도 하다. 과거 드라마에선 "지방방송 꺼!"라는 대사가 튀어나오곤 했다. 지방을 2·3류 취급하는 의식이 살아있는 가운데 지역균형발전이 가능할까? 이 질문을 놓고 고민하다 보면 지역균형발전과 관련된 방송의 역할이 무엇인지도 분명해질 것이다.

KBS가 경영합리화와 지방방송 육성이라는 두 가지 목표가 상충되는 점이 있어 고민이 많다는 걸 이해한다. 그 고민이 정말 해결하기 어려운 것이라면, 여의도에서 제작되는 중앙 프로그램에서 지방을 위한 배려를 하는 방식은 고민해봤는지 묻고 싶다.

KBS도 잘 알다시피, 지금 지방은 홍보에 굶주려 있다. KBS는 그 굶주림을 비용 절감의 수단으로만 이용하려 들 뿐, 프로그램에 반영하려는 노력은 하지 않고 있다. 물론 늘 먹을거리와 고기 잡는 것 중심으로 엄청나게 많은 방송시간을 지방에 할애하고 있으며, 그건 그 나름대로 긍정 평가할 수 있다고 본다. 하지만 과연 지방에 먹을거리와 고기밖에 없다고 보는 것인가? 생산성이라곤 눈곱만큼도 없는 정쟁(政爭) 보도의 양을 줄이는 대신 각 지역별로 지방의 최대 현안을 전국적 이슈로 만들 수 있는 뉴스 아이템을 시리즈로 기획해보면 안될까? 지방 프로그램들을 적극 모니터해 서울—지방 합동으로 프로그램을 발전시킬 수 있는 협력체제를 가동할 수는 없을까? 연예오락 프로그램도 지역균형발전에 기여할 수는 없는지 그 점을 놓고 고민해볼 수는 없을까?

그러나 내가 정작 놀란 건 KBS의 무신경이 아니다. 그간 KBS에 대한 비판세력이 KBS의 별명을 '공룡'이라고 부르면서 경영합리화만 외쳐왔으니, KBS로선 주눅이 들었을 것이다. 그러니 지방방송을 축소시켰으면 축소시켰지 키워야 할 이유도 없는 셈이다. 내가 놀랍게 생각한 건 지방의 그 수많은 관련 단체들과 이해관계자들의 무관심과 침묵이다.

KBS는 수신료와 관련된 여론의 추이에 매우 민감한데, 지방 쪽에선 이 좋은 기회를 이용해 파격적인 '지방방송 발전방안'을 조건으로 내걸면 좋으련만 왜 그런 시도를 하지 않는 것인가?

나부터 '내 탓'을 하고 싶지만, 동시에 지방방송인들의 안일한 대응을 문제 삼지 않을 수 없다. 지방방송이 어찌되건 봉급 수준엔 차이가 없기 때문에 지금 이대로 좋다는 뜻인가? KBS만 놓고 보자면, 좋은 뜻으로 시작한 서울—지방 순환근무제가 주요 원인인 것 같다. 순환근무제는 방송이 지역 기득권 세력에 영합하는 걸 막는 데엔 도움이 되지만, 지방방송의 주체가 사라지는 문제를 낳고 있다. 딜레마다.

방송 분야의 연구비는 풍성하지만, 그 대부분은 이해관계자들이 돈을 대는 신기술 도입 관련 연구들이다. 지역균형발전엔 방송 관련 이해관계자가 없다. 아직까지 지방에서조차 "지방방송 꺼!"라는 말을 일상 대화에 쓰는 사람들이 있으니, 웃어야 할지 울어야 할지 모르겠다. 정말 지방방송을 꺼야 하는가?

—한국일보, 2007년 10월 31일자.

‘전화 한 통’의 장벽을 넘어

전국 13개 광역자치단체들이 벌인 수도권 집중화 반대 및 지역균형발전 촉구를 위한 서명운동에 동참한 사람의 수가 1,100만 명을 넘어섰다. 이 서명운동의 취지에 전폭적인 지지를 보내면서도 지방 내부개혁을 위한 서명운동도 일어나면 좋겠다는 아쉬움을 갖게 된다. 이중의 비극이라고나 할까? 지방이 매년 이런 성격의 운동을 벌여야 한다는 게 첫 번째 비극이요, 그 와중에서 지방의 발전은 중앙에서 하기에 달렸다는 인식이 팽배해져 지방 내부개혁의 목소리는 약화된다는 게 두 번째 비극이다.

지방의 가장 큰 문제는 무엇일까? 지방에서 꼭 19년을 살면서 내가 확신하게 된 답은 바로 연고주의다. 연고주의는 중앙의 문제이기도 하지만, 지방에서 훨씬 더 심하다. 연고주의는 구체적으로 ‘전화 한 통’으로 나타난다. 될 일도 전화 한 통이 없으면 잘 안되고, 안될 일도 전화 한 통이 있으면 쉽게 된다.

전화 한 통의 가장 큰 문제는 창의력과 혁신정신을 죽인다는 데에 있다. 전화 한 통이 없으면 창의력과 혁신정신은 평가받을 기회마저 얻지 못한다. 전화 한 통으로 문제를 해결하려는 사람들은 굳이 창의력과 혁신정신을 가질 필요조차 없다. 전화 한 통을 가능케 한 자신의 연고 관리를 위해 인간관계와 접대에 주력하게 된다.

최근 전주에서 발행되는 새전북신문의 한 논객이 「동영이 형, 동영이 동생」이라는 제목의 칼럼을 썼다. 지연과 학연이 맹위를 떨치는 전북의 호형호제(呼兄呼弟) 문화를 꼬집은 글이다. 이런 비판이 제기된다는 점에서 전북언론에 대해 한 가닥 희망을 갖게 되지만, 전반적으로 보아 지방언론이야말로 전형적인 전화 한 통 문화의 선도자라는 걸 부인하기 어렵다.

전북대 학생들이 창간한 인터넷신문 선샤인뉴스가 당면한 최대의 난관도 바로 여기에 있다. 전화 한 통이라는 장벽 때문에 학생들의 창의력과 혁신정신이 '철없는 학생들의 낭만'으로 폄하된다. 내가 이 인터넷신문에 관여하는 걸로 알려졌지만, 실은 모든 걸 학생들이 알아서 한다. 나는 뭘 도와주고 싶어도 전북의 아웃사이더인지라 전화 한 통 걸어줄 처지도 못된다.

나는 학생들의 창의력과 혁신정신이 탁월하다고 믿기에 그걸 평가해 주지 않는 전북의 전화 한 통 문화가 원망스러웠다. 그러다가 최근 믿기지 않는 일을 보게 됐다. 선샤인뉴스가 주관하고 전북은행이 주최하는 '전북은행 아이디어 공모전'이 성사된 것이다. 전북도민 의식의 중앙 종속성이 강해 향토기업이 정당한 평가를 받지 못하고 있는 현실에 문제의식을 느낀 학생들이 스스로 이 문제를 연구하고 제안해 공개적으로 이뤄진 일이다.

뒤늦게 그 사실을 알게 된 나는 깜짝 놀랐다. 아니 전화 한 통도 없이 그런 일이 가능하단 말인가? 나는 감격한 나머지 만나는 사람들마다 붙들고 전북은행의 진취성과 개방성을 입에 침이 마르도록 칭찬했다. 지금 내가 지나친 호들갑을 떨고 있다고 생각할 독자들도 계시리라. 어쩌면 나는 이런 문제로 한(恨)이 맺힌 건지도 모르겠다.

나는 오래전 지방대 교수들이 기회만 닿으면 서울소재 대학으로 옮겨가는 걸 지켜보면서 나만큼은 그러지 말아야겠다고 굳게 결심했다. 지방에서도 학생들과 더불어 할 수 있는 일이 많다고 믿었다. 그러나 그 어떤 일이건 전화 한 통 없인 어렵다는 걸 깨달았다. 바로 이런 문화가 지방의 중앙에 대한 정당한 요구의 실효성마저 떨어뜨린다는 걸 알게 되었다. 지방이 잘 안되는 이유는 중앙에 있는 게 아니라 지방 내부에 있다! 나는 이제 '중앙 탓'을 그만 두고 이 사실을 널리 알리려고 한다. 이제 지방에 변화의 조짐이 보이기 시작했다는 걸 믿으면서 말이다.

─한국일보, 2007년 10월 24일자.

3장

정치는 마약이다

여론조사는 범국민적 오락이다

루소(Jean-Jacques Rousseau)는 "여론이야말로 세계 최고의 여왕이며 그 것은 국왕의 권력에도 복종하지 않는다. 국왕들은 바로 이 여왕에게 직접 시중을 들어야 하는 노예이다"라고 주장했다. 이는 그가 살던 시절 엔 진보적인 사상이었겠지만, 오늘날엔 '여론'이 정치를 타락, 보수화 시키는 한 이유가 되고 있다. 대중 민주주의 체제하의 좌파가 여론조사 에 반대하는 이유도 바로 여기에 있다. 얼른 생각하면 머릿수가 많은 민 중 파워가 여론조사를 통해 나타날 것 같지만, 현실은 전혀 그렇지 않다.

1960년대에 프랑스 정치에 여론조사가 본격적으로 도입되자 사회학 자 피에르 부르디외(Pierre Bourdieu)는 강력히 반대하고 나섰다. 그는 여 론조사가 '모든 사람이 의견을 갖고 있다' '모든 의견이 똑같은 무게를 갖고 있다' '물을 만한 가치가 있는 질문에 관한 동의가 이루어졌다' 등 그릇된 전제 위에서 출발하는 것이라는 점을 지적하면서, "여론은 존재 하지 않는다"고 단언했다. 미국의 좌파 언론학자 허버트 실러(Herbert

Shiller)는 "여론조사는 현상유지를 위한 매춘"이라고까지 주장했다.

물론 그런 비판에도 불구하고, 오늘날 민주주의를 하는 나라들은 '여론 민주주의'를 위한 방법론인 여론조사를 왕성하게 실시하고 있다. 무엇보다도 여론조사는 여론 민주주의의 한 기둥이라 할 언론매체의 주요 영업수단이기 때문에, 언론의 자유를 보장하는 한 여론조사를 통제한다는 건 기대하기 어렵게 되었다. 기껏해야 여론조사 방법을 검증하는 수준의 공적 규제만 있을 뿐이다. 투표 6일 전부터는 언론의 선거 여론조사 보도를 법으로 금지하고 있는 한국처럼 최소한의 규제를 가하고 있는 나라들도 있지만, 규제가 없는 나라들이 더 많다.

많은 이들이 한국처럼 여론조사 결과에 따라 정치판이 요동치는 나라도 없다고 말한다. 그래서 '여론조사 공화국'이라는 말까지 나왔다. 물론 좋은 의미는 아니다. 여론조사의 오·남용이 심하고, 국민 역시 여론조사 결과에 너무 휘둘리고 있다는 뜻이다.

엉터리 여론조사가 가끔 자행되는 것도 바로 그런 풍토에 편승한 것이리라. 엉터리 여론조사가 많기는 하지만 오히려 그건 큰 문제가 아니다. 나중에라도 밝혀질 수 있기 때문이다. 또 여론조사의 실세인 주요 언론매체가 그런 엉터리 짓을 했다간 신뢰도에 치명상을 입을 것이므로 함부로 시도하기도 어렵다.

단국대 교수 윤석홍은 "영향력을 감안하면 현재 우리의 여론조사 분야는 무법지대나 다름없다"면서 "선거뿐 아니라 여론조사 전반에 대해 조사의 수준을 평가하고, 조사기관의 윤리준칙 준수를 강제할 수 있는 제도적 장치가 필요하다"고 주장했다. 이는 학계의 전반적인 의견인바, 하루 빨리 여론조사에 대한 공공적 통제를 가하는 것이 좋겠다.

그러나 그런 문제들보다 더욱 근본적인 문제가 있으니, 그건 바로 여론조사에 대한 과도한 의존이다. 여론조사를 아무리 엄격하게 과학적·윤리적으로 한다 해도 여론조사 자체에 너무 많은 의미를 부여해버리면 더욱 위험한 일이 벌어질 수 있기 때문이다.

그런 과도한 의존의 대표적 사례가 정당 내 여론조사 경선이다. 이에 대해 전문가들의 의견은 대부분 부정적이다. 국민대 교수 이명진은 "당원들이 해야 하는 후보 선출에 여론조사를 활용하는 것은 정당정치를 포기한 얄팍한 포퓰리즘"이라고 했다. 서울대 교수 박찬욱도 "지금과 같은 정당의 후보선출 방식은 여론조사의 본질을 모르는 '조사문맹(Research Illiteracy)' 현상이자, 정치적 선택이 가요인기투표와 같다고 여기는 포퓰리즘"이라며 "노선과 이념에 관계없이 누구든 지지율만 높으면 된다는 풍조는 민주주의를 후퇴시킬 것"이라고 주장했다. 한국사회여론연구소장 김헌태는 "(여론조사 경선은) 세계적 망신거리"라고 했다. 조선일보 기자 주용중은 "당 후보를 여론조사로 뽑는 나라는 우리나라와 대만뿐이다. 대만은 국민당의 일당 통치에서 벗어난 지 10년도 되지 않는 민주정치의 후발국이다. 우리가 구태여 그런 나라의 제도를 본받을 이유는 없다. 여야는 여론조사를 여론조사 본연의 자리로 되돌려 놓아야 한다"고 주장했다.

좀 다른 경우이긴 했지만, 정당 내 여론조사 경선의 원조는 2002년 대선 직전 여론조사로 성사된 노무현·정몽준 후보 단일화였다. 당시 단일화의 드라마적 가치가 워낙 커 대충 넘어가긴 했지만, 그건 여론조사오·남용의 극치를 보여준 사건이었다. 지금도 '드라마적 가치'에만 집착해 그 사건을 재현하려는 시도만 왕성하게 이루어질 뿐, 왜 그게 문제였는지에 대해선 아무런 성찰도 찾아볼 수 없다.

왜 그럴까? 전문가와 일반 민심의 괴리가 크다. 전문가들은 정당정치의 원리를 내세워 여론조사 경선을 비판하지만, 정당을 포장마차보다도 수명이 짧은 것으로 알고 있거니와 실제로 그렇게 경험해온 유권자들의 입장에선 별 문제의식을 느끼지 못하는 것일 수도 있다.

여론조사 자체를 못하게 했던 독재정권 시절의 상흔이 유권자들의 뇌리에 '여론조사＝민주주의'라는 등식을 성립시킨 점도 있다. 선거에 여론조사가 도입된 것은 1987년에 치러진 제13대 대통령선거 이후였으니, 이제 겨우 20년의 역사인 셈이다. 자유롭게 자기 의사표현을 해도 괜찮더라는 걸 알고 솔직하게 여론조사에 임한 건 10년이라고 보아야 하지 않을까?

여론조사 경선을 선호하는 정치인들에게도 비슷한 상흔이 있다. 당내 민주화가 안돼 있던 시절 여론조사는 이른바 '보스 정치'를 깰 수 있는 최상의 수단이었다. 여론에 따른 '상향식' 공천과 의사결정은 무슨 개혁의 보증수표인 양 떠받들어지던 시절이 꽤 길었던 것이다. 그런 의식에 기초하여 정치적 열세를 순식간에 만회해보려는 한탕주의 심리가 작동하고 있다고나 할까.

국회의원들의 직업적 문화 또는 행태는 그 속성상 늘 한탕주의 심리로 가득하다는 현실도 짚고 넘어갈 필요가 있겠다. 그들은 뜨지 않으면 죽는다는 강박에 시달리고 있다. 이 강박은 국정감사 때에 잘 드러난다. '언론플레이'라는 표현도 점잖은 말이다. '필사적 몸부림'이라는 게 더 적합한 표현이다. 언젠가 모 의원은 국정감사 전에 보좌진 전원으로부터 '각서'를 받았는데, 그 내용은 "의원의 국감 활동이 언론에 제대로

부각되지 않으면 해고를 감수한다"는 내용이었다고 한다. "TV 9시 주요 뉴스에 보도되면 10점, 신문 1면 톱에 실리면 10점" 등 구체적인 '성적표 작성 방식'까지 정했다나.

그런 언론플레이에 취약한 언론도 문제가 있지만, 이런 문제는 의원이나 언론 탓만 할 일은 아니다. 유권자들에게도 문제가 있다. 별 업적이나 실적이 없는 정치인이라도 언론매체를 타서 유명해지면 금방 여론조사에서 유력 정치인 리스트에 오르는 세태에선 의원들이 언론보도에 목숨을 걸 수밖에 없기 때문이다.

그런데 또 알고 보면 유권자들도 구조의 포로다. 무슨 구조인가? 한국의 독특한 여론형성 구조다. 그 구조의 가장 큰 특성은 잦은 '변심'이다. 한나라당 의원 전여옥은 "변심은 유권자의 기본이자 특권"이라고 했다. 정치인으로선 백번 옳은 말이다. 민심은 무조건 위대한 것이며 그래야만 한다. 유권자의 표가 정치인의 존재 근거이기 때문이다. 그러나 변심의 이유는 알아야 할 것 아닌가. 청춘 남녀 사이의 변심에도 이유는 있는 법인데, 여론조사나 투표에서의 변심에 이유가 없을 리 없다.

그런데 우리는 사회적 차원에서도 무조건 유권자의 변심을 정당화·미화하는 쪽으로만 치닫고 있다. 모두 다 '대중의 지혜'의 신봉자들 같다. 그렇지만 대중의 지혜는 하나 마나 한 소리다. 구조적으로 대중은 늘 지혜롭게 돼 있기 때문이다. 대중이 가진 자체적 힘(머릿수 파워) 때문에 대중의 선택은 정당화되고 지혜가 되게끔 돼 있다. 대중은 이미 '지혜'라는 답을 내장하고 있는 개념인 것이다. 예컨대, 대중이 선거에서 아주 어리석은 선택을 했을망정 그걸 무슨 수로 꾸짖을 것이며 바로잡을 수 있겠는가? 게다가 그런 선거에서 과실을 챙긴 사람들이 앞 다투어 대중의 지혜를 역설할 게 뻔한데 말이다.

우리는 여론의 변심 이유를 캐는 데에 너무 게으르거나 아니면 너무 선거전문가 같은 냉소로 대응하고 있다. 누군가가 이벤트 한 건을 잘 올려 지지율이 좀 오르면, 너무도 쉽게 편승해 곧 눈덩이 효과를 만들어내고야 만다. 대중을 폄하하는 건가? 아니다. 오히려 정반대다. 한국 여론형성 구조의 10가지 특성을 지적하면서 이야기를 해보자.

첫째, 미디어의 1극 중앙집권구조로 인해 쏠림이 심하다. 우리는 자연스럽게 여기지만, 전 국민의 미디어 이용 시간의 90퍼센트 이상을 점유하는 미디어가 한 도시에 집중돼 있다는 건 놀랍게 생각해야 할 사실이다. 그런 지리적 집중성과 더불어 학연·학벌주의로 인해 미디어 종사자들의 동질성이 매우 높아 쏠림을 악화시킨다.

둘째, 강한 외부지향성과 타인지향성으로 인해 편승이 심하다. 그래서 "지지율이 높기 때문에 지지한다"는 동어반복 현상이 상례화돼 있다. 이는 각 개인의 신념구조나 그 어떤 사실적 기반에 의해 형성된 여론이 아니기 때문에 여론의 불안정성과 휘발성을 낳는 주요 이유가 되고 있다.

셋째, '반감의 정치'로 인한 반사적 성격이 강하다. 정치에 대한 냉소·불신이 강해 정치적 지지는 지지 대상에 대한 '포지티브' 심리보다는 반대 대상에 대한 '네거티브' 심리에 의해 형성된다. 이 또한 여론의 불안정성과 휘발성을 낳는 주요 이유가 되고 있다.

넷째, 정당정치의 기반이 부실해 일관성이 약하다. 일종의 악순환이라고나 할까. 정치에 대한 불신·혐오 때문에 기존 정당보다는 늘 신진세력을 선호하는 여론이 정당정치의 부실화를 가져오는 역설을 낳고 있다.

다섯째, 인물 중심주의 문화가 강해 지속성이 약하다. 기득권 세력에 대한 총체적 불신과 반감으로 인해 새로운 인물을 대안으로 모색하는 성향이 농후하다. 물론 그로 인한 좋은 점도 있겠지만, 여론의 불안정성과 휘발성은 피할 길이 없다.

여섯째, 지역주의적 고려가 이슈·정책 파워를 약화시킨다. 지역주의적 고려는 바람직하지 않다는 걸 모든 사람들이 당위적으론 인정하기 때문에 이는 기존 여론조사 방식으론 잡아내기 어렵다. 그래서 더욱 문제가 된다.

일곱째, 드라마나 이벤트에 약한 감성 체질이다. 타고난 감성 체질도 있겠지만, 위에 지적한 이유들이 감성 파워를 키워 드라마나 이벤트의 가치를 증대시킨다. 드라마나 이벤트의 바탕엔 그 어떤 시대정신이 깔려있을 수도 있기 때문에 부정적으로만 볼 일은 아니지만, 여론형성의 안정성을 해치는 건 분명하다.

여덟째, 여론선도자의 기능이 강해 조작에 취약하다. 이 문제는 인터넷 시대에 이르러 증폭되고 있다. 앞서 지적한 쏠림과 편승은 여론형성 초기에 이른바 '작전세력'이 활개칠 수 있는 가능성이 크다는 걸 의미하는 것이기도 하다.

아홉째, 바람에 약하고 바람을 사랑한다. 이는 그간 한국정치에서 대체적으로 보아 긍정적 영향을 미쳐왔다. 기득권 구조를 일시에 허물어버릴 수 있는 물갈이를 가능케 한다거나 기득권 세력에게 경고의 의미를 보내왔다는 점에서 그렇다.

열째, 성찰을 어렵게 만든다. 이는 바람에 약하고 바람을 사랑하는 여론형성 구조의 치명적인 약점이다. 바람기는 유권자의 특권이라곤 하지만, 그게 지나치면 대접받지 못한다. 정치인들은 여론을 무서워하는 동시에 여론을 깔보기 때문이다. 언제든 바람 한 번 불면 쉽게 뒤집어질 수 있다고 보기 때문에, 자신의 과오를 심각하게 성찰하기보다는 바람을 만들 수 있는 드라마·이벤트를 연출하는 데에 집중한다. 이는 정치인들의 한탕주의를 창궐케 하고 성찰의 씨를 마르게 하는 결과를 초래한다. 선거나 여론조사에서 자기 입맛에 맞는 결과가 나오면 '대중은 위대'하고, 자기 입맛에 맞지 않으면 '반대편의 음모와 방해' 때문에 그렇다는 식의 이중잣대가 만연해 있는 것도 바로 그런 대중 폄하에서 비롯되는 것이다.

대중은 여론조사를 일종의 게임으로 즐길 뿐이기 때문에 바람 따라 노는 것에 별 문제의식을 갖고 있지 않다. 여론조사는 범국민적 오락인 셈이다. 일종의 '바람 놀이'다. 굳이 좋게 말하자면, 정열과 소신의 부질없음을 깨달은 체념과 냉소의 지혜라고나 할까. 가벼운 인상 비평의 수준에서 자신의 선택을 게임으로 여기는 기존 '여론조사 공화국' 체제는 신축성, 융통성, 역동성 등과 같은 그 나름의 장점이 있으므로 부정적으로만 볼 일은 아니지만, 그 사회적 비용은 성찰의 고갈과 더불어 정치적 불확실성, 불안정성의 증대다. 하긴 그게 오락의 묘미이긴 하다.

—『한겨레 21』, 2007년 10월 23일자.

명절의 사회학

추석과 같은 명절에 일어나는 이른바 '민족 대이동'의 의미는 무엇일까? 회귀본능의 충족, 정(情)의 교류와 확인, 은혜에 대한 감사, 결실에 대한 축하, 반복적·기계적 삶으로부터의 일탈 등 여러 사회적 의미가 있을 게다.

그런 큰 의미에도 불구하고 명절이 즐겁기는커녕 고통스럽다고 말하는 사람들이 많다. 지난 설날 때 한 백화점의 조사에선 응답자의 74퍼센트가 이른바 명절증후군을 겪고 있는 것으로 나타났다. 30대의 경우 그 비율은 95퍼센트까지 올라간 것으로 보아, 젊은 며느리들의 고통이 가장 심하다는 걸 알 수 있다.

며느리만 고통스러워하는 게 아니다. 며느리의 심사에 큰 영향을 받는 시어머니와 중간에 낀 남편, 아들도 괴롭다. 또한 취업을 하지 못한 20대를 포함하여 모처럼 모인 대가족 앞에서 면목을 세울 만한 실적이 없는 모든 이들이 고통스럽다. 언론매체엔 주로 아름답고 화기애애한 장면만 등장하지만, 실상은 다르다.

많은 이들이 지금과 같은 방식의 명절 보내기를 바꿔보자고 제안하지만, 기대하기 어려운 일이다. 가부장적 대가족제도의 가치와 더불어 가문·문중의 영광을 부르짖는 이들은 "설과 추석해서 1년에 딱 두 번인데 바꾸긴 뭘 바꾸냐"고 펄펄 뛸 게 틀림없다. '대목 장사'를 해야 하는 기업들도 결사적으로 반대하고 나설 것이다. 이들의 치열한 마케팅 공세는 '문화공학'의 수준에서 명절을 미화·찬양하고 있기 때문에, 민족대이동의 대열에 참여하지 않는 사람들이 오히려 소외감을 느낄 정도다. 없던 명절도 마케팅 차원에서 새로 만들어내는 세상에 역사와 전통을 자랑하는 추석과 설을 계속 키우는 건 싱거울 정도로 쉬운 일이다. 게다가 미디어산업도 덩달아 가세해주니, 추석과 설은 영원할 수밖에 없다.

그러나 지금과 같은 방식의 명절 보내기가 앞으로도 계속될 수밖에 없는 근본적인 이유는 우리의 평소 삶의 방식에 있다. 우리는 외부지향적이며 타인지향적이다. 나 자신의 내면세계보다는 남들이 나를 얼마나 알아주고 어떻게 평가해주느냐 하는 것에서 삶의 의미와 보람을 찾는다. 그 의미와 보람은 정치·경제적인 실리를 가져다주기 때문에 심리적인 것만은 아니다.

우리의 연고 소속감과 그에 따른 인맥 활용은 세계에서 으뜸이다. 핵가족화를 넘어서 1인 가족 체제로 살망정 생존경쟁은 연고 소속을 무기로 삼아야만 한다. 출세한 사람들이 심심하면 일으키는 각종 사회적 스캔들은 그걸 실증해준다. 남들을 향해선 늘 원칙과 정의를 부르짖으며 고슴도치처럼 가시를 세우던 사람도 자신의 연고 패거리에겐 흐물흐물

한 낙지가 돼버린다. 아들 때문에 범법자가 돼버린 기업인들은 왜 그리도 많은가.

각종 연고 중에서 으뜸은 혈연이다. 우리만큼 피를 사랑하는 민족도 드물다. 명절의 고통은 혈연집단 파워의 검증을 위해 치러야 할 최소한의 비용이다. 명절의 고통을 외치는 며느리들도 자식 교육을 위해선 가족의 영광을 위한 열혈 전사(戰士)로 나서는 걸 마다하지 않는다. 아니 자식 교육을 통해 자신의 정체성을 확인하고 삶의 의미와 보람마저 찾으려 든다. 자식을 둔 어머니들끼리 만나서 나누는 대화의 내용과 질은 명절 대화의 복사판이다. 모두 다 피곤함과 고통을 호소하면서도 그런 삶의 방식에서 이탈하면 죽는 줄 안다.

실은 민족대이동의 물리적 근거인 현 '서울공화국' 체제가 바로 그런 강한 성취욕구의 결실이다. 집단적 차원에선 개발독재 시절의 성취 욕구가 아직도 강하게 살아있는 걸 긍정할 수도 있겠지만, 삶의 피곤함은 가중된다. 명절이 끝난 후 상당수 국민이 고통받는 건 꼭 음식으로 인한 위장 부담 때문만은 아니다. 명절을 통해 가열(苛烈)한 삶의 임전태세를 새롭게 다진 후 찾아드는 부담감도 가세하기 때문이다. 명절은 한국형 자본주의의 동력이다.

—한국일보, 2007년 10월 3일자.

한국인의 처절한 '보호막' 쟁취 투쟁

가문과 족보 따지는 걸 일부 보수적인 사람들의 취미 정도로만 생각하는 사람들은 윤학준의 『양반동네 소동기』(효리미디어, 2000)라는 책을 읽어볼 필요가 있다. 일본 법정대 교수인 저자가 자기 고향의 양반문화를 소개한 책이다. 그는 그 이전에 낸 『나의 양반문화 탐방기』(길안사, 1994)로 인해 고향에서 왕따를 당하고 절교까지 당하는 수난을 감수해야 했다. 무슨 비리를 들춰낸 것도 아니고, 말로는 누구나 해오던 이야기를 글로 쓴 죄 때문이었다고 한다.

양반문화는 옛날이야기인가? 아니다. 지금도 가문 좋은 한국 엘리트들의 행태를 이해하는 데에 필수적인 이야기다. 가문·족보를 목숨처럼 소중히 여기는 집안에서 자라난 사람들에겐 싱거운 이야기일 수도 있겠지만, 그렇지 않은 사람들에겐 한국이 아직 갈 길이 멀다는 생각을 하기에 족하다. 이 책엔 한국 문단에서 가문·족보를 비교적 소중히 여기는 걸로 유명한 이문열, 이인화 이야기가 등장한다.

윤학준은 이인화의 『영원한 제국』(세계사, 1993)을 "남인의 후예인 작가의 노론에 대한 한풀이 소설"로 이해한다. 이 소설에 대해 이문열은 윤학준에게 "그 작품이 나오면서부터 노론 측의 분노가 대단했던 것 같습니다"라고 말했다고 한다. 이에 대한 윤학준의 말이다.

"나는 순간 도깨비한테 홀린 듯한 기분이 들었다. 지금도 남인이니 노론이니 하는 것이 존재하고 있다니 도대체 이게 무슨 뚱딴지같은 소리인가. '그럼 이인화 씨는 저 미운 노론에게 일침을 가한 셈이 되는 건가?'라는 나의 말에, 그는 '아마 그렇겠죠'라며 껄껄 웃었다."

실제로 이문열은 『여우사냥』(살림, 1995)의 머리말에서 "내 역사인식의 기초에는 남인들의 사관(史觀)이 은연중에 깔려있다"고 털어놓은 바 있다. 그렇다. 사색당쟁은 아직 살아있다. 그러나 지금 그걸 강조하려는 건 아니다. '보호막' 이야기를 하려는 거다. 가문이란 무엇인가? 보호막이다. 출세의 필수적인 발판이기도 하다. 물론 지금도 유효하다.

조선의 부정부패에 관한 학자들의 논쟁에선 이른바 '공명첩(空名帖)'이 등장하기도 하는데, 공명첩은 부정부패의 핵심이 아니다. 공명첩은 이름을 밝히지 않는 관직 임명장으로 어떤 신분이건 돈으로 살 수 있는 사람이면 다 구입할 수 있었다. 그러나 공명첩을 산 평민의 자식은 과거에 응시할 수 없었기에 실속이 없었다. 그저 벼슬 못하고 양반 못된 것에 한 맺힌 사람들의 일시적인 한풀이 수준이었다.

조선의 진짜 부정부패는 가문 단위로 이루어졌다. 그런데 이 부정부패는 가문이라는 문화적 결속의 장막하에 있었기 때문에 밝혀질 수도 없었거니와 심지어는 바람직한 것으로까지 여겨지기도 했다. 조선시대에 정삼품 이상 당상관이 내외 8촌까지 먹여 살리는 건 미덕인 동시에 의무였다. 조금 더 높이 올라가면 20촌이 넘는 먼 친척까지 돌봐야 했다.

봉급으로? 어림도 없는 일이다. 신복룡은 고부 봉기를 촉발시킨 고부 군수 조병갑이 물욕에 눈이 뒤집힌 것은 "자신의 개인적인 영화를 위해서도 필요한 것이었지만 그를 그곳에 심어준 문족(門族)들에게 상납하기 위해서도 어쩔 수 없는 일이었다"고 했다. 어디 조병갑만 그랬겠는가?

지금 조선을 폄하하기 위해 이런 말을 하는 게 아니다. 가문, 족보를 목숨처럼 소중히 여기는 게 나쁘다는 말을 하려는 것도 아니다. 한국사회를 정확히 이해해보자는 뜻이다. 역사학자들이 사소하게 여겨 언급하질 않아서 그렇지 우리가 교과서에서 배운 역사의 이면을 파고들면 '연고'가 '명분'보다 훨씬 더 큰 힘을 발휘했다는 걸 쉽게 알 수 있다. 역사는 명분 위주로 기록되는 게 아니던가.

그런 이면을 밝히는 데에 비교적 신경을 쓰는 대표적인 역사학자가 바로 박노자다. 박노자의 최근작인 『우리가 몰랐던 동아시아』(한겨레출판, 2007)의 일독을 권한다. 예컨대, 거의 모든 책에 훌륭한 애국지사로만 소개된 남궁억에 대해 좀 다른 이야기가 나온다.

정치학자이자 역사학자인 신복룡의 『한국사 새로보기』(풀빛, 2001)도 읽을 만하다. 이 책은 그 자체의 가치를 떠나 한국사회에서 가문을 건드리는 게 얼마나 어려운가를 웅변해준다. 신복룡은 그간 수많은 시련을 겪었다. 관계자의 후손들이 연구실을 점거하는가 하면 직장 책임자를 찾아가 파면을 요구하기도 했다. 그는 그간의 고충을 이렇게 털어 놓았다.

"문중의 문제는 건드릴 수 없는 성역이요, 금기의 지대였다. 그럴 때마다 절망하기도 했고, 넘을 수 없는 벽 앞에서 망연자실한 적도 있지만 그 자리에서 돌아서면 내 생전에 내가 이길 것만 같은 자신감이 나를 다시 부추겨 주었다."

당사자들의 허락을 받지 않아 소개할 수 없어서 그렇지, 내가 개인적으로 아는 필화 사건만 해도 여럿이다. 문중 파워, 정말 무섭다. 나라 망하는 건 팔짱 끼고 구경하다가도 문중을 건드리면 목숨 걸고 총궐기하곤 했다는 말이 괜한 말이 아니라는 게 실감난다. 말이야 바른 말이지만, 문중을 건드리지 않으면서 비판을 하긴 매우 쉽다. 아무리 급진적이고 과격한 주장을 펴더라도 괜찮다. 옛날이야기이니 국가보안법에 걸릴 위험도 없다. 그러나 문중을 건드리면 이야기는 달라진다.

30여 년간 조선시대 문과 급제자 1만 4,607명을 추적 연구한 송준호는 "조선시대를 올바로 이해하기 위해서는 과거제나 양반의 중요성은 아무리 강조해도 지나침이 없다"고 했다. 최근 우리 학계에 "민중이 주역이었지 양반이 뭐가 중요한가" 하는 주장들이 제기됐고, 나아가 양반 연구자들에게 비난과 공격이 쏟아지고 있지만, 양반을 도외시한 조선의 역사는 존립 자체가 불가능하다고 봐야 한다는 것이다.

그리 되었어야 한다는 '당위'와 있는 그대로의 사실을 추구하는 '실증' 사이의 충돌이라고나 할까? 그간 송준호는 연구 파트너인 미국학자 에드워드 와그너(Edward Wagner)와 더불어 "민중의 시대에 양반을 연구하는 보수 반동주의자"라는 비난의 표적이 되기도 했다. 참으로 어이없는 비난이다. 혹 진보·보수의 구분보다 더 강하고 원초적인 그 무엇이 작용하고 있는 건 아닐까?

세상엔 진보적으로 알려져 있지만 자신의 양반 혈통에 대해 무한한 자긍심을 느끼며 족보 관리를 열심히 하는 사람들이 의외로 많다. 이런 진보파는 절대 가문의 문제를 건드리지 않는다. 가문은 이데올로기의 상위 개념임을 온몸으로 느끼고 있기 때문이다. 윤학준의 책에도 나오지만, 이념에 철두철미한 공산주의자마저도 족보 앞에선 흐물흐물해진다.

어려서부터 자기 집안이 '상놈' 출신인 걸로 알고 자라 '상놈'을 적극 옹호했던 김구의 경우도 흥미롭다. 김구는 나중에 자신이 양반, 그것도 신라 경순왕의 후손이라는 걸 알고선 문중에 충실한 태도를 보였다. 해방 후 귀국해서 경순왕릉을 참배했고, 이후 자신의 가계와 관련된 모든 기록에서 자신이 '경순왕의 후손'임을 강조했다.

가문과 족보를 중시하는 사람들은 극소수 아닌가? 아니다. 2006년 한국개발연구원(KDI)의 '사회적 자본 실태 종합조사' 보고서에 따르면, 우리나라 국민들의 사회적 관계망 가입비율은 동창회가 50.4퍼센트로 가장 높고, 종교단체 24.7퍼센트, 종친회 22.0퍼센트, 향우회 16.8퍼센트 등이 뒤를 이었다. 반면 공익성이 짙은 단체들의 가입률은 2퍼센트대에 머물렀다. 종친회 가입률 22퍼센트는 결코 낮은 수치가 아니다.

지난 2005년 종친회를 빙자해 5년 동안 7,900명에게 싸구려 족자를 비싼 값에 팔아 7억여 원을 뜯어낸 사기 사건은 어떤가. 이 사건에서 놀라운 사실은 그간 피해신고가 단 한 건도 없었다는 사실이다. 종친회의 가공할 파워라 하지 않을 수 없다.

그럼에도 우리는 가문을 너무 당연시하는 경향이 있다. 가문이 없거나 약한 사람이 나름의 보호막을 찾으려는 걸 냉소적으로 보거나 부정적으로 보는 경향이 강하다. 그렇게 보는 게 잘못됐다는 건 아니지만, 불공평하다는 느낌은 지우기 어렵다. 튼튼한 가문을 갖고 있기 때문에 의연한 사람과 그게 없기 때문에 자기 보호막을 만들기 위해 발버둥치는 사람을 다르게 취급해도 괜찮은 걸까?

개화기 시절 보통사람들이 누릴 수 있는 최상의 보호막은 바로 외세(外勢)였다. 물론 외세야 상층 엘리트 계급도 보호막으로 삼곤 했지만, 보통사람들의 외세 이용은 신앙의 형태로 나타났다. 개신교와 천주교를 믿는 것, 그것이 가장 든든한 보호막이었다.

조선정부가 일본에 휘둘리건 러시아에 휘둘리건 개신교·천주교 교회는 그 누구도 함부로 할 수 없는 치외법권 지역이었다. 이는 청일전쟁과 러일전쟁 시에 드라마틱하게 나타났다. 보호가 너무 잘된 나머지 나중엔 교회를 등에 업고 횡포를 부리는 일까지 나타났다.

개화기의 개신교 선교사들은 사치스럽게 살았다. 당시에도 그런 비판이 제기되었던 모양인데, 실은 사치스럽게 사는 게 선교의 한 방편이었다. 정치적으로건 물질적으로건 선교사들에게 힘이 있다고 보여야 신도 수가 늘어났기 때문이다. 당시 한 선교사는 사치스러운 삶에 대해 "이 모든 것이 우리의 종교의 결실이요, 또 그 발전이라는 것을 알았을 때, 기독교의 실제적 가치는 그들에게 강한 매력을 느끼게 해줍니다. 그러므로 우리 선교사들이 때로는 안락한 집에서 살고 있다는 것이 사치가 될 수 없습니다"라고 말했다.

교회뿐만 아니라 서양인과 교제를 갖는 것도 보호막이 되었다. 외국인을 보호막으로 삼는 건 이미 1880년대부터 유행하였던 현상이다. 1885년에서 1886년까지 2년간 조선에 머물렀던 청나라 상인 허오는 자신이 편찬한 『조선잡술』에서 일반 백성은 관원들을 매우 두려워하지만 "그러나 일단 외국인에게 고용이 되고 나면 매우 우쭐대며 교만해져, 원래의 모습을 볼 수 없게 된다"고 주장했다.

좀 과장된 표현이겠지만, 어떤 형태로건 외세를 등에 업는 게 보호막이 되는 건 분명했고, 놀랍게도 이런 역사는 1980년대까지 지속되었다. 독재정권 시절 민주화운동가를 위한 보호막이 돼줄 수 있는 건 누구였는가? 부실하고 때론 기회주의적이기도 했지만, 보호막이 돼준 건 주로 외세였다. 한국의 선진적인 지식인들이 보편주의에 매료된 주요 이유 중의 하나도 바로 여기에 있다. 지금은 어떤가? 양상이 좀 바뀌었을 뿐, 보호막 형성을 위한 외부 지향성은 여전하다. '유학 열풍'과 '영어 열풍'도 그런 관점에서 볼 필요가 있다.

한국은 제도적으로 공정한 보호막 메커니즘을 만드는 데 매우 서투른 나라다. 아예 신경을 안 쓴다고 보는 게 옳을 것이다. 거의 모든 역사학자들이 개화기·일제 시절 한국 지식인을 사로잡았던 사회진화론을 국제관계의 관점에서만 말하지만, 더욱 주목해야 할 것은 사회진화론의 내부 작동 방식이다.

사회진화론의 3대 지주라 할 약육강식, 우승열패, 적자생존은 한국 내부에서 지금도 기승을 부리고 있다. 그런 원리를 예찬하는 사람들도 있지만, 지금 여기서 그걸 놓고 논쟁을 벌일 필요는 없다. 그걸 예찬하는 사람조차 인정할 수준의 과도함에 대해서만 이야기해보자. 한국사회는 그 과도함을 통제할 수 있는 역량이 있는가? 없다!

왜 없는가? 사회적 보호막 장치를 만들 수 있는 힘을 가진 엘리트 계급이 가문 보호막에 안주해 있기 때문에 그 필요성을 절감하지 못하기 때문이다. 가문 보호막이 없는 사람들은 종교와 더불어 학벌 보호막을 갖기 위한 투쟁을 벌인다.

한국인 다수에겐 대세에 편승하지 않으면 죽는다는 강박이 있다. 자신도 알게 모르게 거의 본능적으로 보호막을 찾기 위한 몸부림인 셈이다. 각종 '신드롬'이 양산되는 이유와 무관치 않다. 이게 나쁜 것만은 아니다. 편승이 잘 이루어지면 우리가 가진 역량 이상의 성취를 이룰 수도 있다. 그러나 사회적 불안정과 피곤함은 피할 길이 없다.

좋은 가문, 학벌을 가진 사람들이 기득권 고수를 위해 일로매진할 경우 보호막 쟁취를 위한 대중의 투쟁도 치열해질 것이다. 지금 가장 현저한 투쟁은 '기업 보호막' 쟁취 투쟁이다. 정규직·비정규직 갈등의 본질도 바로 그것이다. 비슷한 조건하에 있는 사람들을 대상으로 누구는 과도한 보호를 해주고 누구는 보호를 해주지 않는 방식으론 사회적 안정과 평화를 이룰 수 없다. 이를 평등주의 논리로 비판하려면 비판자 자신의 보호막부터 검증해볼 일이다.

사회적 불안정과 피곤함이 우리의 숙명이라면 감수해야겠지만, 언론·지식인의 담론 생산 방향만이라도 '보호막 사유화' 체제에서 '보호막 공영화' 체제로 나아가는 쪽으로 향한다면 변화의 가능성이 전혀 없는 건 아니다. 보호막 공영화는 복지 예산을 늘리는 걸 의미하는 게 아니다. 기회의 단계부터 공정한 게임의 룰을 세우고 실천하는 것이다.

— 『한겨레 21』, 2007년 9월 18일자.

지방신문의 혁명을
보고 싶다

새전북신문 지령 2,000호를 축하한다. 그러나 이 축하엔 '한(恨)'이 서려 있다. 무슨 한까지 들먹이느냐고 할 분들도 계시겠지만, 지역신문에 대한 경멸과 비난을 지역대학 신문방송학과의 존재 근거와 연결시켜 생각해온 나로서는 그럴 수밖에 없는 심정을 이해하여주시기 바란다.

지역주민의 신문 구독률 기준으로 전북신문의 발달 정도는 전국 최하위권이다. 그 책임은 누구에게 있는가? 나는 처음엔 신문들에게 돌렸다. 1989년부터 한동안 지역신문 관련 세미나가 있을 때마다 열심히 비판을 퍼부었다.

그러다가 역지사지(易地思之)에 충실하면서 지방대학의 운명과 지역신문의 운명을 비교 평가해보게 되었다. 지방대학이 안고 있는 문제의 책임을 지방대, 특히 지방대 교수들에게만 묻는다면, 이에 흔쾌히 동의할 수 있는가? 동의할 수 없었다. 대학의 소재지가 경쟁력의 근원이 되는 '서울 1극 체제'라고 하는 구조의 문제를 외면한 채, 지방대 교수들을 비판하는 건 '피해자 탓하기'라고 생각했다.

그렇다면 왜 그 원리를 지방신문에겐 적용하지 않는가? 지방대학이 지방신문보다 나은 게 무엇이 있는가? 국립대의 경우 '국립대'라는 보호막에 안주해 지역을 초월한 국가적 대학이라는 허위의식에 빠져있기 때문에 그런 문제의식이 결여돼 있다면, 차라리 국립대라는 보호막을 해체하는 게 옳지 않겠는가? 이런 의식의 전환을 경험하게 되었다.

그 이후 지방신문 관련 세미나에서 지방신문을 맹렬하게 비판하는 지방대 교수들을 보면 혀를 끌끌 찰 정도로 나는 어느덧 '지방신문 옹호자'가 돼 있었다. "그럼, 네가 해봐!"라는 식의 논리까지 끌어다 댈 정도로 지방신문 비판에 대해 비판적이었다.

"그럼, 네가 해봐!"는 인터넷 논쟁에서 논쟁의 질을 저하시키는 주범 중의 하나이긴 하지만, 그 선의를 평가하자면 역지사지(易地思之)를 해보라는 의미다. 누가 지방신문을 경영하고 제작해도 현 구조, 풍토하에선 성공하기 어렵다는 인식을 분명히 하자는 뜻이다.

지방신문 낙후의 원인은 복합적이다. 내가 최근 주목하는 원인 중의 하나는 "누가 과연 지방신문의 발전을 원하는가?"하는 물음과 관련돼 있다. 누구나 인정하겠지만, 전북을 포함한 모든 지방의 지역사회 상층부는 연고 중심으로 움직인다. 그러한 연고체제가 과연 활성화된 공론장과 소통의 공간을 원하는 걸까? 감시와 견제가 빈약한 현 체제를 선호하는 건 아닐까?

만약 그렇지 않다면, 지역신문 낙후가 지방자치 발전의 치명적인 장애라는 데에 동의한다면, 왜 지역 엘리트는 지역신문 발전을 위해 애쓰지 않는 걸까? 왜 강 건너 불 보듯이 팔짱 끼고 구경만 하는 걸까? 왜 그러다가 필요한 일이 있으면 연고를 이용해 지역신문을 이용하거나 관리하는 수준에서만 지역신문과 관계를 맺는 걸까?

지역 엘리트의 다수가 "이대론 안되겠다"는 최소한의 문제의식을 공유하고 그걸 실천에 옮기고자 한다면 지역신문을 키우는 건 의외로 쉬운 일일 수 있다. 그러나 그런 일은 일어나지 않았고 앞으로도 일어날 가능성은 낮아 보인다. 왜? '지금 이대로'가 좋기 때문이다. 성역 없는 비판 기능이 펄펄 살아 움직이는 걸 원치 않는 것이다.

그렇다면 지역신문은 '지금 이대로'를 벗어나기 위해 애를 쓰는가? 아니다. 체념의 지혜를 터득한 지 오래다. 너무 오랫동안 현 체제에 익숙해진 탓인지, '익숙한 것과의 결별'을 두려워하고 있다. 나름대로 애를 쓴 신문들은 "그게 무슨 소리냐"고 항변하고 싶겠지만, 그 어떤 시도에도 파격은 없었다. 파격적인 시도를 하다 실패할 경우 무엇이 그렇게 잃을 게 많은 건지 '안전 제일주의' 노선을 고수해왔다.

우리는 '기득권'이라고 하면 권력과 금력을 풍부하게 가진 사람들만의 것이라고 생각하기 쉽지만, 거리의 노점상에게도 나름대로의 기득권은 있는 법이다. 일부 빈곤층이 보수정당을 지지하는 이유 중의 하나도 바로 이 기득권 문제와 관련이 있다. 지역신문들이 모험을 하지 않는 이유도 바로 이 기득권의 문제다. 남들에겐 버려도 좋을 하찮은 기득권처럼 보이겠지만, 사람의 습속이라는 게 보수적 관성이 있어서 그걸 버리는 게 영 쉽지 않다.

나는 새전북신문의 모든 임직원이 혁명을 하기를 원한다. 애향심이나 애국심이 아닌, 자신의 봉급 봉투를 두툼하게 만들기 위한 혁명을 하기를 바란다. 현 상황에선 지역언론인들의 봉급 봉투가 두툼해지는 게

선(善)이요 정의(正義)라는 게 나의 믿음이다.

무슨 혁신을 시도하면 일이 되게끔 돕기보다는 그게 왜 안되는지를 설명하는 데에 있어 천재적인 사람들이 전북엔 너무 많다. 이런 퇴영적인 풍토를 깨지 않고선 새전북신문은 물론 전북의 발전은 영영 기대하기 어렵다. 깨질 때 깨지더라도 "우리는 최선을 다했다"고 말하는 새전북신문의 임직원을 보고 싶다. 지금 현재진행형으로 그렇게 말할 수 있는 사람이 얼마나 되는가?

—새전북신문, 2007년 9월 5일자.

정치는 마약이다

대마초가 마약이냐 아니냐 하는 논란이 있는데, 대마초를 빼고 그 자리에 정치를 넣으면 어떨까. 그게 무슨 말이냐고 펄쩍 뛸 사람들도 있겠지만, 정치의 중독성과 그 폐해를 생각하면 정치를 마약으로 보는 건 너무도 당연해 오히려 싱거운 느낌마저 준다.

마약으로서의 정치는 다른 마약과는 다른 점이 하나 있다. 그건 정치 마약이 '젖과 꿀'을 제공한다는 점이다. 물론 정치 마약에 몰려드는 사람들은 '젖과 꿀'을 향한 자신의 탐욕을 감추고 온갖 화려한 명분을 둘러댄다.

이런 주장은 위험할 수 있다. '탈(脫)정치'를 부추기는 정치냉소·혐오주의로 비난받을 소지가 다분하다. '참여 민주주의'라는 아름다운 이상의 실현을 위해 너나할 것 없이 열심히 정치판으로 뛰어드는 게 옳은 일이라는 반론도 가능하다.

그러나 이런 논쟁은 공리공론(空理空論)이 될 가능성이 매우 높다.

"어떤 정치인가"가 중요하기 때문이다. 정치참여 자체가 중요한 게 아니라 어떤 방식으로 어느 정도의 개입을 하는 선에서 참여하느냐가 중요하다는 뜻이다. 연예인 팬클럽처럼 참여해도 좋은 건지, 참여를 통해 사적 이익을 취하는 건 어떻게 평가해야 할 것인지 등등 세부적으로 따져볼 문제가 많다. 그러니 무턱대고 참여가 아름답다고 말하긴 어려운 일이다.

그간 외쳐진 정치개혁은 모두 '위로부터의 개혁'이었다. '아래로부터의 개혁' 열망마저 위로부터의 개혁을 위한 도구로 활용되었다. '아래'가 달라지지 않았는데 '위'만 달라질 수 있을까? 달라질 수 있기는 하지만, 그러한 변화마저 헤게모니를 쟁취하기 위한 도구로 이용되곤 했다. 얼마 후엔 결국 달라지지 않은 아래의 지배를 다시 받게 된다.

물론 위로부터의 개혁이 무조건 잘못됐다고 말할 수는 없다. 얼른 듣기엔 아래로부터의 개혁이 더 멋있는 것 같지만, 이는 대중의 습속과 체질까지도 바꿔야 하는 엄청난 일이다. 오랜 기간을 두고 지속적으로 해나가야지 일시에 할 수 있는 성격의 개혁이 아닌 것이다.

사실 위·아래를 나누는 이분법 자체에 문제가 있다. 현 단계 한국정치의 가장 큰 문제는 정치인과 정치집단에 있는 게 아니라 정치가 여전히 법, 규칙, 상식을 초월하는 힘을 발휘할 수 있다는 데에 있다. 정치인과 정치집단의 타락상은 증상이지 원인이 아니다. 잘 안 풀리던 일도 정치와 연계된 '전화 한 통'으로 해결할 수 있다. 이게 여전히 한국민 대다수의 상식으로 자리 잡고 있는 게 문제라는 뜻이다.

그런데 정치의 그런 권능은 많은 국민이 원하는 '한국형 시스템'의 자연스러운 부산물이다. 그 시스템은 강력한 1극구조가 발산하는 효율성을 숭배한다. '빨리빨리' 기질과도 잘 들어맞는다. 추상적인 정치 담론보다는 대중의 일상적 삶에서 정치가 어떻게 이용되고 소비되는가에 주목할 필요가 있다. 놀라울 정도로 이중적이다. 평소 정치에 침을 뱉다가도 누군가의 부탁 전화 한 통을 받고 특정 정당 당원이 되는 일이 매우 자연스럽게 일어난다. 그건 '정치참여'가 아니라 '이익참여'지만, 누가 무슨 수로 정치와 이익의 경계를 구분할 수 있을 것인가.

정치 파워를 분산시킬 것인가, 아니면 정반대로 1극으로 집중시킬 것인가? 이 선택에 대한 고민이 필요하다. 1극 집중 구조를 그대로 두려면 그간 외쳐온 정치개혁 의제들을 전면 재검토해야 한다. 실현 불가능한 것들이 너무 많기 때문이다.

그 어떤 선택을 하건 우리에게 가장 필요한 건 '정치는 마약'이라는 사실을 자주 계몽함으로써 정치의 위험성에 대한 자의식을 고양시키는 일이다. 자신의 마약 중독 상태를 자각하지 못한 채 '국가'와 '민족'을 말하는 사람들이 너무 많다.

—한국일보, 2007년 9월 5일자.

1910년 8월 29일

1910년 8월 22일 대한제국 순종황제가 참석한 형식적인 어전회의에서 총리대신 이완용은 조선과 일본의 강제병합안을 가결시켰다. 일제는 이 사실을 일주일이나 극비에 부쳤다가 8월 29일에야 순종황제의 옥새를 날인케 하고 병합조약을 포고했다.

경술년에 일어난 치욕이라 하여 경술국치(庚戌國恥)라고 한다. 97년 전의 일이다. 이 기막힌 소식을 듣고 금산군수 홍범식은 뒷산에 올라가 목을 매 자결하였고 매천 황현은 '절명시(絶命詩)'를 남기고 음독, 순국하였다. 그 뒤로도 수많은 우국지사들이 자결의 길을 택하였다.

여태까지 교과서에서 그렇게만 배웠다. 그래서 당시 당연히 모든 한국인들이 비통해하면서 괴로워했을 걸로 생각했다. 그런데 꼭 그렇지만은 않았던 것 같다. 3·1 만세 의거 당시 민족대표 33인 중 한 사람으로 활동했다가 나중에 변절한 최린은, 한일합방이 공포된 그날 종로거리의 조선인들은 마치 '아무 일도 없었던 것처럼' 흥청거리며 장사를 하고 먹고 마시는 '일상'을 잃지 않았다고 했다.

이걸 믿기 어려웠던 어느 역사 연구자는 "얼른 이해가 안된다"며 "어쩌면 이 날은 29일이 아니라 이완용과 데라우치 사이에 비밀리에 조약이 체결된 22일의 풍경이 아닌지 모르겠다"고 했다.

그런데 최린의 기록을 뒷받침하는 주장이 자꾸 나온다. 중국 지식인 량치차오(梁啓超)는 1910년 9월에 쓴 글에서 합병조약 발표를 둘러싸고 주변국 사람들은 그들을 위해 눈물을 참지 못하는데 조선인들은 흥겨워하며 고위관리들은 날마다 새로운 시대의 영광스러운 지위를 얻고자 분주하고 기뻐하기만 하였다고 주장했다.

믿기 어려운 말이다. 다만 당시 한국인들이 '일상'을 잃지 않았다는 건 수긍해야 할 것 같다. 실제로 8월 29일 그날은 의외로 조용했으며, 반대 시위도 전혀 없었다고 한다. 당시 한국 민중은 이미 체념의 지혜를 가졌던 건지도 모르겠다.

지금 우리는 '애국심' 담론이 욕먹는 세상에 살고 있기에 새삼 해본 생각이다. 사무엘 존슨은 "애국심은 악당들이 쏟아내는 최후의 배설물"이라고 했다. 그 취지에 공감하지만 반쪽만 공감한다. 한국은 애국심을 외치는 목소리는 높지만, 애국심은 매우 약한 나라이기 때문이다. 애국심이 약하기 때문에 오히려 목소리만 자꾸 커지는 건 아닌지 모르겠다.

언젠가 사회학자 고영복은 "우리나라 공무원들이 각종 교육은 많이 받았지만 국가에 대한 충성심과 가족에 대한 애착심을 비교해보면 놀라울 정도로 국가에 대한 충성심이 약한 것을 볼 수 있다"며 "공무원의 마음속에는 가족을 초월하는 큰 사회가 보이지 않고 오로지 나와 나의 가족만이 보일 뿐이다"고 주장했다. 사회 전반적으로 애국심이 너무 없어서 큰일이라는 개탄이었다.

일부 선진적인 지식인들이 국가주의 배격 차원에서 '애국심' 담론을 공격하는 선의에는 공감하지만, 반쪽만 공감할 수밖에 없는 이유도 바로 여기에 있다. 애국심 담론은 한국의 엘리트 계급이 자신과 가족의 이익을 사회와 국가의 이익에 앞세우는 게 만연해 있기 때문에 나타나는 현상이다. 공존공영(共存共榮)의 원리조차 실현되지 않고 있다는 뜻이다. 그래서 이름 없는 보통사람들이 곧잘 애국심 담론에 푹 빠져들어 비분강개(悲憤慷慨)하곤 하는 것이다.

지식인의 비판은 보통사람들의 그런 행태보다는 엘리트 계급의 탐욕을 향하는 게 옳다. 현재 애국심 담론은 그런 탐욕을 향한 분노의 목소리에 가깝기 때문이다. 엘리트 계급이 자신들의 기득권을 목숨 걸고 고수하면서 개인, 가족 차원의 탐욕에만 눈이 멀 때 어떤 일이 벌어지겠는가? 97년 전 오늘 한국 민중이 보였던 차분함은 바로 그런 냉소의 표현은 아니었을까?

—한국일보, 2007년 8월 29일자.

4장

'연역적 개혁'에서 '귀납적 개혁'으로

조직론으로 본
한국의 비전

어느 조직에서건 진급 또는 승급이 늦어지는 인사 적체 현상이 일어나면 그 조직은 목숨을 걸고 성장을 추구하게 된다. 성장만이 그런 내부문제를 해결할 수 있기 때문이다. 성장을 요구하는 내부 인사 압력은 역사에 큰 영향을 미쳤다. 역사 연구에서 '조직론'은 잘 다뤄지지 않지만, 마치 역사의 필연인 양 취급되는 큰 사건의 내막도 알고 보면 특정 엘리트 집단의 내부 조직 문제가 원인인 경우가 많았다. 몇 가지 예를 들어 보자.

임진왜란은 일본 지배층 내부의 '인사 압력' 때문에 빚어진 전쟁이었다는 설이 있다. 일본에서 정한론(征韓論)이 1873년 전후부터 크게 번성한 이유는 당시 '국민 징집령'으로 실직한 이른바 불평사족(不平士族)의 수가 60만 명에 달하였기 때문이라는 설도 있다.

우리의 5·16 쿠데타는 어떤가. 쿠데타의 주체세력이었던 육사 5기와 8기는 진급 적체 현상의 최대 피해자였다. 전쟁 때까지는 1년에 한 계급씩 올라갔었는데 종전(終戰)과 함께 7~8년씩 대령에 머무는 상황에 직면하게 된 5기생들은 수시로 모여 진급문제를 논의하게 되었고, 이것이 자연스럽게 쿠데타 음모로 발전했다. 8기생도 소령에서 중령으로 진급하는 데는 8년이 걸리는 인사 적체에 시달렸기 때문에 "도저히 이대론 못살겠다"는 식의 불만에 가득 차 있었다.

물론 인사 문제가 이 모든 사건들의 유일한 원인이었다는 이야기는 아니다. 이유는 복합적이었지만, 인사 문제가 매우 중요한데도 이 점이 의외로 간과되고 있는 현실을 지적하려는 것이다. 한국경제에 관한 이야기에서 조직의 문제가 다뤄지는 걸 본 적이 있는가? 매우 드물다. 조직연구는 조직에 접근하기도 어렵지만, 책임소재가 분명해지는 문제 때문에 잘 시도되지 않는다.

최근 출간된 우석훈, 박권일의 『샌드위치 위기론은 허구다』(개마고원, 2007)라는 책이 반가운 이유도 바로 여기에 있다. 이 책은 '조직론으로 본 한국기업의 본질적 위기와 그 해법'이라는 부제를 달았는데, '조직론으로 본 한국의 비전'이라고 하는 게 더 적합하다. 이 책은 경제뿐만 아니라 정치·사회·문화·교육·지방 등 한국사회 전반의 문제를 조직론의 관점에서 볼 필요성을 절감하게끔 해주기 때문이다.

우리가 평소 조직론을 완전히 외면하는 건 아니다. 우리가 즐겨 쓰는 속어인 '밥그릇 싸움'이 사실상 조직론의 핵심 개념이다. 그런데 우리는 그 밥그릇 싸움의 문제를 겨우 도덕적 수준에서 비판하는 용도로만 써먹을 뿐, 바로 그 지점에서 출발해 대안과 비전을 모색하려는 시도를 하지 않는다. 뭐든지 거창하게 노는 걸 좋아하는 버릇 때문일 것이다. 이 책은 그런 실속 없는 버릇에 대한 성찰을 촉구하고 있다.

이 책에서 가장 눈여겨 볼 대목은 우리의 '암묵지(暗默知) 불감증'이다. 암묵지는 말이나 글로 설명하기 어려운 지식이다. 기업과 사회의 경쟁력은 바로 여기에서 나온다. 그런데 우리는 암묵지를 사적(私的) 용도로만 탕진하고 있다. 암묵지의 가장 타락한 용도가 바로 전관예우(前官禮遇) 현상이다.

암묵지는 연고·정실관계를 통해서만 전수될 뿐 공식 조직 차원에서 공유되지 않는다. 이걸 바로 잡아야 할 기업들은 인건비 부담을 줄이려는 단기적 효율에 눈이 멀어 오히려 암묵지의 생성마저 방해하고 있다. 극단적 표준화를 통해 누가 와서 일하건 아무런 차이가 나지 않게끔 하는 방향으로 조직을 운용함으로써 스스로 경쟁력을 죽이는 짓을 저지르고 있는 것이다.

어디 기업만 그렇겠는가. 암묵지를 소중히 한다는 건 인간을 소중히 하고, 끈적끈적한 패거리 조폭 문화를 넘어서 공존공영·상부상조를 근간으로 한 열린 공동체 문화를 지향하자는 뜻이다. 조직의 '쓴맛'을 내세워 조직원을 협박만 해서야 되겠는가.

—한국일보, 2007년 8월 22일자.

'연역적 개혁'에서 '귀납적 개혁'으로

'위에서 아래로' '큰 것에서 작은 것으로'

개혁 접근법에도 연역적 방식과 귀납적 방식이 있을 법하다. 개혁의 대명제를 세우고 위에서 아래로 각 사안에 적용하는 방식이 연역적 개혁이라면, 대중의 삶의 현장에서 발생하는 개별 문제들을 해결해나가면서 아래에서 위로 개혁명제를 세우는 방식을 귀납적 개혁이라 할 수 있겠다.

연역적 개혁은 강력한 추진력을 확보할 수 있고 개혁 주체의 개혁성을 널리 홍보할 수 있는 장점이 있는 반면, 이론이 현실에 적용되면서 나타날 수 있는 부작용을 간과하기 쉽고 개혁에 대한 반발, 염증, 불신을 초래할 수 있는 단점이 있다. 귀납적 개혁의 장단점은 그 반대로 생각하면 되겠다.

연역적 개혁은 '그랜드 플랜'을 설명해야 하므로 말을 앞세울 수밖에 없는 반면, 귀납적 개혁은 말을 할 필요가 없이 구체적인 성과를 보여주

는 것만으로 족하다. 어느 방식이 더 낫다고 말하기는 어렵다. 각 사회가 처해 있는 상황에 따라, 또 개혁을 주도하는 리더십의 스타일에 따라 각기 다른 효과를 낼 것이기 때문이다.

그렇지 않다면, 업무의 성격상 귀납 일변도일 수밖에 없는 기업 CEO 출신이 가장 유리하다고 볼 수 있겠지만, 현실은 전혀 그렇지 못하다. 사람이 밥만으로 사는 건 아니기 때문이다. 비전과 같은 큰 그림이 절실히 요청될 때가 있는 법이다.

그렇지만 갈수록 연역적 개혁을 하기가 어렵다. 이미 오래전 영국 철학자 버트런드 러셀(Bertrand A. W. Russell)이 내놓은 다음과 같은 주장이 그 이유를 시사해준다.

"정치참여층이 점점 확대되고 이질화되면서 이성에의 호소도 점점 어려워진다. 논쟁의 출발점이 되는, 보편적으로 인정받는 가설들이 점점 줄어들기 때문이다. 그러한 보편적인 가설들이 존재하지 않을 때 사람들은 자신의 직관에 의존하게 된다. 이질적인 집단들의 직관들은 당연히 서로 다를 것이므로 직관에의 의존은 결국 충돌과 힘의 정치로 이어지게 된다."[1)]

구체적 각론에서 출발했더라면 폭넓은 지지를 얻을 수 있는 사안도 총론에서 거창하게 치고 나가는 바람에 필요 이상의 반발과 의혹을 불러일으킨 경우가 많았다. 그런데 정권 입장에선 개혁 시도를 널리 알려야 지지자들을 규합할 수 있고, 선거에서 유리한 고지를 차지할 수 있고, 역사에 족적을 남길 수 있다고 믿기 때문에, 연역적 개혁을 선호하게 된다. 그래서 절대 다수가 동의할 수 있는 개혁마저 곧잘 정치투쟁으로 전락하는 현상도 벌어진다.

우리 주변을 잘 살펴보자. 크게 보아선 같은 길과 목표를 지향하는 사람들끼리 치열하게 싸운다. 적당히 싸우면 모르겠는데, 심지어 증오와 저주마저 마다하지 않는다. 왜 그럴까? 그 이유를 사람에서 찾으려는 시도는 옳지만 그것만으론 모자란 것 같다. 개혁 방법론에 주목해보자. 지금 우리는 '위에서 아래로' '큰 것에서 작은 것으로' 나아가는 '연역적 개혁'을 유일한 개혁법으로 받아들이고 있는데, 과연 여기에 문제는 없는가?

'작은 민주주의'를 위하여

'위'와 '큰 것'에 눈독을 들이게 되면, 최선·최상의 개혁은 일단 권력을 갖는 것이라는 결론으로 빠질 수밖에 없다. 대통령 후보들이 양산되는 이유도 바로 여기에 있다. 그들의 애국심과 선의를 의심할 필요는 없다. 오히려 감사를 드려도 좋을 일이다. 문제는 전혀 다른 데에 있다. 권력 갖기가 쉬운가? 아니다. 매우 어렵다. 그러니 모든 역량은 권력을 갖는 데에만 소진된다. 그 와중에서 이전투구(泥田鬪狗)가 발생해 정치혐오와 불신을 심화시킨다. 권력을 가진 후에도 또 다른 작은 권력투쟁들이 벌어지기 마련이다. 그건 '위'와 '큰 것' 중심으로 이루어지는 연역적 개혁의 숙명이다.

물론 연역적 개혁이 무조건 잘못됐다는 뜻은 아니다. 연역적 개혁은 '아래에서 위로' '작은 것에서 큰 것으로' 나아가는 '귀납적 개혁'과 병행될 때에 비로소 빛을 발할 수 있다. 그런데 우리에겐 귀납적 개혁이 희소하다. 초강력 중앙집권체제가 유발하는 쏠림과 소용돌이 현상의 업보다.

그런 점에서 최근 여러 지식인들이 '작은 민주주의'의 필요성을 역설하고 나선 건 매우 반가운 일이다. 논자에 따라 다르긴 하겠지만, 작은 민주주의는 추상적인 거대담론에서 탈피해 구체적인 생활현장을 중심으로 민주적 실천을 강조하는 민주주의 방법론이라 정의할 수 있겠다. 귀납적 개혁과 상통하는 개념이다.

작은 민주주의를 실천하기 위해선 반드시 넘어야 할 고개가 하나 있다. 그건 작은 민주주의를 '탈(脫)정치화'로 생각하는 오해다. 이 오해는 뿌리가 깊고 널리 만연돼 있어 교정이 쉽지 않다. 우리의 파란만장한 근현대사 때문이다.

예컨대, 독재정권하에선 개인과 가족의 안전은 '정치'로부터 멀어질수록 보장되었다. 위에서 그 어떤 큰 것이 나쁘게 저질러진다 해도 나만 내 생활영역에서 착하게 살면 그만이라는 식의 사고방식이 집단적으로 강요된 세월이 매우 길었다.

바로 그런 역사적 상처로 인해 정치에 무관심한 건 민주시민으로서의 자질이 결여된 것처럼 보이는 결과를 낳았다. 그런데 정치에 무관심한 것이 과연 탈정치화인가? 그렇지 않다. 그건 정치를 위와 큰 것 중심으로 생각하는 발상의 산물이다. 쇼핑 행위마저 대형할인점으로 갈 것인지 재래시장으로 갈 것인지를 결정해야 하는 정치적 행위가 아닌가.

탈정치화를 어떻게 정의하건, 현 한국사회에서 정작 우려해야 할 것은 탈정치화가 아니라 '과잉 정치화'다. 자신의 생활현장에선 아무런 실천도 하지 않으면서 중앙정치에 모든 관심과 노력을 집중시켜 증오와 저주도 불사하는 싸움을 생활화하는 게 훨씬 더 위험하다.

전국 방방곡곡이 중앙정치의 소용돌이에 휘말려드는 것이 필요했거나 바람직스러웠던 시절이 있긴 했지만, 이제 더 이상은 아니다. 그렇다고 해서 중앙정치를 외면하자는 것도 아니다. '큰 민주주의'와 '작은 민주주의'를 양자택일의 개념으로 볼 게 아니라 둘을 동시에 실천하는 방향으로의 전환이 필요하다.

위와 큰 것이 모든 걸 지배한다는 결정론은 타당하긴 하되 반쪽짜리 진실이다. 그건 모든 이들이 그렇게 생각하지 않는 순간 증발해버리는 것이기 때문이다. 언론부터 정치의 개념을 재해석해 큰 민주주의 못지않게 작은 민주주의에 신경을 쓰면 좋겠다.

'사람'과 '방법론'이 결합해 나타나는 문제도 있다. 모진 세월을 겪으면서 전투성을 키워온 이른바 '386세대'의 경우가 그런 경우가 아닐까 싶다. 연세대 교수 박명림은 "386세대가 너무 사회과학적 상상력에 빠져 있었다는 점을 지적하고 싶다. 사회과학은 인간을 수단으로 보는 측면이 있다. 일종의 오만이다. 사회과학적 차원이 아니라 인간을 목적으로 보는 인문적이고 사회적인 상상력이 필요하다. 경쟁과 연대가 공존하는 상상력이 필요한 시점이다"라며 다음과 같이 주장했다.

"1970년대와 1980년대 학생운동의 독서행태를 조사해본 적이 있는데, 정말 달랐다. 1970년대 세대는 인문적 상상력을 소중히 여겼고, 소설을 많이 읽었다. 1980년대엔 강령이나 지침으로서의 독서가 주종을 이뤘다. 게다가 이 세대는 정치적 실패를 겪어본 적이 없다. 6월항쟁을 승리로 이끌었고, 민주정부를 성립시켰고, 또 386이 정권을 장악하기까지 했다. 말하자면 정권 집행세력이 전혀 실패의 경험이 없었다는 것이 문제였다. 성찰의 시간이 없었다. 이들이 주도한 한국 민주주의는 탈지성화, 탈인문화와 같이 갔다."[2]

박명림이 지적한 '탈지성화, 탈인문화'는 강령과 지침에 의존하는 동시에 그 실행을 직관에 의존하는 연역적 운동의 본질일 수 있다. 아무리 선의일망정 위와 큰 것을 중시하는 사고는 인간을 수단으로 보기에 '차이'와 '다름'에 대해 폭력적 대응을 할 수 있다.

'내부고발'과 '서울하늘 바라보기'

절대 다수가 동의할 수 있는 개혁마저 곧잘 정치투쟁으로 전락하는 현상의 귀결로 나타나는 것 중의 하나가 바로 '내부고발'에 대한 보수적 대응이다. 바람직한 '내부고발' 문화가 정착되면, 이후 개혁의 상당 부분은 저절로 이루어지게 돼 있다. 그런데 우리의 현실은 어떤가? 개혁을 정권홍보의 도구로만 생각하는 발상이 '내부고발' 문화를 정착시키기는커녕 오히려 그걸 억누르는 결과를 초래하고 있다.

1996년 4월 당시 감사원 감사담당관으로서 효산콘도 비리 의혹을 제기했던 현준희 사례가 그걸 잘 말해준다. 그는 감사원에서 파면된 이후 11년째 힘겨운 법정투쟁을 벌여오고 있다. 그러나 그를 향한 언론의 관심은 주로 고생담에 초점이 맞춰져 있어 그는 지난 2006년 2월 한 인터뷰에서 '그게 독약'이라며 "동정심만 자극하지 말고 사실을 좀 추적해 달라"고 촉구하기도 했다[3] 그러나 한국에서 내부고발하면 패가망신한다는 사실이 상식으로 통용되고 있음을 어찌 부인할 수 있으랴.

정권이 영광을 독식하고 자기세력을 키워나갈 수 있는 걸 전제로 한 개혁만 하겠다면 갈등과 분란만 일으키다가 시간 다 보내기 십상이다. 아래에서 위로, 작은 것에서 큰 것으로, 구체에서 추상으로 나아가는 개혁도 병행해야 한다. 각종 민원을 귀찮게만 생각하지 말고 적극 대응해 행정의 불합리한 면을 고쳐나가는 기회로 활용하고, 우선 당장 내부고발을 개혁 의제로 삼아야 한다.

그런 관점에서 지방의 문제에도 눈을 돌릴 때가 되었다. 지방에서 연역적 개혁의 알파요 오메가는 무조건 '서울하늘 바라보기'이기 때문이다. 서울은 위인 동시에 큰 것인지라 지방민들도 그걸 당연하게 생각한다.

지방선거에서 후보들 사이에 가장 많이 크게 외쳐지는 구호는 "나 서울에 줄 있다"다. 후보들이 모두 짱짱한 줄을 갖고 있을 경우 자신을 차별화할 수 있는 구호는 "나 당선되면 서울 가서 살겠다"이다. 즉, 그 정도로 중앙 요로(要路)에 로비를 열심히 해서 예산 많이 따오고 기업 유치 많이 하겠다는 뜻이다.

현실이 그런 이상 무턱대고 그걸 잘못됐다고 말할 순 없지만, 그 누적적 효과의 폐해는 실로 엄청나다. 지방정치는 영원히 중앙정치의 인질 노릇을 하는데다 지역에서 스스로 하는 법을 잊어버리기 때문이다.

지방의 인재육성 정책도 한결같이 서울하늘 바라보기다. 많은 지역들이 수백억 원의 돈을 들여가며 서울에 학숙을 지어 자기 지역의 똑똑한 학생들을 서울유학시키려고 안달을 한다. 서울대 같은 명문대에 학생을 많이 보내는 고교엔 특별 지원금을 주는 지역들도 많다.

지방대학들도 비슷한 자세를 취한다. 좋은 일자리가 서울에 몰려 있기 때문에 우수한 인재일수록 서울에 가서 취직하는 걸 당연하게 생각하고 그걸 장려하는 게 상식으로 통용되고 있다. 즉, 지방의 모든 사람들이 고급인재 유출을 지역발전 전략으로 생각하고 있는 것이다. 물론 그 이론적 근거는 연역적 개혁론이다.

'나눔의 야망'을 위하여

연역적 개혁론에 심취해 있는 대선 후보 인사들의 면면을 볼 때마다 그 어떤 안타까움같은 게 느껴진다. 일부는 대통령이라는 야망만 품지 않았더라면 모든 이들로부터 존경을 누리면서 우리 사회의 개혁을 위해 큰 역할을 할 수 있는 사람들인데, 야망이 그들의 모습을 다소 우스꽝스럽게 만든 건 아닌가 하는 생각 때문이다.

야망의 가장 큰 문제는 야망을 위해 희생해야 할 게 너무 많다는 데에 있다. 자신만 희생하면 모르겠는데 자신의 공적 위치까지 희생을 시키니 그게 문제다. 자신의 위치에서 마땅히 해야 할 말과 일도 야망의 정치를 위한 이해득실 차원에서 억누른다. 변신도 마다하지 않는다. 야망이 있는 모든 사람들이 그런 계산과 변신을 하기 때문에 나라 전체가 잘못된 방향으로 가도 막을 길이 없다. 나중에 물이 다 엎질러진 다음에 떠들어봐야 무슨 소용인가.

어떤 인물이 대통령이 되느냐 하는 건 매우 중요하지만, 대통령 권력을 맹목적으로 추종하다가 대통령 임기 말에 이르러 이성을 회복하는 기존 문화를 바꾸는 게 훨씬 더 중요한 게 아닐까? 그게 진정한 의미의 시스템 구축이 아닐까? 대통령마다 각기 다른 시스템으로 이 나라를 개조하려 든다면 그거야말로 엉망진창으로 가는 길이 아닐까?

야망은 개인적으로도 불행을 가져올 가능성이 높다. 영원히 만족을 모르기 때문이다. 죽는 날까지 자신의 경쟁자들을 이겨야만 만족할 수 있다. 경쟁자는 끊임없이 양산되기 때문에 그건 확률적으로 도박이다. 야망을 가진 사람들이 도박사의 심성으로 세상을 살아간다는 건 놀랍기보다는 당연한 일이다.

한국은 국가적 차원에서 '야망 중독증'에 빠진 나라다. 그 힘으로 세계에서 가장 빠른 경제성장을 이루었다. 그래서 우리에겐 야망에 대한 성찰의 문화가 없다. 오히려 야망을 갖고 질주해야 그 근처에라도 갈 수 있다는 셈법이 만연해 있다.

물론 그 셈법은 매력적이긴 하다. 오래전 러셀이 주장했듯이, "청년에게 그가 할 수 있는 최선의 것을 기대하라. 그러면 얻게 될 것이다. 이것이 교훈이다. 더 적게 기대하면, 정말 당신이 기대하는 정도만 얻게 되기 쉽다."[4]

이런 수준의 야망엔 동의할 수 있겠지만, 문제는 본말의 전도다. 자신의 삶을 윤택하게 만들기 위한 야망이 아니라 피폐하기 만들기 위한 야망이 우리 사회 구석구석을 지배하고 있다. 좁은 국토와 높은 인구 밀도 때문일까? 아파트·자동차·집무실은 크고 넓을수록 좋고 담론은 거대할수록 좋다. 작은 일들을 소홀히 하고 거대담론을 좋아하는 건 우리의 유전자에 각인돼 있는 게 아닌가 하는 생각마저 든다. 목표가 거대해지는 만큼 행복은 점점 멀어질 수밖에 없다.

게다가 목표는 늘 가변적이다. 행복은 이웃과의 비교에 달려 있다는 이른바 '이웃효과'가 일상적 삶의 전 국면을 지배하고 있다. 한국인 모두가 불행으로 달려가는 열차를 탄 게 아닌가 하는 생각이 들 정도다.

우리는 미국으로부터 탐욕을 동력으로 삼는 자본주의를 수입하는 데엔 성공했지만, 야망을 채운 뒤에 그 산물을 봉사와 기부로 사회에 환원하는 건 수입하지 않았다. 봉사와 기부는 이념의 영역이 아니다. 이념투쟁을 하는 것도 소중한 일이겠지만, 이념을 초월해 그런 문화를 솔선수범해 실천하는 것도 소중한 일이 아닐까?

역대 민주정권들을 거치면서 우리가 확인하게 된 건 정권들의 주체가 '봉사'와 '헌신'보다는 개인적인 야망을 앞세웠다는 사실이다. 그 야망 덕분에 역사의 진보가 이루어진 점도 있겠지만, 탐욕과 불신의 문화를 키운 것도 분명한 사실이다.

이젠 젊은이들에게 야망을 버리라고 말할 때가 된 것 같다. 아니 야망의 정의를 다시 내려줘야 할 것 같다. 언론부터 높은 뉴스 가치를 부여하는 성공 모델을 재평가하면 좋겠다. 기존 야망의 위계질서에 따라 뉴스 가치를 결정하는 건 저널리즘의 타락이다. 기존 야망의 굴레에서 탈출하는 언론의 모습을 보고 싶다. '탐욕의 야망'도 있지만, '나눔의 야망'이란 것도 있다는 걸 보여줘야 하지 않겠는가. 기쁨과 보람의 새로운 방식을 찾으려는 시도가 사회적으로 왕성하게 이루어져야 한다.

— 월간 『인물과 사상』, 2007년 9월호.

〈디 워〉와 '취향 전쟁'

심형래의 〈디 워〉를 둘러싼 뜨거운 논쟁을 지켜보면서 불현듯 떠오른 이야기가 하나 있다. 『emerge 새천년』이라는 월간지 2001년 1월호에 실린 이야기다. 일본의 소프트화 경제센터 이사장인 쿠사카 기민토와 평론가인 이시카와 요시미가 세계 각국의 애니메이션 실력에 대해 나눈 대담이다. 스스로 잘난 척하는 감이 없지 않지만, 무언가 생각케 하는 날카로운 점이 있다. 그 대담의 일부 내용을 그대로 소개한다.

이시카와: 중국은 아직 CG기술이 미숙해서 1장짜리 만화 같은 게 많지만 예를 들어 한국은 할리우드에서 공부한 애니메이션 크리에이터나 시나리오 작가들이 열심히 질 높은 만화를 만들어내려고 하고 있어요. 그렇지만 역시 일본에는 적수가 아니라고 생각되는군요. 일본 만화가 재미있는 이유는 일본인이 엉터리이기 때문이지요.
쿠사카: 나도 동감입니다.

이시카와: 한국인은 성실하거든요. 술을 마실 때도 진지하게 토론을 하니까 눈에 핏발이 서지요(웃음). 한편 일본문화가 엉터리라는 것은 만화에 꼭 들어맞아요. 한국처럼 순수 유교라고 할까요, 유교의 종주국이 이웃에 있는데도 종가인 중국보다 순화된 유교를 만드는 것으로 차별화를 하려고 한 나라는 역시 국민성이 성실해서 일본처럼 장난치는 만화를 만들 수가 없지요.

쿠사카: 그렇지만 바둑은 강하지요(웃음). 성실하게 두니까요.

이시카와: 미국인도 그래요. 장난을 치기도 하고 유머도 있지만 근본은 청교도의 나라지요. 때로는 질릴 정도로 진지해서 문화에 매뉴얼화된 부분이 있어요. 그래서 미국만화는 일본만큼 뛰어나지 못하지요. 웃음을 만드는 법 등을 연구에 연구를 거듭해서 그리려고 들거든요. 일본만화의 주인공은 아무렇지도 않게 하늘을 날아요. 그 이유는 필요 없지요.

공감할 수 있는 대목이 있다. 한국인들의 '과잉 성실' 또는 '과잉 진지함'이다. 물론 다 그런 건 아니다. 그런 사람들도 많지만, 그렇지 않은 사람들도 많다. 그런데 양쪽 사이가 영 좋지 않다. 정치판의 이른바 '빠'들은 과잉 성실의 표본이다. 빠 아닌 사람들은 그들의 사상이나 철학이 아니라, 그들의 과잉 성실 행태에 짜증과 염증을 낸다. 알맹이가 문제가 아니라 스타일이 문제라는 뜻이다.

"일본만화가 재미있는 이유는 일본인이 엉터리이기 때문"이라는 주장에 일리가 있다고 본다면, 대중문화 현상을 분석하고 평가하는 데에 이성·논리 일변도의 사고를 자제할 필요가 있다는 데에도 공감할 수 있으리라. 〈디 워〉는 만화가 아니잖느냐는 반론은 만화를 원작으로 한 드라마, 영화가 많이 만들어지고 있는 현실에 비추어 시대착오적인 것일 수 있다.

〈디 워〉에 미학적 잣대를 들이대 평가하는 건 의미있는 일이긴 하되, 그 결과를 강하게 밀어붙이는 건 별개의 문제다. 물론 그렇게 하는 건 자유지만, 그런 시도에 대한 비판도 자유다. 서로 주고받는 비판 속에 명랑사회 꽃핀다. 도대체 무엇이 문제란 말인가? 정치에 흥미를 잃은 채 논쟁에 굶주린 대중에게 그럴듯한 논쟁을 제공하는 건 아주 좋은 일이다. 그런 점에서 〈디 워〉 논쟁은 한국인의 행복을 위해 노력하는 선샤인뉴스에서 '굿뉴스' 1위로 올려 마땅한 건수다.

논쟁이 격렬하다 못해 인신공격으로까지 흐른다는 게 문제라곤 하지만, 여태까지 인터넷 논쟁 중에 그렇지 않은 게 하나라도 있었는지 묻고 싶다. 그래서 더 치열하게 싸우라는 이야기를 하려는 건가? 아니다. 그게 아니다. 싸우더라도 좀더 행복하게(?) 싸우기 위해 알 건 알고 싸우자는 뜻이다.

〈디 워〉 논쟁은 '취향 전쟁'이다. 그래서 '절대' 답이 나올 수 없게 돼 있다. 자기 글을 자기가 인용하는 건 욕먹을 소지가 다분하지만, 욕먹더라도 내가 어디 다른 곳에 썼던 글의 일부를 소개하련다. 프랑스의 사회학자 피에르 부르디외에 관한 글이다. 다음과 같다.

"부르디외는 음악에 관한 이야기를 하는 데에 반감 같은 것을 가지고 있다. 그 이유가 재미있다. 음악에 관한 담론은 가장 인기있는 지적 과시의 기회 가운데 하나가 되기 때문이라는 것이다. 음악에 관해 말하는 것은 자신의 교양의 폭과 해박성을 표현하는 훌륭한 기회인데, 그는 그

것이 못마땅하다는 것이다. 음악에 대한 기호만큼 그 사람의 '계급'을 확인시켜 주는 것도 없으며, 또한 그것만큼 확실한 분류 기준도 없다고 하는 그의 주장은 귀담아 들을 만하다. 한 개인의 기호 또는 취향이 그토록 많은 것을 폭로할 수 있는 것인지 의아하게 생각할 사람이 있을 것이다. 그러나 부르디외는 미적으로 편협하다는 것은 가공할 폭력성을 지니고 있다는 점을 상기시키면서, 기호는 혐오와 분리할 수 없다고 단언한다. 다른 삶의 양식에 대한 혐오는 계급 사이의 가장 두터운 장벽 중의 하나라는 것이다. 부르디외가 보기에, 우리가 예술작품에 대해 취하는 태도는 미학적 느낌의 자발적 결과가 아니라, 교육과정의 사회적 산물이다. 거기서 미적 판단은 계급과 밀접한 관련이 있다."

〈디 워〉 논쟁은 '계급 전쟁'은 아니다. 그러나 '계급'을 넓게 해석해 '문화자본' 중심으로 보자면 문화자본으로서의 계급 전쟁인 건 분명하다. 비록 경제적으론 풍족하지 못할망정 텍스트 분석과 해석을 위해 오랜 세월 문화자본을 투자하고 획득해온 평론가 집단과 유쾌한 여가선용이나 시간 때우기를 위해 영화를 소비하는 일반 관객 집단이 같은 목소리를 낸다면 오히려 그게 더 이상한 일일 게다. 그 점을 감안하자면, 논쟁의 양쪽 모두 다 옳다. 다양성 존중의 차원에서 서로 화기애애하게 웃으면서 각자 다른 견해를 제출해도 좋을 정도로 다들 나름대로의 탄탄한 논리적 기반을 갖고 있다.

그런데 문제는 말의 알맹이가 아니라 감정의 수사학으로 얼룩진 스타일이다. 양쪽 모두 상대편의 스타일에 짜증과 분노를 발산하는 것이다. 이른바 '애국 코드'만 해도 그렇다. 한국사회에선 애국 코드 아닌 걸 찾는 게 더 어려울 정도 아닌가? 왜 갑자기 〈디 워〉의 애국 코드가 문제가 된단 말인가? 평론가들은 자신이 의식하건 의식하지 못하건 실은 애국 코드 포장술의 촌스러움에 대한 혐오를 드러내는 것이다.

그러나 논쟁에 뛰어든 관객 집단은 그 촌스러움을 '키치'로 보는 게 아니라 '캠프'로 본다. 캠프는 촌스럽다는 점에서는 키치와 비슷하지만 어설픈 흉내 내기가 아니라 당당한 자기표현이라는 점에서 키치와 다르다. 그런 자의식이 없는 아저씨, 아줌마가 트레이닝복을 평상복으로 입으면 촌스러움의 극치지만, 이효리가 입으면 불티나게 유행되는 '이효리 스타일'이 된다. 〈디 워〉 스토리의 촌스러움은 영구를 사랑하면서 커온 이른바 '영구 세대'에겐 캠프지 키치가 아니다. 이들은 자기들의 그런 감수성을 보호받고 싶어 한다. 그들은 영구를 위해 싸우는 게 아니라, 자신들의 추억을 위해 싸우는 건지도 모른다. 새로운 유형의 취향 전쟁이다. 싸우더라도 부디 행복하게 싸우자. "영구 있니? 영구 없다."

—선샤인뉴스, 2007년 8월.

후기: 이 글과 관련, 이 사건과 '취향'은 무관하다는 일부 네티즌들의 반론이 있었다. 그렇게 볼 수도 있겠지만, 취향을 넓은 의미로 생각해 주면 좋겠다. 취향은 대부분 계급의 문제다. 여기서 계급은 경제적 자본뿐만 아니라 문화적 자본까지 포함하는 개념이다. 영화에 대한 전문가적 식견이나 인문적 소양 등과 같은 문화적 자본을 갖지 않은 사람이 애국주의를 공격한 걸 본 적이 있는가? 애국주의에 빠져드는 촌스러움(?)이나 애국주의를 공격하는 세련됨(?)도 문화자본적 계급으로서의 취향과 무관치 않다는 게 나의 판단이다.

학력·학벌 위장사건의 교훈

일부 유명 인사들이 자신의 학력·학벌을 속인 사건이 터졌을 때 사회적 반응은 크게 보아 두 가지였다. 하나는 한국사회의 학력·학벌 숭배주의가 문제라는 시각, 또 다른 하나는 각 개인의 거짓말이 문제라는 시각이었다. 처음엔 후자의 시각이 설득력 있게 들렸겠지만, 학력·학벌을 속인 유명 인사들의 수가 크게 늘면서 전자의 시각으로 이동한 사람들이 많았을 것 같다.

한국은 세계에서 교육열이 가장 뜨거운 나라다. 긍지를 느끼고 자랑할 만하다. 그러나 그 그림자가 있으니, 그게 바로 학력·학벌 숭배주의다. 자신만 숭배하고 끝나면 무엇이 문제가 되겠는가. 자신의 숭배심을 근거로 다른 사람을 차별한다는 게 문제다.

학력·학벌이 시원치 않은 사람들은 세 부류로 나눌 수 있다. 첫째, 학력·학벌 차별에 개의치 않고 의연하게 살아가는 사람들이다. 둘째, 학력·학벌 차별에 주눅 들고 한(恨)이 맺힌 채 평생 상처를 안고 살아가는 사람들이다. 셋째, 자신의 학력·학벌을 속여 학력·학벌 숭배주의를 조롱하고 그것에 침을 뱉음으로써 복수하는 사람들이다.

최근 문제가 된 유명 인사들이 세 번째 경우인지는 확실치 않지만, 어느 정도 관련은 있다고 보인다. 학력·학벌을 속인 게 밝혀진 후에 보인 태도를 보면 두 번째 경우와 세 번째 경우가 합쳐진 게 아닐까.

학력·학벌이란 무엇인가? 그 본질은 '제도·조직의 권위'다. 지금도 맹위를 떨치고 있는 한국의 독특한 입신양명(立身揚名) 문화는 사실상 제도·조직 숭배주의다. 제도·조직 중에서도 권력 분야를 제일 높게 평가하는 문화다.

어디엔가 무엇을 문의하기 위해 전화를 걸어보라. 당신의 이름은 중요하지 않다. 당신이 몸담고 있는 조직이 말을 한다. 그 조직의 권위가 얼마나 강한가에 따라 답을 해주는 사람의 태도는 하늘과 땅 차이로 달라진다.

조직을 떠나 자영업에 종사하게 될 경우 실패할 확률이 가장 높은 직종이 무엇인지 아는가? '빅 3'는 검사, 기자, 교수라는 말이 있다. 보통 우스갯소리로 하는 말이긴 하지만, 그럴 만한 근거가 없는 건 아니다. 이들은 평소 제도·조직의 후광 효과를 가장 많이 보는 사람들이기 때문이다.

전주에서 활동하는 어느 미국인 영어강사가 "한국 대학생들은 이상하다. 모두 다 안정된 조직에 들어가려고만 하지, 스스로 뭘 해볼 생각을 하는 사람은 한 명도 본 적이 없다"고 말했다는 걸 전해 들었다. 당연하다. 한국사회는 제도·조직의 권위가 너무 크고 강하기 때문에 그 밖을 벗어나서 뭘 해본다는 게 매우 어렵다. 물론 매우 어려울망정 길이 전혀 없는 건 아니다. 그러나 그런 인식이 문화·의식 차원에서 증폭돼 확대재생산되다 보니 모두 다 제도·조직의 '졸(卒)'이 되고 싶어 안달한다고 해도 과언이 아니다.

최근 인기 취업 1순위를 보라. 한결같이 제도·조직의 안전을 보장해주는 곳이다. 그런 직장을 택하는 건 각 개인 차원에선 합리적 선택이겠지만, 사회 전체로 보면 망조 드는 길로 가고 있다고 볼 수도 있다. 진취·창의가 안전·권위에 밀려 쓰레기통에 들어갈 수밖에 없는 나라가 잘되긴 어렵지 않겠는가.

이번 학력·학벌 위장사건에 가장 큰 책임감을 느껴야 할 사람들은 당사자들을 제외하곤 제도·조직의 권위에 안주해 그걸로 밥을 먹고 사는 사람들이다. 물론 그 권위의 보호막 속으로 진입하기 위해 나름대로 치열하게 투쟁해온 그들이 책임감을 느끼긴 어려울 것이고, 또 느낀다 한들 "뭘 어쩌란 말이야?"라고 항변할 가능성이 높긴 하지만 말이다.

일상적 삶의 영역에서나마 제도·조직의 권위를 내세우는 사람에게 면박을 주는 게 우선 당장 실현 가능한 해법은 아닐까. 그러나 그런 사람일수록 주변 사람들에게 전화 한 통 걸어 도움을 줄 수 있는 권력이 있는 바, 쉽지 않은 일이긴 하다. 하기야 정치가 국민적 냉소와 혐오의 대상이 되면서도 계속 성장산업으로 클 수 있는 이유가 바로 여기에 있을 게다.

그럼에도 전화 한 통 로비 파워에 연연해하지 말고 무엇이건 정공법으로 당당하게 해내려는 시민들이 많아져야 한국사회가 밝아지고 맑아진다는 건 분명하다. 일상적 삶의 영역에서도 권력지향적인 사람을 유능하다고 보는 게 아니라 추하다고 보는 심성을 가꿔나가야 한다. 사람을 '간판'으로 때려잡으려는 조급증을 극복하는 것도 필요하다. 이번 학력·학벌 위장사건이 우리에게 주는 교훈은 바로 이런 성찰이 아닐까?

—선샤인뉴스, 2007년 8월.

페렝기족과 이슬족

미국의 기념비적 TV 드라마인 〈스타트랙〉엔 페렝기라는 외계 종족이 나온다. 페렝기족은 어떤 상황에서도 이익 없이는 결코 행동하지 않는다. 그래서 자신들의 이익 없이도 남을 위해 일하거나 싸울 수 있다고 주장하는 종족들을 가장 위선적이고 추하다고 생각한다.

최근 출간된 서남대 김욱 교수의 『영남민국잔혹사』(개마고원, 2007)라는 책에 나오는 이야기다. 이 책을 재미있게 읽다가 엉뚱하게도 책의 주제와는 거리가 있는 '페렝기족'이란 개념에 눈이 갔다. 페렝기족은 우리 주변에도 있을 법한 사람이라는 생각이 들었기 때문이다.

다른 사람들이 하는 모든 언행의 이유를 돈이나 권력만으로 설명하는 걸 즐기는 사람은 꼭 있기 마련이다. 이 설명방식은 설득력이 꽤 높기는 한데, 한 가지 큰 문제가 있다. 이런 설명방식에 집착하는 페렝기족은 예외를 두지 않고 모든 걸 다 그렇게 보려고 한다.

누군가가 그저 별 생각 없이 좋은 뜻으로 한 일 같은데도 페렝기족은 꼭 그 숨은 뜻을 캐내 돈이나 권력과 연결시켜야만 직성이 풀린다. 그것도 한두 번이지 그런 분석에 자주 접하게 되면 짜증이 나고 염증이 날 수 있다. 이 사람이 지금 나를 만나는 이유는 도대체 무슨 이익과 연결돼 있는 것인가 하는 생각마저 하게 되지 않겠는가.

페렝기족의 반대편엔 '이슬족'이 있다. 이슬족은 마치 이슬만 먹고 사는 사람처럼 명분에 과도하게 집착하면서 현실적 이해관계의 분석을 완전히 외면하는 사람이다. 누군가가 현실적 탐욕 때문에 어떤 언행을 하는 게 분명한 것 같은데도 이슬족은 자신이 좋아하는 사람이면 그 사람이 입으로만 떠들어대는 화려한 명분에 도취해 다른 판단을 정지시킨다. 당연히 다른 사람들과의 대화와 소통이 어려워진다.

페렝기족과의 대화와 소통도 어렵긴 하지만, 그 점에선 페렝기족이 이슬족보다는 조금 낫다. 페렝기족은 이익에 민감하기 때문에 대화와 소통이 자신에게 가져다 줄 이익을 생각해 자신의 견해를 조정할 줄 안다. 반면 이슬족은 죽으나 사나 이슬이다.

페렝기족과 이슬족이 극소수라면 그들은 사회발전에 기여할 수 있다. 늘 반면교사의 교훈을 주는 존재로서의 가치를 인정받을 수 있지 않겠는가. 그러나 그들의 수가 다수라면 이야기는 달라진다. 사회적 소통이 어려워진다.

한국은 워낙 변화의 속도가 빠른 역동적 사회이기 때문에 페렝기족이라는 게 흉이 되지 않는다. 오히려 위선에 대한 혐오감이 강한 사회인지라 솔직하다고 긍정 평가받을 수도 있다. 축적된 모순의 문제를 어디서부터 바로잡아야 할지 엄두가 나질 않아 이슬족으로 빠지는 사람들도 많다. 이들은 사회적 변화를 구호로 대신하는 함정에 곧잘 빠지곤 하지만, 역설적으로 그렇기 때문에 더욱 이슬에 집착한다.

페렝기족과 이슬족은 적대적 공존관계다. 페렝기족 주장의 설득력을 이슬족이 높여주고, 이슬족 주장의 설득력을 페렝기족이 높여준다는 의미에서 그렇다. 페렝기족 주장과 이슬족 주장 사이의 그 어느 중간에 답이 있는 것 같은데도, 페렝기족과 이슬족의 세력이 너무 커 그 답을 사회적 의제로 삼기가 쉽지 않다.

사이비 이슬족도 있다. 남들처럼 자기 챙길 건 다 챙기는 이익관념이 발달해 있으면서도 자기중심적 사고를 하는 게 체질화돼 있기 때문에 자신이 취하는 이익은 무시하고 그 이익을 위해 내세운 명분에만 집착하는 사람들이다.

한국정치는 어떤가? 페렝기족과 이슬족 가운데 어느 쪽이 많은가? 정치판엔 순수한 페렝기족과 이슬족은 드물다. 대부분 이슬족의 가면을 쓴 페렝기족이다. 한국정치가 잘되려면 차라리 순수한 페렝기족이 많아져야 한다. 그러면 적어도 국민을 대상으로 사기 치는 일만큼은 줄어들 것이기 때문이다.

—한국일보, 2007년 8월 15일자.

정치 저널리즘의
도 넘은 자학

자존심이 하늘을 찌르는 우리 언론인들이 남의 말을 잘 들을 분들은 아니지만, 그래도 한 번 호소라도 해봐야겠다. 정치 보도에 관한 것이다. 도대체 어디서부터 뭐가 잘못 꼬인 건지는 알 수 없지만, 어느 정당, 정파를 막론하고 해도 너무 하는 일들이 무더기로 양산되고 있다. 언론은 착실하게 그런 모습을 미주알고주알 중계하면서 논평까지 해주고 있다. 그건 언론의 기본적인 임무이기 때문에 그것 자체가 잘못됐다고 말할 수는 없겠지만, '균형'의 문제는 제기할 수 있을 것 같다.

최일선 현장에서 정치의 그런 참담한 모습을 지켜봐야 하는 언론인들의 고충이 오죽하랴. 정치에 대해 짜증이 나고 염증이 날 것이다. 이해하고 공감한다. 그런데 아무리 짜증이 나고 염증이 나도 그게 우리의 수준임을 흔쾌히 인정하고 들어가는 자세가 필요하다. 그래야 국민 정신건강에도 좋고 좀더 나은 정치를 위한 길도 모색할 수 있기 때문이다.

지금 우리의 정치 저널리즘 틀은 연예 저널리즘 틀과 똑같다. '스타의, 스타에 의한, 스타를 위한' 저널리즘이다. 이런 방식엔 좋은 점도 있지만, 스타가 죽으면 저널리즘도 따라서 죽는 문제점이 있다. 정치가 죽으면 정치 저널리즘도 죽는다. 물론 저널리즘이 한동안 정치의 몰락을 비판하는 걸로 버틸 순 있겠지만, 그걸로 장기 흥행을 하긴 어렵다.

언론은 얼른 보아선 오만한 것 같지만 실은 믿기지 않을 정도로 겸손하다. 자학을 하는 게 아닌가 하는 생각이 들 정도로 주체성을 갖길 거부한다. 저널리즘의 운명을 정치권에 송두리째 내맡길 정도로 주도권이 없다. 주도권이라고 해봐야 당파성에 중독된 일부 신문들이 자기들의 당파성을 교묘하게 드러내는 데에서만 행사하는 게 고작이다.

언론인들은 언론이 정치의 선진화를 위해 주도권을 행사하는 걸 저널리즘의 본분에 어긋나는 걸로 생각한다. 그래서 죽으나 사나 정당·정치인들의 꽁무니만 따라 다니기로 작정한 것 같다. 언론에게 부디 오만해질 것을 당부하고 싶다. 이런 식으로 정치 저널리즘의 판을 새로 짜보는 건 어떨까?

한국정치의 선진화 방안은 신문에 다 나와 있다. 묵은 신문철들을 들춰보라. 역대 정권, 정치권의 문제가 거기 다 나와 있다. 계속 똑같이 반복되는 문제들이 있다. 그걸 체계화시켜 요약, 정리해보라. 그건 앞으로 어떤 정권이 들어서건 또 나타날 수밖에 없는 문제이기 때문에 그걸 중심으로 정당과 대선 후보들의 의견을 물어가면서 사회적 의제로 삼아보자.

그런 보도는 기존 인물 중심 보도에 비해 흥미성, 상품성이 떨어진다는 고정관념을 의심해보자. 언론인 특유의 '전문가의 함정'에서 벗어나 요즘 독자들이 과연 지금과 같은 정치 저널리즘을 어떻게 생각하고 있는지 알아보자. 짜증과 염증이 이미 폭발하고 있다는 걸 모르는가.

개혁 의제 중심으로 정치 보도의 틀을 새로 짜는 건 돈이 들지 않는다. 취재시스템만 조금 바꾸면 된다. 이걸 거부하는 이유가 되는 신화가 하나 있다. 그건 바로 '발로 뛰는 기자'에 대한 과도한 예찬이다. 정치부 기자들은 발로 뛰는 동시에 머리로 뛰어야 한다. 머리로 뛰어야 할 경우에도 발로만 뛰니 정치 저널리즘의 품질이 떨어진다.

당파성에 중독된 일부 신문들은 이런 새로운 틀을 거부할 것이다. 그들은 자기들이 원하는 정당·정치인이 권력을 잡지 않으면 나라가 망하는 줄 알기 때문에 모든 발과 머리를 오직 당파성 발휘에만 집중시킬 것이다. 이게 바로 그렇지 않은 신문들에겐 더할 나위 없이 좋은 기회다. 그런데 당파성에 비교적 초연한 신문들까지 그런 당파성 중독자들의 뒤를 따라서야 되겠는가. 수많은 귀중한 의제들이 정당 간·정치인 간 싸움질에 밀려 사장되고 있다. 싸움질을 의제 중심으로 재편성해야 한다.

—한국일보, 2007년 8월 8일자.

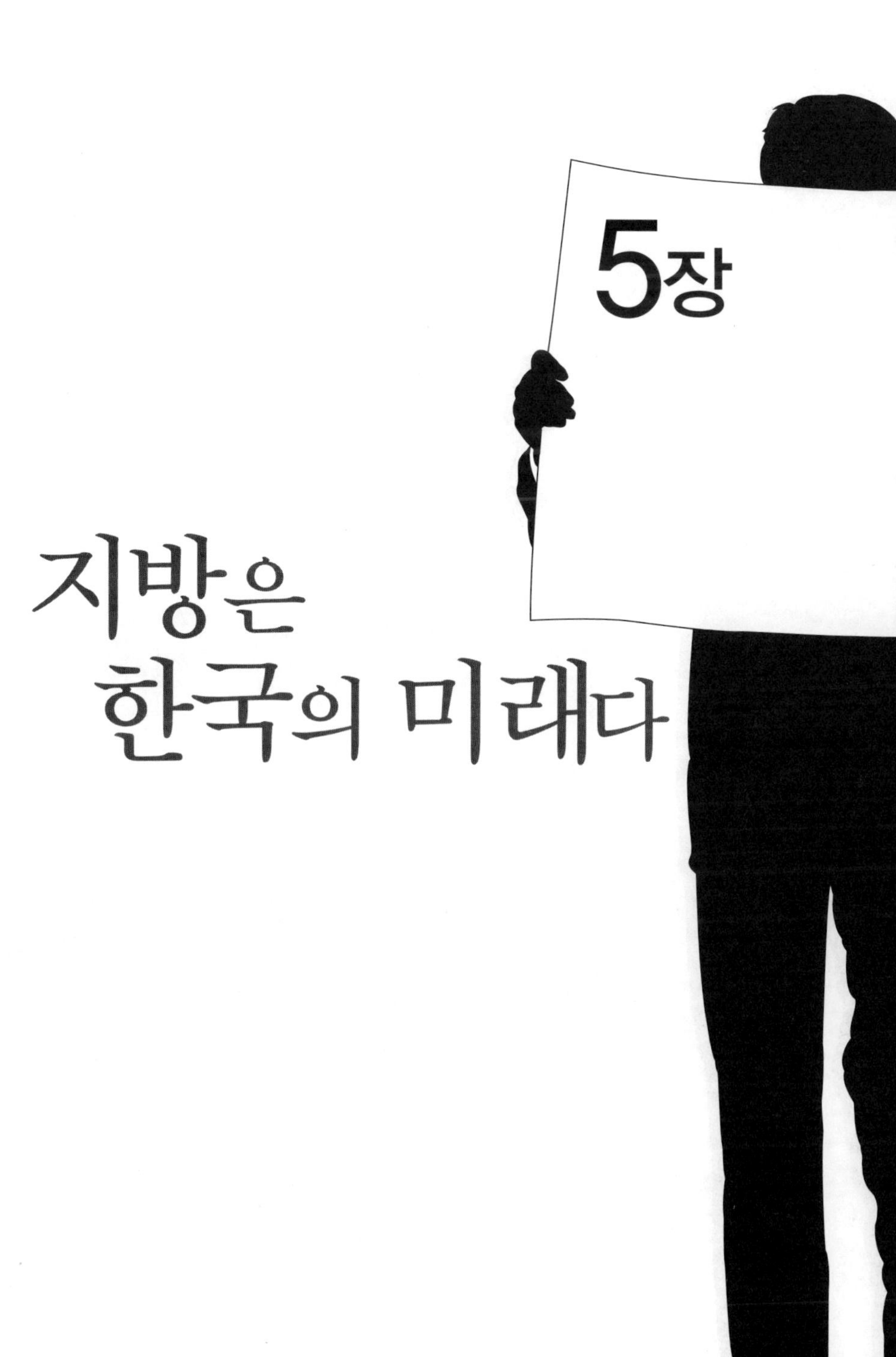

지방은 한국의 미래다

전주고 이야기

다 자기 하기 나름이지, 왜 학벌주의를 문제 삼느냐고 생각하는 사람들이 많다. 맞다. 다 자기 하기 나름이다. 한국은 최종 학력이 상고 출신인 대통령을 두 명이나 배출한 나라다. 긍지와 자부심을 가져도 좋겠다. 한국사회는 닫혀 있는 것 같으면서도 열려 있다. 자기 하기에 따라서 어떤 벽인들 뛰어넘을 수 있으며, 우리 사회는 그런 사람을 받아들여줄 뿐만 아니라 영웅으로 대접할 만반의 준비가 돼 있다.

빈곤 문제는 어떤가? 그것도 다 자기 하기 나름이다. 밑바닥에서 일어나 성공한 사람들, 아주 많다. '다 자기 하기 나름'을 가훈으로 내걸어도 좋겠다. 여기까진 아주 좋다. 그러나 "그런데 무슨 얼어 죽을 복지정책이란 말인가!"라고 외치기 시작하면 곤란해진다. 학벌주의도 마찬가지다. 개인이 하기에 따라서 벽을 뛰어넘을 수 있는 것과 사회적 차원에서 상존하는 집단적 문제를 거론하는 건 차원이 전혀 다른 문제다.

사회적 형평과 기회균등의 문제를 거론하면 꼭 '콤플렉스론'으로 몰아가는 사람들이 많다. 서울대 문제를 건드리면 서울대 못간 콤플렉스 때문이고, 명문고 학벌주의를 건드리면 명문고를 나오지 못한 콤플렉스 때문이고, 서울공화국 문제를 건드리면 서울에서 못사는 콤플렉스 때문이고, 빈부격차 문제를 건드리면 부자가 못된 콤플렉스 때문이라는 식이다.

이런 콤플렉스론은 만병통치약이다. 통하지 않는 곳이 없다. 모든 걸 다 설명할 수 있다. 여성이 남녀평등을 주장하면 그건 남성이 되지 못한 것에 대한 콤플렉스 때문이다. 남성이 남녀평등을 주장하면 그건 강한 남자가 되지 못한 것에 대한 콤플렉스 때문이다. 심지어 이런 콤플렉스론을 제기하는 사람의 심리도 콤플렉스론으로 설명하는 게 얼마든지 가능하다. 그러니 콤플렉스론은 자제하는 게 좋다. 간장이 만병통치약이던 시절은 지나지 않았는가.

고종석의 「전주고 이야기」[5]에 감동받아 그 속편을 쓰기로 하면서 해본 생각이다. 어느 사회건 다 그런 면이 있긴 하겠지만, 한국은 특히 '공식 의제' 보다는 '비공식 의제' 가 더 중요한 사회다. 지방자치 세미나 백번을 해보라. 공식적인 교과서 원칙만 역설될 뿐, 지방의 삶과 운영체계에 큰 영향을 미치는 '진짜 이야기' 는 거론되지 않는다. 하긴 그 세미나라는 게 적어도 돈 1,000만 원 없으면 할 수 없는 의식(儀式)이나 친목대회로 전락한지 오래 아닌가. 내가 고종석의 글에서 느낀 감동은 각종 친목대회만 판을 치는 현실에서 그가 명시적으로 말은 하지 않았지만, 암묵적으로 문제의 핵심을 건드려주었다는 것에서 비롯된다.

전주고 문제는 전주고만의 문제가 아니다. 지방 명문고의 문제다. 지방의 문제다. 지방자치의 문제다. 지방이 움직이는 메커니즘의 문제다.

지방발전과 지역균형발전의 원동력이 어디에서 나와야 하는가 하는 물음에 관한 문제다. 명문고 출신들이 지역사회에서 점하는 위상과 관련된 사회적 '기회비용'의 문제다. 일반적인 한국 엘리트의 문제이기도 하다. 너무 너무 중요한 문제다.

기자들도 학연·학벌에 얽혀 있어 좀처럼 기사가 되진 않지만, 그래도 그간 산발적으로 나온 기사들을 종합해보면 어느 지역에서건 인사와 각종 자원배분 문제의 핵심이 지역 명문고와 관련된 것임을 쉽게 알 수 있다. 학연·학벌 갈등이 만만치 않다.

일단 학연·학벌을 선의로 해석해보자. 좋은 점이 많다. 자신이 잘 알거니와 배짱이 잘 맞는 사람과 일하고 싶어 하는 건 인지상정이다. 신속한 결정을 내릴 수 있을 뿐만 아니라 여러 가지 면에서 효율을 기할 수 있다. 의도적으로 무슨 마피아 집단을 형성해 인사와 자원 배분을 독식하겠다는 의도가 있다기보다는 바로 그런 이유 때문에 늘 인사와 지역 내 주요 의사결정 때마다 학연·학벌이 도마 위에 오르는 것이다.

그런데 문제는 그런 현실이 사람들의 일상적 행태에 규정력을 발휘한다는 데에 있다. 오랜 학습효과를 통해 학연·학벌을 강화하고 관리하는 것이 자신의 삶의 경쟁력을 높이는 최상의 수단이라는 걸 자연스럽게 터득하게 된다는 것이다. 그래서 많은 시간과 에너지가 그 일에 쓰인다. 그런 행태가 자신도 알게 모르게 온몸에 프로그래밍된다. 그래서 어느 지역에서건 명문고 출신들의 행태에 대해 비판을 해봐야 씨알이 먹히지 않는 이유도 바로 여기에 있다. 그들은 도무지 수긍, 납득할 수 없는 것이다.

게다가 사람 산다는 게 뭔가? 친목과 우정, 이 얼마나 중요한가. 문제는 이게 '불공정 경쟁'과 '공공영역 사유화'의 매개가 된다는 것인데, 그건 사회과학적 분석에서나 가능한 이야기일 뿐 우리의 일상적 삶에서 누가 그렇게 꼬치꼬치 따져가면서 살겠는가. 자신의 학연·학벌이 너무도 아름답고 귀여워 미칠 지경인 사람들한테 사회적 차원에서 그 부작용을 아무리 이야기해봐야 그들의 귀엔 들리지 않는다.

사정이 그러한 만큼 비판보다는, 차라리 그런 현실을 인정하는 수준에서 그들에게 '엘리트로서의 책무'를 요청하는 게 현실적인 해법이라는 게 나의 생각이다. 즉 당신들의 선의를 인정하겠으니, 부디 리더십을 잘 행사해달라고 주문하자는 것이다.

전북신문들을 보면 수시로 각 분야에서 전북이 전국 최하위권이라는 기사가 실린다. 교사·교수처럼 경기를 타지 않고 안정된 소득을 올리는 직종을 가진 사람들은 경제적 문제를 피부로 못 느끼기 때문에 '전북 찬가'를 불러댈 만반의 준비가 돼 있지만, 대부분의 사람들은 그렇지 못하다.

전북의 현실이 매우 불만족스러운 수준이라는 데에 동의한다면, 이에 대한 책임감을 가장 많이 느껴야 할 사람들은 누구인가? 아니 책임도 따지지 말자. 그런 식으로 말하면 화낸다. 전주고 출신에게만 말하지도 말자. 모든 학교 출신들에게 다 말하자.

2006년 한국개발연구원(KDI)의 '사회적 자본 실태 종합조사' 보고서에 따르면, 우리나라 국민들의 사회적 관계망 가입비율은 동창회가 50.4퍼센트로 가장 높고, 종교단체 24.7퍼센트, 종친회 22.0퍼센트, 향우회 16.8퍼센트 등이 뒤를 이었다. 반면 공익성이 짙은 단체들의 가입률은 2퍼센트대에 머물러 있다.

어쩌겠는가. 이런 현실을 인정하고 수용하는 선에서 해법을 모색해보자. 동창회의 공익성 가미가 한 방법일 수 있다. 한 출신 학교만 놓고 따지더라도 학년별, 반별, 직장별 등 해서 서너 개의 동창회가 있기 마련이다. 1년에 한두 차례라도 밥 먹고 술 먹기 위해 돈을 걸을 것이다. 그 돈 걸을 때마다 1~10퍼센트에 해당하는 금액을 공익성으로 쓰자. 한 번 버릇만 들이면 되는 일이다. 그 돈 자체가 중요한 게 아니라, 그런 상징적 행위가 동창회의 공공적 품질을 높일 수 있다는 데에 주목하자.

이런 일을 하는 데에 각급 전주고 동문회가 앞장서 달라고 주문하면 실례인가? 정녕 속으로 "우리가 우리 지역에선 최고 엘리트"라는 자부심이 없다면, 실례일 수 있겠다. 그러니 그런 자부심이 조금이라도 있는 사람에게만 말하련다. 엘리트답게 처신해주시라.

그런데 이런 문제가 있다. 엘리트 개념의 이중적 속성이다. 우리는 현실적으론 엘리트를 인정하면서도 그걸 공개적으로 인정하지 않으려는 경향이 강하다. 좀 단순화해 말하자면, 누군가가 "나 엘리트요" 했을 때, 사람들이 어떤 반응을 보일지 생각해보면 될 것이다. 그러니 엘리트답게 처신해 달라는 말도 하나 마나 한 말이 되고 만다. 공적으론 겸손해야 하니, 엘리트답게 나서기도 어렵다는 뜻이다. 그래서 한국사회에선 엘리트가 음지의 개념으로 전락하고 만다. 엘리트 집단의 사적 이익을 추구하기 위한 결속이 발달할 수밖에 없는 이유가 바로 여기에 있다. 우리의 자랑할 만한 평등주의 문화의 의도하지 않은 부작용이라고나 할까?

아무래도 그냥 전북도민답게 처신해 달라는 말씀을 드리는 게 더 나을 것 같다. 전북은 밤낮 무슨 꼴찌 경연대회에 출전한 것처럼 여러 면에서 바닥을 헤매고 있는 상황에서 전주고의 명예가 빛날 수는 없는 일이다. 학교의 명예를 전북의 명예와 동일시해주면 안되겠는가? 전주고 각급 동문회가 전북발전을 위해 헌신하고 봉사하는 모습을 보고 싶다. 뭐 꼭 전주고 동문회만 그래야 한다는 건 아니다. 말 나온 김에 하는 말일 뿐, 우리 모두 애써보자는 것이다.

나의 문제의식은 개혁이나 '아래로부터의 민주주의'를 위한 모든 시도가 한국사회의 가장 강력한 보루라 할 동창회, 종교단체, 종친회, 향우회 등과 따로 노는 현실에 대한 성찰에 있다. 동창회, 종교단체, 종친회, 향우회에 공공적 성격을 가미하는 시도를 하지 않고선 사회적 진보의 성과를 거두기 어렵다는 걸 인정하고 기존 '모드'를 한 번 바꿔보자는 뜻이다. 사회를 향해선 연고주의를 비판하면서 자신의 사적 영역에선 연고주의의 단물을 빨아먹는 '범국민적 쇼'를 그만 두고, 이젠 좀더 실천 가능한 대안을 모색할 때가 되지 않았느냐는 문제제기이기도 하다.

—선샤인뉴스, 2007년 9월.

'암묵지 혁명'을 위하여

미국 미래학자 존 나이스비트(John Naisbitt)가 『메가트렌드』(1982)라는 책으로 유명해지자, 사람들은 그에게 "나는 당신이 책에서 말한 것들을 대부분 이미 알고 있었습니다. 하지만 당신은 그 모든 조각들을 한데 모아 정리해 주었지요"라고 말하곤 했다. 칭찬 같으면서도 듣기에 따라선 폄하의 의미도 담겨있는 평가였다.

그러나 나이스비트는 『마인드 세트』(비즈니스북스, 2006)라는 책에서 그런 평가에 대해 "'익은 과일 따기'는 내가 하고 있는 일에 대한 최고의 찬사"라면서 "문제는 무엇을 따서 어디에 놓을까 하는 것이다"라고 여유를 보였다. 사람들이 이미 알고 있던 것들을 연관지어 하나의 커다란 그림으로 엮어내는 게 중요하다는 것이다. '익은 과일 따기'라는 재치있는 표현에 접하면서 새삼 '암묵지(暗默知)'에 대해 생각해보게 되었다.

요즘 텔레비전에 흘러넘치는 음식 관련 프로그램마다 꼭 빠지지 않고 등장하는 게 하나 있다. 맛있는 음식의 요리 비결이 뭐냐는 질문에 요리사가 '절대 비밀'을 고집하는 장면이다. 그 비밀을 말이나 글로 표현할 수도 있겠지만 그것만으론 어림도 없다는 게 요리사들의 한결같은 주장이기도 하다. '손맛'이라는 게 있기 때문에 오랜 기간 옆에서 시중을 들면서 지켜봐야만 그 비법을 제대로 전수받을 수 있다는 것이다.

그런 유형의 지식을 가리켜 암묵지라고 한다. '암묵'이란 눈에 보이지 않고 귀에 들리지 않는다는 뜻이다. 암묵지는 말이나 글로 설명하기 어려운 지식이다. 손맛이나 솜씨를 구체적으로 명문화하기는 매우 어렵다. 그러나 암묵지는 도처에 널려 있다. 우리는 온종일 암묵지의 바다에서 헤엄치고 있다고 해도 과언이 아니다. 손맛이나 솜씨만이 암묵지는 아니다. 누구나 다 알고 있지만, 공식화·정식화되지 않은 채 여기저기 산발적으로 떠돌아다니는 지식도 암묵지로 볼 수 있다. 나이스비트가 말한 '익은 과일 따기'는 바로 이 두 번째 유형의 암묵지에 관한 것이다. 다양한 종류의 암묵지가 있을 것이기에 암묵의 정도에 따라 가칭 '암묵지 등급제'로 분류를 시도해보는 것도 가능하겠다.

암묵지의 반대는 겉으로 분명하게 표현된 걸 이해할 수 있는 '명시지(明示知)'다. 우리가 보통 알고 있는 일반적인 지식이다. 이 분류법을 선보인 마이클 폴라니(Michael Polanyi)는 "우리는 우리가 말할 수 있는 것 이상으로 알고 있다"며 기존의 철학적 인식론이 명시지만을 특권화하고 있음을 비판했다.

명시지를 우대하는 역사연구도 문제다. 체제, 제도, 법, 규칙, 선거, 사건, 사고 등은 명시지의 영역인 반면 정신자세, 의식, 전통, 습속, 관습, 관행, 기질 등은 암묵지의 영역이다. 역사가 후자를 무시하고 전자 위주로 기록된다고 생각해보라. 왜곡이 발생하는 것도 문제지만, 그런 역사

기술은 인간을 왜소하게 만들고 성찰을 무의미한 것으로 여기게끔 하는 결과를 초래할 수 있다.

폴라니는 암묵지에 무게를 두면서 일본기업이 성공할 수 있었던 것은 암묵지에 기반한 지식화에 성공했기 때문이라고 주장했다. 하긴 일본인들은 이 점에선 지독한 면이 있다. 최근 세계 2위의 철강기업인 신일본제철은 전후 베이비붐 세대인 단카이(團塊) 세대의 대량 정년퇴직에 대비해 그들의 암묵지를 기록하고 공유하는 일에 열을 올리고 있다.

일본이 '암묵지 강국'이라면 한국은 '명시지 강국'이다. 학교나 책에서 배울 수 있는 지식의 전형인 명시지에 관한 한 한국은 세계적인 지식강국이다. 불타는 향학열은 세계 최고를 자랑한다. 기부문화가 미성숙함에도 불구하고 거액의 기부행위가 이뤄졌다 하면 대부분 학교로 몰린다. 배움에 대한 한(恨)을 갖고 있으며 여전히 그 한을 키우고 있는 한국인의 뜨거운 지식사랑은 다른 나라의 추종을 불허한다.

반면 암묵지는 어떤가? 암묵지의 중요성에도 불구하고, 암묵지에 대해 너무 무관심하다. 정부·공공기관 운영과 기업경영의 방법은 명시지가 아니라 암묵지다. 그 방법을 다룬 책이 있을 리 없다. 그건 인터넷에도 없다. 그런 일을 담당했던 사람들로부터 직접 전수받아야 할 지식이다. 적어도 시행착오를 줄이기 위해서라도 그건 꼭 필요하다. 그러나 우리는 이런 일을 공식화하거나 체계화하지 않은 채 주먹구구식으로 해내고 있다. 업무 인수인계를 하는 사람들끼리 배짱이 맞으면 많이 배우고, 배짱이 맞지 않으면 아무것도 배우지 않는 식으로 그때그때 따라 다르다.

이른바 '리더십 암묵지'는 어떤가? 아예 없다. 어느 분야에서건 높은 자리는 그 자리가 제공해주는 권력과 명예에 큰 의미를 두기 때문에 나눠주고 즐기는 데에만 의미를 둘 뿐이다. 그간 각 분야에서 수많은 리더들이 배출되었지만 암묵지의 공유를 위한 책을 쓴 사람이 거의 없다. 자서전이라고 해서 나온 걸 보면 거의 모두 자기 자랑 일색이다. 공익 마인드가 강한 시민운동가마저 내부비판을 했다는 핀잔을 들을까봐 시민운동의 암묵지에 대해선 입을 다문다. 사회 전 분야에 걸쳐 암묵지는 이런저런 이유로 사장되고 있는 것이다.

암묵지는 보수주의 또는 시장주의의 이론적 근거이기도 하다. 시장을 예찬한 하이예크(F. A. Hayek)에게 시장은 사회 전체에 확산돼 있는 정보를 전달하고 동원하는 발견의 과정, 즉 인식론적 장치였다. 김비환의 해설에 따르면, "그와 같은 종류의 지식은 시장의 '보이지 않는 손'에 의한 가격결정방식이 아니라면 도저히 반영해낼 수 없는 지식이다. 그러므로 사회주의 체제의 보편적인 빈곤화 현상은 사회의 모든 곳에 확산되어 있는 암묵지를 수집할 수도 계산해낼 수도 없는 계획경제의 '인식론적 실패'에 기인하는 것이다".

이를 들어 암묵지의 중요성을 강조하는 걸 보수적 태도라고 보는 건 난센스다. 오히려 사회주의를 위해서라도 암묵지에 주목해야 한다는 정반대의 결론도 가능하다. '암묵지를 소중히 하는 계획경제'가 결코 융합할 수 없는 모순은 아니기 때문이다.

여기서 암묵지에 취약한 사회주의 이야기를 꺼낸 건 그와 비슷한 문제가 한국사회에서 일어나고 있다는 점에 주목해보자는 뜻이다. 한국에는 '계획경제' 대신에 '사적(私的) 사회'라는 문제가 있다. 한국에선 공적인 건 의례성이 강하고 중요한 건 주로 사적 영역에서 이루어진다.

공적(公的)인 것마저도 사적 용도로 전환되기 일쑤고 공사(公私) 구분 의식도 희박한 편이다.

역설 같지만, 이게 나쁘기만 한 건 아니다. 사적 이익을 챙기기 위해서라도 공적 노력을 치열하게 하기 때문에 거기서 나오는 좋은 점도 있다. 한국사회에 '신뢰'가 없다고 하지만, '공적 신뢰'만 없을 뿐 '사적 신뢰'는 세계 최고 수준이다. 복지 문제도 서양식 통계법만으로 봐선 안 된다. 한국엔 서양엔 없는 이른바 '연고 복지'가 있기 때문이다.(주변에 아는 사람이 어렵게 돼 보험 한 건 안 들어준 사람 있는가?)

사적 사회에선 암묵지는 결코 공유해선 안될 사적 무기다. 공공영역은 우선적으로 사익을 추구하기 위한 마당이기 때문에 수익 분배 구조가 애매한 암묵지 전파에 열을 올릴 이유가 없는 셈이다. 그렇다고 해서 암묵지가 완전히 사장되느냐 하면 그건 아니다. 앞서 지적한 바와 같이, 암묵지는 연고·정실 등 사적 네트워크를 통해 전파되고 사후 서비스까지 받는다. 튼튼한 사적 인맥이 없으면 죽어나는 이유도 바로 여기에 있다.

기업은 어떤가? 기업에서도 사원들의 '안전의 욕구' 때문에 암묵지 공유가 이뤄지지 않는다. 그걸 많은 사람들에게 알려주면 자신의 지위가 위협받을 수 있기 때문이다. 이를 넘어서기 위해 그간 많은 전문가들이 암묵지 공유를 위한 방안들을 내놓았다.

김병도는 암묵지의 공유를 유도하기 위해서는 직원들 간 비공식적인 대화를 촉진할 수 있는 분위기를 조성해야 한다고 주장했다. 예컨대, 직원들 간의 대화가 보다 자연스럽게 유도되도록 사무실 레이아웃을 원형이나 개방형으로 디자인하거나 마케팅 부서와 생산 부서의 모임을 정례화하고 서로의 지식을 공유할 기회를 갖게끔 해야 한다는 것이다.

홍성욱은 지식이나 학습의 핵심은 단순히 정보의 습득이나 보관이 아니라 이를 사용할 줄 아는 사람의 존재이기 때문에 지식경영은 정보의 운영력이 아니라 인간경영이라고 주장했다. 즉 그렇게 해서 사람들에게 새롭고 도움이 되는 지식을 만들도록 고무하고, 경험을 통해 얻은 암묵지를 공유하는 분위기를 만들어야 한다는 것이다.

다 좋은 말씀이다. 그러나 일부 기업들은 여전히 암묵지 알기를 우습게 알고 근시안적인 소탐대실(小貪大失) 전략으로 임하고 있다. 비정규직 문제가 바로 이런 현실을 잘 말해주고 있다. 장하준이 잘 지적했듯이, 자본이 필요에 따라 노동자들을 자유롭게 고용하고 해고할 수 있는 이른바 '노동시장 유연성'은 그 어떤 일시적 장점에도 불구하고 헌신성은 말할 것도 없거니와 암묵지를 가진 숙련 노동자를 키울 수 없는 결과를 초래한다. 이는 세계적인 '일류 기업'으로의 도약을 영영 어렵게 만든다.

지난해 4월 서울신문 기자 황경근은 연임 제한으로 나설 수가 없는 3선 지방자치단체장들과 관련, "떠나는 3선 단체장이 자신의 시행착오나 정책실패에 관한 보고서를 만들어 뒤를 이을 초보단체장에게 선물하면 어떨까. 아마도 초보단체장에게는 더없이 소중한 선물이 될 것이다. 자치무대에서 내려오는 날, 자신의 치적을 줄줄이 외는 것보다 시행착오나 실패를 고백하며 떠나는 3선 단체장의 뒷모습은 더욱 아름다울 것 같다"고 말했다.

아주 좋은 제안이다. 그러나 그런 아름다운 일은 일어나기 어렵게 돼 있다. 다시 말하지만, 사적 사회이기 때문이다. 자신의 시행착오나 실패를 고백하는 건 꿈같은 일이거니와, 자신이 잘한 일에 대해서도 후임자가 일을 더 잘해버리면 자신의 치적이 가릴 텐데 사적 이해관계 없이 자신의 암묵지를 그냥 넘겨줄 사람이 얼마나 되겠는가.

그런 문제와 더불어 '익은 과일 따기'를 우습게 생각하는 고정관념도 크게 작용하고 있는 것 같다. 이미 알고 있던 것들이라 하더라도 그것들을 연관지어 하나의 커다란 그림으로 엮어내면 미처 생각하지 못했던 것들이 보인다는 걸 깨닫지 못하는 것이다. 암묵지는 바로 그런 '연관의 지식'이기도 하다. 그러니 앞서간 사람들의 경험은 경험하지 않은 사람은 도저히 알 수 없는 독보적인 지식일 수 있는 것이다.

사실 이런 문제는 학계가 가장 심각하다. 좁고 깊게 들어가는 걸 본령으로 삼는 분업화·전문화의 함정 때문이다. 자꾸 새로운 것만 찾다 보니 더 좁고 깊게 들어갈 수밖에 없고, 그 와중에서 이미 알고 있던 것들의 종합화와 연계효과는 거의 다뤄지지 않는다.

신문이라도 사회 전 분야에 걸쳐 암묵지가 공유되게끔 앞장서는 게 인터넷 시대에 생존하고 성공할 수 있는 길이겠건만, 상품성이 떨어진다는 이유로 그걸 외면한다. 사실 핵심 문제는 바로 여기에 있다. 우리 사회의 지식에 대한 인식에 근본 문제가 있다는 뜻이다.

암묵지는 고상하지 않다. 화려하지도 않다. 재미도 없다. 지적 욕구나 허영심을 충족시켜주기엔 역부족이다. 서양 지식의 세례를 듬뿍 받고 자란 한국인들에게 암묵지를 지식으로 간주하는 것 자체가 어색할지도 모르겠다. 그러나 삶은 누추한데, 지식은 고상하고 화려한 것만 추구하겠다면 어쩌자는 건가? 삶과 지식의 괴리는 결코 바람직하지 않다.

글로 쓰인 암묵지엔 한계가 있지만 없는 것보다는 백번 낫다. 자꾸 연구하면 암묵지의 기록을 위한 좋은 방법이 나올 수도 있다. 사회적 차원의 지원이 절실하다. 각종 공·민영지원사업과 학술진흥사업 등이 암묵지 개발, 확산에 관심을 기울여야 한다. 암묵지 제공자에 대한 충분한 보상도 필요하다. 그렇게 해서 끊임없이 반복되는 시행착오 비용을 줄여나가고 기존의 암묵지를 더욱 발전시켜나가야 한다. 적어도 이런 수준의 '암묵지 혁명'이 일어나야 한국사회가 진정한 지식강국, 지식기반경제로 나아갈 수 있을 것이다.

암묵지 혁명이 일어날 수 있는 여건 조성을 사회 개혁의 우선순위로 삼아야 한다. 그런 여건 조성을 무시하면서 사람만 바꾸면 모든 게 달라질 것처럼 생각하는 건 환멸의 악순환만 초래할 뿐이다. '현실과 이상'의 이분법도 폐기처분해야 한다. 암묵지를 무시해 실패한 사람에게 '이상적이었다'는 평가를 내려 빠져나갈 구멍을 만들어주는 관행도 청산해야 한다.

민심을 청취해보면 전국 방방곡곡에 익은 과일들이 주렁주렁 열렸다는 걸 누구나 감지할 수 있다. 과일을 따서 유통시키고 다음 농사까지 준비하는 데에 필요한 최소한의 암묵지조차 공부하지 않은 채 무작정 덤벼드는 어리석음과 무모함을 더 이상 반복해선 안된다.

—『한겨레 21』, 2007년 8월 7일자.

지역발전 전략? 지역황폐화 전략!

대학 입시가 끝나면 전국의 많은 지방 고등학교 정문엔 서울 소재 대학들에 합격한 학생 수를 알리는 현수막이 요란스럽게 나붙는다. 물론 자랑하려고 내건 현수막이다. 일부 지방정부와 교육청은 서울 명문대에 학생을 많이 보낸 고교에 각종 재정 지원을 함으로써 그런 행위를 사실상 찬양, 고무한다.

또 전국의 여러 지역이 주로 도(道) 단위로 서울에 학숙을 지어 유학 간 자기 지역의 우수 학생들을 돌보고 있다. 지역에 따라선 범도민 운동 차원에서 모금을 해 수백억 원의 돈을 들인 곳들도 있다. 학숙 하나로도 모자라 '제2의 학숙'을 짓자고 열을 올리는 지역도 있다.

지방에선 그렇게 하는 걸 '인재육성 정책'이자 '지역발전 전략'이라고 부른다. 그 논거는 무엇인가? 자기 지역 출신 학생이 서울 명문대에 진학해 출세하면, 즉 권력을 행사할 수 있는 요직을 차지하면, 그 권력으로 자기 지역에 좀더 많은 예산을 준다든가 기업을 유치하는 데에 도움을 줄 거라고 본다.

서울 중앙부처나 대기업에 자주 로비를 하러가는 각 분야의 지방 엘리트들은 자기 고향 출신을 만났을 때 말이 통하고 도움을 받은 경험을 갖고 있기에, 위와 같은 지역발전 전략은 움직일 수 없는 법칙으로까지 승격된다. 조금만 깊이 생각해보면 그건 지역발전 전략이 아니라 '지역 황폐화 전략'인데도 거기까진 생각이 미치지 못한다.

생각해보자. 지난 수십 년간 결과적으로 '지방 죽이기'를 한 주역들이 누구인가? 다 서울에 사는 지방 출신들이다. 그들을 비판하려는 게 아니다. 그들은 서울 1극구조라는 주어진 틀 안에서 열심히 일했을 뿐, 지방 문제는 그들의 재량권 밖에 있었다고 보는 게 옳을 것이다.

지방 출신으로 서울에 가면 서울사람이 된다. 고향 생각? 설과 추석 때 고향을 찾긴 한다. 서울에서 성공한 다음 국회의원이나 자치단체장을 하고 싶으면 귀향하는 경우도 있기는 하다. 그것 말고 서울로 간 지방 출신이 자기 고향을 위해 할 수 있는 일이란 거의 없다. 공직자가 자신의 재량권 내에서 작은 도움을 줄 순 있겠지만, 지방이 뭐 거지인가.

지방의 가장 큰 문제는 무엇인가? 인재 부족이다. 인재가 가장 중요하다고 그러면 자꾸 평등주의 논리로 반박하려고 드는데, 그게 바로 독약이다. 기업하는 분들 말을 들어보시라. 기업은 '사람 장사'다. 지역발전도 다를 게 없다. 우수한 인재들을 공동체 차원에서 서울로 가라고 내몰면서 그걸 지역발전 전략이라고 우기니, 이게 말이 되는가? 돈을 반대로 써야 하는 게 아닌가?

이건 '내부 식민지'다. 일부 지방은 정치·경제뿐만 아니라 문화·의식적으로도 중앙에 예속된 식민지와 다를 바 없다. 중앙정부 탓만 할 일이 아니다. 지방에서 진지하고 심각한 고민이 없는데 중앙에서 그런 고민을 왜 하겠는가?

지방 사람들이 너무 순진해서 그런 점도 있다. 지방에서 기존 인재육성정책을 비판하면 꼭 나오는 반론이 하나 있다. "아니 그러는 당신은 자식이 공부 잘하면 서울로 안 보낼 거야?" 그것 참 이상하다. 내 자식이 서울로 유학가고 싶다면 보내야지, 그걸 왜 막는가? 자식을 서울유학 보낸 부모가 "인재육성을 지역에서 하자"고 외치면 위선이고 모순인가? 놀랍게도 "그렇다"고 생각하는 사람들이 많다. 그래서 너무 순진하다는 것이다.

학생들의 서울유학을 부추기기 위해 쓰는 돈을 지역에 남아 공부하는 학생들의 장학금으로 돌린다고 가정해보자. 서울유학을 가려고 했던 학생은 한 번쯤 고민해볼 것이다. 이런 식으로 여건 조성을 해야지, "당신 자식부터 서울로 보내지 마라"고 억지를 부려서야 되겠는가? '서울로 인재 유출하기 운동'을 벌이고 있는 지방의 이성 회복이 절실하다.

─한국일보, 2007년 7월 25일자.

'전관예우' 이데올로기

정권과 관료집단의 유착

이른바 '전관예우(前官禮遇)'에 대한 비판의 목소리가 높다. 그런데 불가사의한 건 이런 비판이 수십 년간 계속돼왔는데도 아무런 변화가 없다는 사실이다. 왜 그럴까? 가장 큰 이유는 정권과 관료 집단의 유착이다. 정권과 관료 집단은 '낙하산 인사'와 전관예우를 서로 눈감아주는 묵계의 공생관계 또는 유착관계를 형성하고 있다.

가장 흔한 건 정권에서 보은(報恩)해야 할 인사가 공기업에 갈 때 관료들이 묵인하고, 대신 관료들이 금융권에 내려 보내는 인사를 정권이 봐주는 방식이다. 금융노조의 한 관계자는 "조폭이 나와바리(구역) 정하는 것과 뭐가 다르냐"고 했다지만,[6] 이는 조폭을 너무 무시하는 발언이다. 정권과 관료 집단의 탐욕은 조폭의 탐욕보다 훨씬 더 강하기 때문이다. 언론이 전관예우를 아무리 비판해도 아무런 변화가 일어나지 않는 가장 큰 이유가 바로 여기에 있다. 전관예우의 다양한 모습을 논란이 일어난 순서대로 감상해보자.

2006년 2월 경영컨설팅 업계의 최대 화제는 회계법인 S사의 대약진이었다. 2005년 컨설팅 분야에 첫 진출한 신출내기인데도 연간 1,000억 원으로 추정되는 공공부문 컨설팅 물량을 거의 독식했기 때문이다. 업계 관계자는 "S사의 싹쓸이는 지난해 고문으로 영입한 경제부총리 출신 A 씨 덕분"이라고 단언했다.[7]

2006년 10월 경제검찰로 불리는 공정거래위원회(공정위)에서 최근 4년간 퇴직한 4급 이상 간부 36명 중 27명이 업무 관련성이 짙은 기업, 단체, 법률회사에 취업했으며, 2003년 이후 국세청 직원 8명도 과세에 불복한 특정 기업의 세무대리인인 로펌으로 전직한 것으로 밝혀졌다. 그런데도 공정거래위원장 권오승은 '퇴직자들이 승·패소에 영향을 주지 않을 것'이라고 주장했다. 이와 관련, 문화일보는 다음과 같이 비판했다.

"국감자료에 의하면 정부기관 고위 공직자 10명 중 6명꼴로 퇴직 후 유관기업으로 가고, 심지어 비리로 면직된 공직자의 30퍼센트가 버젓이 재취업하고 있다. 올 들어 공직자윤리위원회에 취업심사를 신청한 90명 중 단 1명만 취업불가 통보를 받았을 뿐이다. 공직자 윤리와 취업심사가 이런 실정이니 공직자윤리법의 '퇴직 후 취업 제한' 규정이 민망할 따름이다. 공직 경력을 거래하는 '전관 관행'이 이렇듯 윤리도 법도 모두 비웃고 있다."[8]

조선일보 2007년 3월 1일자는 "지난 2005년 8월, 공정위는 KT에 1,130억 원 규모의 과징금을 부과했다. 이후 KT는 법무법인 세종을 통해 행정소송을 제기했고, 우연의 일치인지 KT 과징금 사건을 담당했던 공정위

상임위원과 팀장급 간부가 줄줄이 세종으로 전직했다. 거꾸로 세종의 한 변호사는 공정위 소송담당 팀장으로 왔다"며 다음과 같이 주장했다.

"공정위 직원의 윤리의식을 보여주는 단적인 사례는 현대자동차 사건이다. 현대차 부당 내부거래 조사를 나간 현장 직원들은 회사 측이 준 10만 원짜리 상품권 71장을 놓고 회의를 벌인 결과, '상품권은 현금이 아니라 금품이어서 받아도 된다'는 논리로 상품권을 수수했다. 이걸로 끝난 게 아니라 현장 직원 중 한 명이 양심의 가책을 느껴 상품권을 돌려주자, 그 직원을 질책하고 '왕따' 시켰다는 후문이다. 공정위는 재벌의 문어발식 확장을 감시하고, 서로 짜고 가격을 올리는 기업을 엄단하는 활동으로 국가경제에 기여한다고 배웠다. 그러나 공정위 윤리의식이 이 정도라면, 소비자와 기업 모두에게서 신뢰를 잃을 수밖에 없다. 이 정부 들어 온갖 분야에서 '개혁' '개혁' 하면서, 정작 가장 개혁이 필요한 곳을 못 본 체했던 것이다."[9]

2007년 5월 동아일보가 103개 지방공사 및 공단의 최고경영자(CEO)의 경력을 처음으로 분석한 결과 공무원 출신이 64.1퍼센트를 차지했다. 민선 지자체장의 참모나 지방의회 의원 등 지역 정치인 출신이 7.8퍼센트, 한국토지공사나 KOTRA 등 국가공기업 출신이 5.8퍼센트였고, 전문경영인 등 순수 민간 출신은 19.4퍼센트에 불과했다.[10]

경향신문 2007년 5월 30일자는 "웬만한 기업마다 고위 관료 및 검·판사 출신들이 구석구석에 포진해 있다. 직무를 통해 습득한 경험이나 지식을 기업과 사회를 위해 되돌린다는 취지 자체가 틀렸다는 것은 아니다. 하지만 그런 경우는 거의 찾아보기 어렵다. 대부분 저녁 술자리와 골프장을 오가며 회사의 로비 창구, 또는 바람막이 역할을 하고 있다.

우리 사회에서 관청과 기업을 이어주는 떼려야 뗄 수 없는 연줄이기도 하다"고 개탄했다.[11]

법조계의 전관예우

정권과 관료 집단이 맺고 있는 묵계의 공생관계 또는 유착관계는 전관예우라는 부패현상을 외면하는 결과를 초래했으며, 정권은 심지어 '코드인사'라는 미명하에 사실상 그런 작태를 정당화하거나 미화하는 짓까지 저질러왔다. 바로 이런 상황 때문에 법조계의 전관예우도 이해할 만한 일로 간주된다. 법조계의 전관예우는 어떠한가?

참여연대가 2000년에서 2004년 8월까지 퇴직한 판검사 573명을 대상으로 조사한 결과에 따르면, 퇴직 판사의 90퍼센트, 퇴직 검사의 75퍼센트가 최종 근무지에서 변호사를 개업한 것으로 나타났다. 이는 판검사들이 과거의 상관이나 전임자를 배려해 직간접적인 '특혜'를 베푸는 전관예우의 결과였다.[12]

2004년 10월 서울중앙지법 부장판사 박찬은 법원 내부통신망에 올린 '부장판사제 폐지 등을 건의함'이라는 글에서 전관예우 관행을 강하게 비판해 언론의 주목과 더불어 용기 있는 내부고발이라는 찬사를 받았다. 박찬은 "우리나라 형사사건에서 피고인이 거액의 변호사 비를 주고 담당검사·판사와 연고가 있는 학교 선후배, 연수원 동기인 변호사를 선임한 뒤 영향력을 행사해 달라고 강요해 담당검사나 판사를 난처한 처지에 빠지게 한다"며, "이것이 결과적으로 법조 불신의 큰 원인으로 작용해왔다"고 지적했다. 그는 이어 "퇴직 뒤 변호사로 개업한 고위직 법조인들이 후배검사나 판사들에게 전화해 일반사건에 비해 관대한 형을 이끌어내는 행태가 없어지지 않는 한 법조인이 존경과 신뢰를 받기는 영원히 불가능할 것"이라고 말했다. 그는 전관예우 관행을 깨기 위해서는 "검사나 변호사, 교수 중에 판사를 임관하는 법조 일원화가 하루 빨리 이뤄지고 법관들이 퇴직 후 변호사로 개업하지 못하게 해야 한다"는 대안을 제시했다.[13]

2005년 7월 4일 헌법재판관 후보자 조대현의 인사청문회에서 일부 의원은 조대현이 2004년 2월 서울고법 부장판사를 끝으로 변호사 생활 11개월여 만에 10억 원의 소득을 올린 것과 관련, 그가 여당 유력 정치인의 사건과 재벌총수와 전·현직 고위관료들의 변론을 자주 맡은 점을 지적하면서 전관예우 의혹을 제기했다.[14]

2005년 9월 8일 국회에서 열린 이용훈 대법원장 후보자에 대한 인사청문회에서 이용훈은 "100퍼센트라고는 할 수 없지만 99퍼센트는 전관예우가 없다고 생각한다"며 "요즘은 전관예우가 아니라 '전관박대'"라고 주장했다. 이에 민주노동당 의원 노회찬은 다음날 배포한 질의자료에서 서울중앙지법의 구속사건 수임 건수에서 상위권 대부분을 서울중앙지법 출신이 싹쓸이하는 등 전관예우가 여전하며, 법원 내 사조직인 '법구회' 소속 변호사가 수임건수 수위를 차지한 것으로 나타났다고 밝혔다.[15]

서울신문은 "대법관 퇴임 후 5년 동안 대법원 사건을 주로 수임하면서 60억 원의 수임료 수입을 올리고도 전관예우가 아닌 전관박대를 받았다고 주장한 이 후보자의 인식은 문제가 있다고 본다. 60억 원의 수입이 박대라면 얼마를 벌어야 예우라고 본다는 말인가"라고 개탄했다.[16] 한 변호사는 "부장판사하다 나오면 월 5억 원까지도 벌 수 있다고 들었

다"며 "사건을 맡은 재판장이 자기가 가르치던 판사라면 손해배상 소송
이든, 구속사건이든 좀더 유리한 판결이 나오지 않겠느냐"고 말했다.[17]

2005년 10월 6일 대법원에 대한 국정감사에서 전관예우 관행이 집중
거론되었다. 2005년 상반기 서울지역 동서남북 4개 지법의 구속사건을
개업한지 3년이 안된 판·검사 출신 변호사들이 '싹쓸이'한 것으로 드
러났으며, 서울 북부지법의 경우 상위 랭킹 10명 중 7명이 '전관'으로
집계되는 등 전관예우 관행이 갈수록 심각해지는 것으로 드러났다.[18]

대법관 출신 변호사 연봉 27억 원

2006년 9월 4일 노회찬 의원이 전국 지방법원으로부터 자료를 받아 분
석한 결과에 따르면 2004년부터 2006년 6월까지 3년간 전국 18개 지방
법원별 구속사건 수임순위 10위 내 개인변호사 436명 중 판·검사 출신
전관은 305명으로 70퍼센트에 달했다. 수원지법의 경우 3년간 10위 안
에 든 개인변호사 18명 전원이 전관 출신이었고, 서울서부지법이 24명
중 23명(96퍼센트), 서울북부지법이 22명 중 20명(91퍼센트)으로 뒤를 이
었다. 법원 별 3년간 연속 수임순위 10위 내에 든 전국의 개인변호사 28
명 중 27명이 전관 변호사였다. 수임순위 10위 내 전관 변호사 305명 중
287명(94퍼센트)은 퇴임 후 최종 근무지에서 개업한 것으로 나타났다.[19]

2006년 10월 16일 열린 서울고·지법 국정감사에서 국회 법사위 의원
들이 공개한 자료에 따르면, 대법관 출신 변호사들의 대법원 사건 수임
률은 60퍼센트를 웃돌고, 대형 로펌에 스카우트된 대법관 출신 변호사
의 경우 최고 27억여 원의 연봉을 받았던 것으로 확인됐다. 또 부장판사
급 이상 전관 변호사의 경우, 구속적부심 석방률이 수도권 법원 평균 석

방률보다 10퍼센트 포인트 이상 높은 것으로 통계분석 결과 확인됐다.[20]

또 이날 국정감사에선 대형 로펌으로 옮긴 전직 판·검사들의 연봉이 6억~30억 원에 이르는 것으로 밝혀졌다. 이에 문화일보는 "로펌이 현직 때의 수십 년치 월급에 해당하는 막대한 보수를 내주며 이들을 영입한 동기 내지 목적은 '활용도'일 것이다. 일컬어 '전관(前官) 프리미엄'이다. 4년 전 퇴임한 검찰총장 출신의 연봉이 올해 법복을 벗은 부장검사 출신의 3분의 1에도 못 미치고, 대법관 출신의 보수가 영입 4년 만에 반감(半減)한다는 추세는 '퇴임 후 1~2년'이 피크라는 전관 프리미엄의 한 단면이다"라고 비판했다.[21]

문화일보 논설위원 김회평은 2006년 10월 16일자 칼럼에서 "대법관들을 변호사로 이끄는 당근은 역시 두둑한 보수다. 이용훈 대법원장은 2000년 대법관 퇴임 후 5년간 60억 원이 넘는 사건 수임료를 받았다. 그 덕에 재산도 11억여 원에서 35억여 원으로 크게 불렸다. 다른 대법관 출신들의 '실적'도 크게 다르지 않을 것이다. 일부 변호사들은 공직부패 사범 등 대법관 출신으로는 민망한 사건에도 이름을 올리기 일쑤다. 이들을 지켜보는 시선이 곱지 않은 이유다"고 비판했다.[22]

한국일보 2006년 10월 18일자 사설은 "국회 법사위 국감에서 공개된 법조계 전관예우 실태는 예상보다도 훨씬 충격적이다"라며 "차제에 퇴직일로부터 2년간 최종 근무한 법원 검찰청 등이 관할하는 형사사건을 수임할 수 없도록 하는 변호사법 개정안을 재추진하고, 법조윤리 확립을 위한 상설기구 설치 등을 적극 검토할 필요가 있다. 공정위와 관련해서는 최근 국가청렴위원회가 제시한 공무원 재취업 제한 강화방안도

적극적으로 고려할 만하다"고 했다.[23]

2006년 12월 일본 최고재판소 판사(한국의 대법관에 해당)를 지낸 소노베 이쓰오(園部逸夫) 변호사는 일본의 판·검·변호사는 한국 법조인에 비해 사회적 지위가 낮지만 사회에서 요구받는 윤리기준은 훨씬 엄격하다며 "한국 법조인에게서 전관예우라는 관행이 있다는 이야기를 듣고 깜짝 놀랐습니다. 일본에서는 상상조차 할 수 없는 일입니다"라고 말했다.[24]

국민 뜯어먹기, 그만 하자

일반 대중은 전관예우의 피해자인가? 꼭 그렇진 않다. 전관예우를 대한민국의 '게임의 법칙'으로 터득한 대중은 그걸 전제로 한 삶을 살아간다. 지금 이 순간에도 수많은 젊은이들이 출세와 가문의 영광을 위해 고시에 매달리고 있으며, 그들의 가족들은 열심히 기도하고 있다. 전관예우가 사라지는 건 이들에겐 견딜 수 없는 '약속 위반'이 된다.

전관예우는 '이데올로기'가 되었다. 높은 공직에 있었던 사람을 사회적으로 과잉 우대하는 게 그걸 잘 말해준다. 고위직 간판만 보지 말고 재임 시 공과를 따져 경우에 따라 고위직을 했던 게 큰 흉이 될 수도 있어야 하는데, 우리 현실은 전혀 그렇지 못하다. 중요한 건 오직 간판이다. 왜 그런가? 인맥 때문이다. 전관예우는 전관의 능력·도덕성이 아니라 전관의 인맥을 사거나 그것에 굴종하는 행위다. 능력과 도덕성은 인맥과는 별개다. 아니 인맥이 능력이다. 그래서 공직 재임 시 무능하거나 부도덕했던 사람도 마당발이면 1급 전관으로 예우받을 수 있다.

전관예우가 가장 기승을 부리는 분야는 법조계·관계로 알려져 있지만, 그 이상으로 심한 분야가 있으니 그게 바로 선거판이다. 특히 지방 정계, 유권자들은 중앙에서 일한 전관의 인맥을 가장 높게 평가한다. 서울에선 잘 못 느끼겠지만, 지방에 살다 보면 고위 공직이야말로 '코리안 드림'이라는 게 너무도 절실하게 피부에 와 닿는다.

줄서기와 아첨으로 자기 이익을 챙기면서도 그걸 소신과 명분으로 위장하는 아첨꾼에 대한 관대함도 바로 그런 전관예우 풍토의 결과다. 아첨으로 권력자의 판단을 흐리게 하는 사람을 사회적으로 경멸하는 풍토가 조성된다면 아첨꾼이 크게 줄 것이다. 그런데 어떻게 된 게 우리 사회는 정반대다. 겉으론 어떤 반응을 보일망정 '실세'라는 점과 그에 따른 인맥의 화려함을 높이 평가한다.

전관예우는 한국정치의 암(癌)이다. 전관예우가 명분으로 포장한 밥그릇 싸움, 분열의 정치, 줄서기 정치 등을 낳는 중요한 이유가 되기 때문이다. 전관예우엔 보수파와 개혁파의 구분도 없다. 개혁파는 오히려 자신이 '봉사'하거나 '희생'하는 거라고 큰소리치면서 고위 공직을 챙기는 배포까지 보인다.

언젠가 누군가는 장관 안해본 사람은 그 꿀맛을 모른다고 했다. 장관만 그렇겠는가? 국회의원에서부터 공기업 임원에 이르기까지 모든 고위 공직이 그 나름의 꿀맛을 갖고 있을 게다. 교수 출신으로 고위 공직에서 일하다 다시 교수로 돌아온 사람들이 가장 애타게 그리워하는 게 차량, 운전기사, 비서, 판공비다. 이는 고위 공직의 마력 중 일부지만, 이 맛을 본 사람들은 죽는 날까지 고위 공직에서 봉사, 희생하고 싶어 한다.

언젠가 국회의원의 대우 문제를 놓고 논쟁이 벌어진 적이 있다. 어느 평범한 시민이 국회의원 대우를 낮추자는 제안을 했다. 그랬더니 어느 정치학자는 그 제안을 '순진하고 감정적인' 생각으로 폄하하면서 일만 잘한다면 대우를 더 잘해줘도 좋다며 대우가 논점은 아니라고 반박했다. 아니다. 잘못 봤다. 바로 그 대우의 마력 때문에 정치판 이전투구가 발생한다. 정치인이 평범한 시민처럼 살고 그런 자세로 일한다면 시민의 존경을 얻어 정치자금 문제도 해결할 수 있지 않은가.

고위 공직의 마력을 약화시켜줄 필요가 있다. 정치와 관직이 권력과 명예까지 누리면서 국민을 합법적으로 뜯어먹을 수 있는 면허장이 아니라면 말이다. 전관예우에 의한 국민 뜯어먹기를 방치하거나 부추기면서 '개혁'을 외쳐대는 건 사기다. 고위 공직자의 자세부터 바로 하는 게 개혁의 출발점이 되어야 한다.

—월간 『인물과 사상』, 2007년 8월호.

영어 광풍의 정체

한국인은 왜 영어공부를 하는가? 한국 최초의 영어 교육 기관인 동문학교가 서울 재동에 설립된 1883년부터 오늘에 이르기까지 120여 년의 긴 세월 동안 한 가지 일관된 이유가 있었다. 그건 바로 영어가 성공과 출세를 위한 필수 도구였다는 사실이다.

개화기 시절 미국 교육선교사 헨리 아펜젤러(Henry G. Appenzeller)가 지적했듯이, 조선 학생들이 영어를 배우는 목적은 한결같이 '벼슬을 얻기 위해서'였다. 그런 의도가 있었건 없었건, 이 시기부터 영어의 위력을 가장 드라마틱하게 보여준 인물은 이승만이었다.

1886년 6월 정식 학교로 개교한 배재학당에 몰려든 학생들이 배재학당에 가장 큰 기대를 걸었던 건 바로 영어공부였다. 1894년 말 배재학당에 입학한 이승만도 훗날 "내가 배재학당에 가기로 한 것은 영어를 배우려는 큰 야심 때문이었고, 그래서 나는 영어를 열심히 공부했다"고 회고했다.

개화기의 대표적인 영어 천재는 윤치호로 알려져 있지만, 이승만의 영어 능력도 만만치 않았던 것 같다. 그는 영어를 공부한 지 6개월 만에 배재학당의 신입생 반을 맡아 영어를 가르칠 정도로 급성장했다. 이승만은 입학한 지 2년 반 남짓한 때인 1897년 7월에 배재학당을 졸업했는데, 그는 각국 외교관들까지 참석한 졸업식 행사의 일환으로 '조선의 독립'이란 제목으로 영어 연설을 해 명성을 떨쳤다.

이후 이승만은 미국 유학을 떠나, 조지 워싱턴 대학 학사, 하버드 대학 석사, 프린스턴 대학 박사학위를 따냈다. 제2차 세계대전 후 미국이 세계 최강대국으로 부상한데다 한반도 문제에 소련과 더불어 결정권을 가지면서 이승만의 영어 실력, 미국 학력, 미국 인맥은 그 누구도 넘보기 어려운 독보적인 정치적 자산이 되었다.

해방과 함께 남한에 진주한 미군은 영어를 공용어로 사용한다는 포고령 1호를 발표함으로써 영어능력이 권력의 원천이 될 것임을 예고하였다. 해방정국에서 가장 먼저 나온 신문은 국문신문이 아닌 영어신문이었으며, 좌익계열 신문인 조선인민보의 창간호(9월 8일)마저 1면에 영어로 '연합군 환영'이라는 톱기사를 실었다는 게 그걸 잘 말해주었다.

미군정 치하에선 영어를 할 수 있는 통역관들이 막강한 권력을 휘두르는 이른바 '통역정치'가 판을 쳤다. 그런데 영어 통역을 할 수 있을 정도의 실력을 갖춘 이는 거의 모두 일제시대 때 해외유학을 했거나 국내에서 고등교육을 받은 대지주 집안 출신으로 해방 전엔 친일, 해방 후엔 친미 노선을 취한 사람들이었다. 해방정국의 정치가 왜곡된 주요 이유 중의 하나다.

한국군대 창설의 최대 문제 가운데 하나도 영어였다. 미군과의 소통이 가장 중요했기에 미군정은 1945년 12월 5일 군사영어학교를 만들었다. 이 군사영어학교 출신이 한국군을 좌지우지하게 된다.

영어 능력은 개인적 벼락출세를 가능케 한 유일한 길이기도 했다. 일부 통역관들은 일본인이 남기고 간 적산가옥(敵産家屋)을 차지하고 온갖 특혜를 챙기거나 중개하는 역할을 했다. 조선일보 1948년 8월 12일자에 실린 「악질통역, 건국을 좀먹는 악(惡)의 군상」이라는 제목의 기사는 "밤이 되면 이 집 저 집으로 지프를 몰고 돌아다니며 뚜쟁이 노릇하기에 분주하여 양쪽에서 몇 푼 안되는 푼돈이나 얻어먹는 추잡한 통역부터, 호가호세(狐假虎勢)하여 진주군의 권한을 최대한대로 악용하고 사복을 채우는 통역에 이르기까지" 다양한 비리 유형을 소개하였다.

그렇게 영어 능력이 우대받는 해방정국에서 최초의 베스트셀러는 영한사전이었다. 많은 청소년과 젊은이들이 "그 영어사전 속에 밝은 미래가 있는 것처럼 느끼면서 보물처럼 소중하게 간직하곤 했다"는 게 한결같은 증언이다.

대한민국 초대 대통령이 된 이승만은 영어를 잘하는 사람을 우대했다. 이기붕은 미국 유학생 출신으로 미군정 통역을 하다가 이승만의 비서가 되어 그의 후계자 위치에까지 오르게 되었다. 영국 배를 타던 마도로스였던 신성모도 뛰어난 영어 실력으로 이승만의 사랑을 받아 국방장관에 올랐다.

6·25 전쟁을 겪으면서 한국인은 영어와 미국의 위대함을 온몸으로 느꼈다. 전쟁 중인 1952년에 나온 '샌프란시스코'라는 가요는 "뷔너스 동상을 얼싸안고 소근대는 별 그림자/금문교 푸른 물에 찰랑대며 춤춘다/불러라 샌프란시스코야 태평양 로맨스야/나는야 꿈을 꾸는 나는야

꿈을 꾸는 아메리칸 아가씨"라고 노래했다.

개신교 교회는 그런 이상향의 언어인 영어를 배우고 실제로 그 이상향에 유학을 갈 수 있는 주요 통로였다. 당시 "YMCA란 영어수학강습회를 하는 곳이다"라는 말이 널리 퍼질 정도로 영어강습에 주력하였는데, 1950년대 말까지 약 20만 명이 YMCA의 영어강습회를 수강했다. 그렇게 영어를 익히면서 선교사나 미션계 학교를 배경으로 하면 미국유학 가기도 쉽고 미국에 가서도 큰 도움을 받을 수 있었다. 그래서 "근자에는 미국 가기 위하여 교회를 이용하려는 사람이 많다"는 말까지 나올 정도였다.

이승만만 영어를 잘하는 사람을 우대한 건 아니었다. 세상이 그랬다. 야당 인사들도 마찬가지였다. 이승만 시절은 물론 그 이후에도 장면, 조병옥, 윤보선, 장준하 등의 경우처럼 정치적 거물들은 모두 영어에 능통한 인물들이었다. 5·16 쿠데타 당시 육군참모총장이었던 장도영도 비록 박정희와의 권력투쟁에서 패배했지만 한국군 장성 중에선 영어가 가장 능통한 인물이었다.

경제개발기의 수출지상주의, 김영삼 정권 들어 외쳐진 세계화는 영어의 현실적 가치를 더욱 크게 만들었다. 1995년 2월 23일 정부는 1997학년도부터 초등학교 3~6학년생에게도 영어를 주당 2시간씩 정규교과목으로 가르치기로 했다고 발표했다. 이후 어린이 영어학원이 급증하는 등 1996년 전국 방방곡곡에서 치열한 '영어 전쟁'이 벌어지기 시작했다.

그런 현실에 자극받은 작가 복거일은 1996년 11월 영어를 배우는 데 들어가는 엄청난 비용을 생각하면 그 투자의 효율을 높이는 첩경이 영어의 공용어화라는 주장을 들고 나왔다. 복거일이 1998년 6월『국제어 시대의 민족어』(문학과지성사)라는 책을 내면서 영어의 공용어화를 둘러싼 뜨거운 논쟁이 벌어졌지만, 2000년대 들어 한국사회는 더욱 뜨거운 '영어 광풍(狂風)'에 휩싸이게 되었다. 이는 모두 다 알고 있는 것이기에, 이제 곧장 오늘의 이야기로 들어가자.

2007년 6월 23일 밤 서울방송(SBS)의 〈그것이 알고 싶다〉는 영어 광풍을 다뤘다. 이 프로그램의 메시지는 전 국민이 다 영어 광풍에 휩쓸릴 필요는 없으며, 영어가 필요한 업종에 종사하는 사람들만 영어를 잘하면 된다는 것으로 압축할 수 있겠다. 맞긴 맞는 말인데, 설득력이 떨어진다. 왜 그런가?

지난 4월 국내 영문학자들이『영어, 내 마음의 식민주의』(당대, 2007)라는 책을 냈다. 영어 광풍에 대한 비판적인 시각을 담고 있는 책으로 〈그것이 알고 싶다〉의 메시지와 통한다. 소중한 작업으로 높이 평가할 만하다. 그런데 아쉬움이 있다. 언론은 이 책을 소개하면서 우리나라에서 가장 영어를 잘하고, 잘 아는 사람들인 영문학자들이 한 이야기라 귀 담아 들을 가치가 있다고 했지만, 내가 보기엔 바로 그 점이 설득력을 떨어뜨린다.

무슨 말인가? 나도 '광풍'이라는 말을 쓰긴 했지만, 나는 그 광풍이 매우 합리적인 행위라고 본다. 광풍을 비판하는 사람들은 영어를 아주 잘하는 사람들이거나 좋은 학벌을 갖춰 이미 사회적으로 성공한 사람들이다.

꼼꼼하게 살펴보자. 한국에선 애초부터 영어공부의 주목적은 실용성이 아니다. 내부경쟁용이다. 자녀를 영어권 국가에 유학이나 어학연수를 보낸 부모들은 그 점을 잘 알고 있다. 한국에서 좋은 위치를 차지하기 위한 수단으로 영어를 공부시키는 것이다. 한국 영어공부 120년의 역사가 웅변해주는 것도 바로 그 점이다. 영어공부는 일종의 권력투쟁이다. 자신은 좋은 대학에 들어가기 위해 영어 광풍에 휩쓸려 놓고선 이제 대학을 졸업했다는 이유로 영어 광풍을 비판하는 건, 말이 안될 건 없지만 어째 좀 허전하다.

똑같은 대학, 똑같은 학과를 나와도 영어가 우열을 결정한다. 2006년 3월 한국일보 기획취재팀이 서울대 경영학과 86학번 졸업생 51명을 조사한 결과, '영어 실력이 우수하다'고 응답한 그룹의 평균 연봉(1억 600만 원)은 '중간 혹은 그 이하'라고 답한 그룹(7,000만 원)보다 3,000만 원 이상 많았다. 이는 한국사회 전반에 통용되는 일반적인 법칙이다.

그래서 계속 영어 광풍에 휩쓸리면서 그 광기를 키우자는 건가? 그게 아니다. 영어 광풍 자체를 비판하는 것으로 그칠 게 아니라 한 걸음 더 나아간 대안을 모색해보자는 뜻이다. 한 네티즌의 반문처럼 〈그것이 알고 싶다〉의 "PD나 박상원 씨도 자녀에게 그런 교육을 가르치고 있지 않습니까?"라는 물음을 의제로 삼아야 한다는 뜻이다. 또 다른 네티즌의 감상문을 보자.

"영어 무지하게 씹어대는 글 몇 개 썼지만, 사실 나도 영어공부를 하는 놈 중에 하나로서 내 자신이 모순일세 그려. 한국사회가 날 이렇게 만들었지. 제발 대한민국, 나의 조국아. 힘 좀 키워서 미국 놈들이 한국어 배울 수밖에 없도록 해다오. 나이 처먹고 영어공부하려니까 머리가 안 따라간다. 요즘은 두통까지 생겼잖아."

아니다. 대한민국이 아무리 힘을 키워도 지금과 같은 방식의 내부경쟁이 살아있는 한 우리는 또 다른 광풍을 만들어낼 수밖에 없게 돼 있다. 한 네티즌이 날카롭게 지적했듯이, 우리의 현주소는 "당신 영어 잘하니까 해외 쪽으로 일하는 곳에 특별 채용하겠소"가 아니라 "영어도 한마디 못해? 이거 저질이구만. 나가"라는 식이다. 즉, 문제의 핵심은 '내 마음의 식민주의'가 아니라는 것이다. '내 마음의 식민주의'가 전혀 없다는 건 아니지만, 누구 못지않게 '식민주의'를 혐오하고 증오하는 사람일지라도 기존 시스템하에선 그런 식민주의의 선봉이 될 수밖에 없는 현실에 더 주목해보자는 것이다.

영어 광풍은 우리 '대학 입시 전쟁'의 정확한 반영이다. 한 번 딴 간판이 평생의 경쟁력을 결정하는 상황에서 간판 쟁취를 위해 미쳐 돌아가는 건 매우 합리적이다. 영어 광풍은 그런 합리성의 부분일 뿐이다. 대학 입시 문제를 끌고 들어가면 문제의 덩치를 더 키우는 게 아니냐는 반론이 가능하겠지만, 그게 진실인 걸 어이하랴.

사실 정작 흥미로운 현상은 우리의 대학 입시 광풍을 약화시킬 수 있는 방안에 대한 최소한의 국민적 합의조차 마련돼 있지 않다는 사실이다. 기껏해야 본질과는 아무런 관련이 없는 내신 문제를 둘러싸고 대통령까지 나서서 치열한 싸움을 벌이고 있는 수준이다. 왜 그럴까? 당신은 이 물음에 대한 답을 알고 있는가?

우리는 한국사회와 관련하여 '쏠림' '소용돌이' '1극 구조'라는 말을 즐겨 쓰지만, 그 원리를 자신의 일상적 삶을 이해하는 데에 적용할 정도로 잘 알고 있는 것 같지는 않다. 그래서 지난 2002년 '월드컵 현상'과 현재의 '영어 광풍'은 정확히 같은 현상이라는 걸 이해하지 못한다. 좋건 나쁘건 우리는 1극으로 쏠려 소용돌이를 일으키는 사회문화적 구조와 습속을 갖고 있는 국민이라는 점을 먼저 이해할 필요가 있다는 뜻이다.

우리는 자주 서구적 기준으로 그런 특성에 비판을 퍼붓지만, 그게 바로 한국이 세계에서 가장 빠른 경제성장을 이룬 이유이기도 했다는 걸 인정해야 한다. 그런 인정이 문제 해결의 올바른 출발점이기 때문이다. 동전의 양면 가운데 어느 한 면이 싫다고 그것만 없앨 수는 없는 일이다.

광풍은 한국적 삶의 본질이다. 이른바 '다이내믹 코리아'라는 말이 정확히 무슨 뜻인지는 모르겠지만 그걸 좋은 의미로 쓰는 말이라면 바로 그것의 옆얼굴인 셈이다. 광풍을 사랑할 필요는 없지만, 혐오할 필요도 없다. 우리가 혐오해야 할 건 '승자 독식주의'다. 쏠림, 소용돌이, 1극 구조를 이용해 취하는 이득은 부당 이득이기 때문이다.

우리에게 필요한 건 승자 독식주의를 저지하기 위한 방안들을 차분하게 하나씩 실천해나가는 일이다. 특히 개혁이라는 미명을 앞세워 승자 독식주의를 정당화하는 걸 경계해야 한다. 이젠 '위에서 아래로'와 '큰 것에서 작은 것으로'를 외쳐온 연역적 개혁의 한계를 인정하고 '아래에서 위로'와 '작은 것에서 큰 것으로'를 실천하는 귀납적 개혁을 병행해야 할 때다. 각종 자발적 시민결사체들이 거대 담론과 정치에만 집중한 나머지 각 분야에서 얼마든지 통제할 수도 있었던 '영어 광풍'을 키우는 데에 일조했던 건 아닌지 성찰할 필요가 있다.

—『한겨레 21』, 2007년 7월 14일자.

지방은 한국의 미래다

1966년 전북 인구는 252만 명, 남한인구는 2,900만 명이었다. 그간 인구 증가율을 따지면 오늘날 전북 인구는 417만 명이 되어야 한다. 그러나 전북 인구는 180만 명대가 무너졌으며, 지금도 매일 60명이 전북을 떠나고 있다. 이런 추세에 근거해 최근 통계청은 2020년 전북 인구를 149만 7,000여 명으로 예측했다.

이게 전북의 미래요, 지방의 미래다. 전북의 참담한 현실은 단지 지방의 미래일 뿐인가? 아니다. 한국의 미래다. 그 미래는 승자 독식주의, 약육강식, 쏠림, 소용돌이에 의해 지배되고 그걸 숭배하는 세상이다. "억울하면 서울로 와"라고 퉁명스럽게 내뱉는 사람도 "억울하면 강남으로 와"라는 말을 들을 수 있다. 강남엔 억울한 사람이 없겠는가? 그 무엇이건 "억울하면 너 스스로 해결하라"가 시대정신이 되어도 좋은 걸까?

이런 현실에 대해 누구를 탓해야 하는가? 누구를 탓하건 '남 탓'을 하는 발상으론 답이 나오지 않는다는 게 이젠 분명해졌다. 우리는 문제의 원인을 밖에서 찾는 데에 너무 익숙해졌다. 아니 관심마저 밖을 향하고 있다. 모든 지방이 다 그런 건 아니지만 일부 지방민은 연고 관계를 제외하곤 자기 지역을 잘 모른다. 중앙미디어가 지방민들의 시간과 관심을 독점해버리기 때문이다.

대선 후보들에게 제안한다. 지방 다니면서 지킬 뜻도 능력도 없는 공약(公約) 남발하지 마시고, 언로(言路) 구조조정부터 약속해 달라. 우선 KBS 두 채널 중 하나를 지방의 지역연합 채널로 만들자. 이런 말하면 대뜸 나오는 이야기가 "그걸 누가 시청하겠느냐?"다. 그러나 이런 반론엔 함정이 있다. 시청률 높은 중앙 프로그램의 1회당 진행자 출연료가 얼마인가? 1,000만 원이다. 웬만한 지방 프로그램은 1회당 전체 제작비가 수십만 원에서 수백만 원이라는 사실을 아는가? 제작비를 감안하지 않은 채 "지방방송은 재미없다"고 말하는 건 불공정하다.

지방이 한국의 미래라 함은 지방에서 한국의 비전을 찾을 수 있다는 말이기도 하다. 모든 이들이 우려하는 신자유주의 체제하의 치열한 생존경쟁은 '중앙의 논리'이지 '지방의 논리'가 아니다. 지방은 원래부터 촌스러워 영악하거나 극악한 삶의 방식과는 거리가 멀다. 자, 이제 그간 폄하했던 촌스러움이 새로운 삶의 양식으로 존중받아야 할 때가 되지 않았는가?

우리는 그간 지역주의에 대해서도 중앙중심적 해석을 해왔다는 걸 성찰할 필요가 있다. 지역주의 투표 성향의 상당 부분은 지방민이 지방을 잘 모르기 때문에 나타난 결과다. 자녀교육에서부터 재테크에 이르기까지 남들에게 뒤처지고 싶어 하지 않는 지방민들이 주목하는 대상이 다 중앙에 몰려있는 있는 상황에서 지방을 알아야 할 이유가 없는 셈이다.

오랜 세월 지역에서 헌신적으로 시민운동을 해온 사람들이 있다. 지역 대학생들에게 물어보라. 그들은 지역 시민운동가의 이름을 알지 못한다. 그들이 아는 건 중앙의 시민운동가다. 지역에서 시민운동가로 아무리 훌륭한 업적을 쌓았다 해도 중앙정치에 줄서기를 하지 않으면 시의원 선거에 출마해 당선된다는 건 거의 불가능한 일이다. 아무도 모르기 때문이다.

이런 현실을 방치하거나 악화시키면서 정부에게 지역균형발전을 기대해온 과거를 반성해야 한다. 물론 그 반성은 지방의 몫이다. 정부와 중앙 탓을 하기 위해서라도 우선 '내 탓'부터 해야 한다. '남 탓'의 가장 큰 비극은 그것이 아무리 타당하다 해도 자기성찰을 원천봉쇄한다는 데에 있다. 왕성한 자기성찰을 위해서라도 지방언론부터 키워야 한다. 이 글을 쓰는 나부터 치열하게 성찰하면서 지방언론의 발전을 위해 헌신하겠다는 걸 약속드린다. 지방은 한국의 미래이기 때문이다.

—한국일보, 2007년 7월 4일자.

'지도자 민주주의'는 숙명인가?

대안 저널리즘?!

대학 입시 내신 문제를 둘러싸고 교육부와 일부 대학들 사이에 벌어지고 있는 싸움을 지켜보면서 새삼스럽게 '우리 언론, 이대로 좋은가?'라는 문제의식을 갖게 되었다. 물론 언론이 직접적으로 잘못한 건 없다. 잘못이 있다면 그건 교육부와 대학들에게 있다. 무슨 잘못인가? 양쪽 모두 답이 아닌 걸 답이라고 우기는 잘못이다.

언론은 교육부와 대학들 사이에서 벌어지는 싸움의 중계 보도에 열을 올리고 있다. 사설과 칼럼은 어떤가? 보수언론은 노골적으로 대학 편을 들고, 진보언론은 교육부 쪽에 가까운 입장을 취하고 있다. 교육은 이념적 문제일 수 있으므로 그런 차이는 당연하게 볼 수도 있겠지만, 지금 우리 형편이 그런 여유를 부려도 되는지 모르겠다.

언론의 중계 보도는 모든 정치사회적 갈등에 적용되는 기본 틀이다. 그건 언론의 정당한 권리이자 의무이기에 그것 자체를 문제 삼을 수는 없다. 그런데 그 틀은 100년 묵은 것이다. 날로 사회적 복잡성이 더해가고 정보의 전파성과 그에 따른 소용돌이 효과가 심화돼가는 상황에서 중계 보도의 정당성만을 외치는 건 언론의 가치를 스스로 훼손함으로써 자멸을 초래하는 건 아닐까?

기존 틀과 관행을 의심해보자. 이른바 '대안 저널리즘'의 가능성을 모색해보자. 일반적으로 대안 저널리즘은 기성 저널리즘에 대한 대안으로 추진되는 새로운 저널리즘을 뜻하지만, 지금 여기서 말하는 건 그런 의미는 아니다. 기성 언론이라도 사회적 갈등을 중계 보도하는 데에 머무르지 말고 적극적으로 갈등 해소를 위한 대안을 모색하는 보도를 해보자는 뜻에서 쓰는 말이다.

언론의 중계 보도는 본의 아니게 갈등을 확대재생산하는 결과를 초래하고 있다. 차분하게 중계를 하는 것도 아니다. 방송뉴스의 경우 배경 음악까지 깔면서 긴장을 고조시키는 음성과 어법으로 갈등을 부풀려 중계하고 있으며, 다른 매체들도 기본적으로 그런 자세를 취하고 있다. 시장에서 생존하고 성장하기 위해선 그런 보도 기법이 불가피한 점도 있겠지만, 본말의 전도는 곤란하며 과연 모든 언론이 다 그래야만 하는지도 의문이다.

언론이 대안 저널리즘의 가치를 몰라서 안하는 건 아니다. 기존 취재 시스템은 대안 저널리즘을 실현할 수 없게끔 짜여 있으며, 그걸 개별 언론사 차원에서 바꾸는 건 위험부담이 너무 크다. 그래서 대안 저널리즘을 원해도 실행할 수 없는 것이다.

신문의 경우 발행부수 기준으로 상위권에 속하는 신문들이 새로운 변화를 시도할 가능성은 낮다. 과감한 혁신은 현재는 물론 앞으로도 상위권에 속할 가능성이 낮은 신문에서 나와야 한다. 그런데 지금 우리 언론엔 이런 혁신정신이 없다. 안전제일주의에만 집착한 가운데, 이른바 '사즉생(死卽生)'의 정신이 없는 것이다. '사즉생'을 실천하지 않는다고 비판할 순 없으니, 그저 답답할 따름이다.

언론이 대안 저널리즘을 실행하는 건 사회문제에 대한 '해결사' 노릇을 자임하는 것으로, 언론의 본분에서 벗어나는 일이라는 반론이 있을 수 있지만, 그건 언론이 갈등을 악화시키는 현실에 비추어 너무 사치스러운 우려다. 초당파성을 발휘할 수 있는, 민생과 직결된 의제들에 한해 언론이 대안을 모색하는 노력을 기울이는 건 시대적 요청으로 보아야 한다.

홀로 외롭게 대안을 모색하는 시스템을 갖춰나가다 보면 초기엔 어려움에 빠질 수도 있겠다. 그렇지만 궁극적으론 다른 언론사들이 따라오기 어려운 경쟁력을 갖춰 '싱크탱크'로서 다른 지식산업으로 진출하는 등 사업다각화를 꾀할 수도 있다. 위험부담이 두려워 죽더라도 천천히 죽겠다는 건가? 결단을 내려야 할 때다.

—한국일보, 2007년 6월 27일자.

정치의 복수,
피할 길은 없나?

대선 후보들의 정책을 따져보자고 한다. 좋은 일이지만, 더 시급한 게 있다. 지도자가 잘못 나갈 경우 어떻게 견제하거나 통제할 수 있는가? 이게 가장 중요한 물음이 되어야 한다. 김영삼, 김대중 정권의 말기가 비참했던 것도 바로 이런 문제가 아니었던가. 그런데도 우리 사회는 그런 실패에서 아무런 교훈을 얻지 못했다.

한나라당의 내분이 실감나게 보여준 건 '줄서기'와 '줄 세우기'였다. 한나라당 집권 시 어떤 일이 벌어질지 뻔하다. 지도자의 오류를 통제할 수 있는 가능성이 없다. 이는 한나라당만의 문제도 아니고 역대 정권들만의 문제도 아니다. 한국정치의 문제다. 대통령제의 문제라고 볼 수도 있겠지만, 진짜 이유는 더욱 근원적인 것이다.

정치에 침을 뱉으면서 동시에 그 힘을 숭배하는 이중성을 잠시 접고 정치를 정직하게 바라보자. 아니 우리 자신부터 보자. 우리는 공정성에 대단히 취약하거나 서투른 사람들이다. '호감'과 '반감'이 공정성을 먹어버린다. 공정한 규칙은 모든 집단에 똑같이 적용되어야 한다. 이 진술에 반대할 사람은 없겠지만, 이걸 실천하는 사람은 드물다. 내가 지지하는 집단엔 관대한 반면, 내가 반대하는 집단엔 엄격하다. 이걸 '당파성'으로 착각하는 사람들이 많다.

공정성이 없거나 약하니, 사회적 갈등은 합리적 해소의 출구를 찾지 못한 채 늘 문자 그대로 이전투구로 갈 수밖에 없다. 이미 갈라진 편의 대세에 따라 자신의 의견을 조율하거나 바꾸는 사람들이 많으며, 이는 자기 편의 지도자를 맹목적으로 추종하는 걸로 나타난다. 똑같은 짓이라도 상대편이 하면 타도해야 할 반민주 작태지만, 우리 편이 하면 개혁을 위한 불가피성으로 이해된다.

이렇게 되면 오류를 시정할 수 있는 가능성이 원천봉쇄된다. 지도자의 비위를 맞추려는 아부꾼만 난무하게 된다. 아무리 같은 편이라도 아부를 지적해 비판할 수 있을 정도의 긴장이 그 집단 내에 있다면 그런 일이 일어나지 않겠지만, 대한민국 정치사상 그런 일은 거의 없었던 것 같다. 아부, 이거 의외로 심각하고 중요한 문제다. 한국정치의 급소라고 해도 과언이 아니다.

이승만은 대통령 재임시절 주변의 아부꾼들에 의해 '세기의 태양' '구국의 태양' '인류의 등대' '현대의 성자' 등으로 극찬되었다. 우리는 지금 그걸 보고 어이없어하며 웃을 수 있을 정도로 진보했다. 그러나 거기까지다. 우리는 '태양' '등대' '성자' 같은 언어 구사의 촌스러움에 대해 웃는 것이지, 아부 자체를 멀리 할 정도로 진보하진 않았다.

미국 언론인 리처드 스텐걸(Richard Stengel)은 『아부의 기술』(참솔, 2006)이라는 책에서 '아부의 정석'으로 "그럴듯하게 하라" "없는 곳에서 칭찬하라” “누구나 아는 사실은 칭찬하지 말라” “칭찬과 동시에 부탁하지 말라” “여러 사람에게 같은 칭찬을 되풀이하지 말라” “의견을 따르되 모든 의견에 무조건 동의하지 말라” 등을 들었다.

다 좋은 말이지만, 아부의 기술이 미국보다 더 발달한 한국에선 한 차원 더 높게 들어가야 성공할 수 있다. “없는 곳에서 칭찬하라”는 ‘기술’이 아니라 기본 조건이다. 인터넷 덕분에 이젠 아부가 주로 공론장에서 행해지게 되었기 때문이다. 따라서 과거에 비해 훨씬 더 정교한 이론과 실무가 필요하게 되었다. 한국에서 ‘아부의 정석’은 다음 10가지다.

첫째, 명분을 그럴듯하게 만들어라. 이건 그냥 “그럴듯하게 하라”는 말과 비슷한 것 같지만, 한 단계 더 높은 수준이다. 한국인은 명분에 약하다. 자신이 아부를 하지 않으면 안될 필연적인 이유를 반드시 거창한 명분과 연결시켜야 한다.

둘째, 신선하게 하라. 누구나 아는 사실을 칭찬하지 않는 걸로는 부족하다. 좀더 적극적인 자세로 독창성을 발휘해야 한다. 궤변이라도 파격적인 이설(異說)을 제시하는 아부가 평범한 아부보다 훨씬 더 큰 파괴력이 있다. 물론 그렇게 하기 위해선 열심히 머리를 굴려야 한다.

셋째, 모든 의견에 무조건 동의하라. “의견을 따르되 모든 의견에 무조건 동의하지 말라”는 한국에선 안 통한다. 아부꾼들 사이에도 경쟁이 있기 때문에 보스의 머릿속에서 독보적인 위치를 점하려면 무조건 동의하는 건 필수다.

넷째, 거대하고 흉악한 적(敵)을 창출하라. 보스에 대한 아부를 적에 대한 증오의 그늘에 가려지게 할 수 있는 동시에 다른 경쟁자들을 압도하는 위치를 선점할 수 있기 때문이다. 자신이 최일선에서 그 적과 싸우는 '투사' 이미지를 만들어낸다면 적어도 보스에 대한 아부로 인해 욕 먹을 일은 없다.

다섯째, 보스를 불쌍하게 보이도록 만들어라. 아주 훌륭한 분인데 그 진면목을 모르는 사람들이 너무 많아 안타깝다고 슬픈 표정을 지어라. 이건 아부 효과와 더불어 자신이 보스를 잘 아는 '실세'라는 효과를 내 일석이조(一石二鳥)다.

여섯째, 당당하게 호통치면서 아부하라. 이른바 적반하장(賊反荷杖) 수법이다. 보스를 미화하는 것에만 머무르지 말고 보스에 대한 비판을 박살내는 호전성도 보여야 한다는 뜻이다. 그러면 듣는 사람들은 너무 도 당당한 자세에 압도돼 그건 아부가 아니라 소신과 양심의 표현일 거 라고 믿게 된다.

일곱째, 자신이 아부로 얻은 걸 언제든 버릴 수 있다는 듯한 제스처를 취하라. 사람들은 아부꾼의 당당한 자세에 압도되다가도 어느 순간 아 부꾼이 아부로 큰 이익을 취했다는 사실에 주목하게 될지도 모르기 때 문이다. 이런 의심을 해체하기 위해 자신은 그 어떤 것에도 연연하지 않 는 '무소유' 정신의 화신인 양 쇼를 할 필요가 있다.

여덟째, 보스를 싸가지 없게 평가하는 쇼맨십을 발휘하라. 기질상 결 코 아부를 할 사람이 아니라는 걸 만천하에 과시할 필요가 있다는 뜻이 다. 그래야 아부의 효과도 높아진다. 물론 이 수법은 그런 정도는 암묵 적 이해를 해줄 수 있을 정도로 보스의 신뢰를 얻은 다음에 구사해야 한다.

아홉째, 자신도 괴롭다는 듯한 제스처를 취하라. 아무리 쇼를 잘해도 아부에 대한 비판자는 있기 마련이다. 그런 비판에 과장되게 반응하면서, 왜 자신의 진정성을 이리도 몰라주는지 안타깝고 서글프다고 징징 우는 소리를 하라. 역사가 알아줄지 모르겠다는 등 헛소리를 해대는 것 도 좋겠다.

열째, 자신에게도 아부하는 사람들을 키워라. 이는 아부의 힘을 증강 시키는 동시에 자신의 아부에 대한 비판을 원천봉쇄하는 효과를 낳는 다. 비판자들이 아부꾼에게 아부하는 사람들의 집단공격이 무서워 아 부꾼을 비판하는 걸 삼가게 된다는 것이다. 명심하라. 아부의 순간은 쓸 망정 그 열매는 달고 영원하다.

혹 이야기가 너무 심각해질까 봐 잠시 좀 웃자고 과장되게 이야기하 긴 했지만, 이상 말한 '아부의 정석'은 한국정치에 자기교정 능력이 없 는 이유를 시사해주기엔 족하다. 전 사회영역에 걸쳐 '보스 1극 권력집 중체제'를 자랑하는 한국에서 아부는 생존과 성장의 필수이며, 우리는 알게 모르게 그러한 아부에 면역돼 있다. 정치 분야에선 상대편 내부의 아부엔 혐오를 드러내지만, 우리 편 내부의 아부엔 열광한다.

왜 그런 정신상태가 가능한가? 무슨 선거건 선거판 현장을 수일간 체 험학습해보면 그 이유를 쉽게 알 수 있다. 정치는 고립돼 있는 '섬'과 같 다. 어깨띠를 두르고 시장을 돌아다녀보라. 악수를 자주 거절당하는 건 기본이고 등 뒤에서 욕하는 소리마저 쉽게 들을 수 있다.

유권자는 냉담하다 못해 살벌하고, 언론은 사사건건 흠만 잡아내 보 도하려고 발버둥친다. 경쟁자들은 온갖 인신공격에 흑색선전까지 마다 하지 않으니, 이쪽도 앉아서 당할 순 없어 같은 수법으로 맞받아쳐야 한 다. 사람 할 짓이 아니다. "선거에 출마한 적이 없다면 감히 인생을 논하 지 말라"는 명언은 바로 이런 사정에서 비롯된 것이다.

정말이지 후보들은 보기에 불쌍하다. 충성할 참모진 구성하랴, 선거 자금 마련하랴, 유권자들의 냉대에도 미소 지으랴……, 존경스럽다는 생각마저 든다. 그러나 후보들은 당선된 뒤에 유권자들에게 복수한다. 자신을 위해 충성한 사람들에게 '낙하산'을 태워주고, 돈 댄 사람들에게 들통 나지 않게 특혜주고, 자신을 괴롭게 했던 사람들에게 어떤 식으로건 보복한다. 이른바 '조폭 공동체 의식'이다. 이 의식을 공유한 사람들 사이에 '아부'란 단어는 아예 없다. 조직원이 보스에게 무조건 충성과 찬양을 바치는 건 아부가 아니라 그 공동체의 본질이다.

유권자들의 정치에 대한 무관심과 냉대는 정치의 '사유화' '이권화'를 불러올 수밖에 없다. 고위 공직은 개인적인 '코리언 드림'과 '가문의 영광'을 위해 쟁탈해야 할 이권이요 비즈니스가 된다. 물론 이는 줄서기와 지도자에 대한 '침묵의 카르텔'을 형성하는 이유가 된다.

"내가 이 자리를 차지하기 위해 어떤 고난을 겪고 희생을 했는지 알아?" 하는 마음이 정치의 '사유화' '이권화'를 불러오고, 이게 또 정치 혐오를 낳는 악순환을 초래한다. 한국정치는 복수혈전이다. 우리는 고위 공직자들에게 공복(公僕)이 될 걸 요구하지만, 우리 자신에게 과연 그런 요구를 할 자격이 있는지 성찰해야 한다.

특히 '바람 정치'가 문제다. 유권자들이 바람에 휩쓸리는 건 일시에 큰 변화를 가져올 수 있다는 점에서 좋은 점도 있지만 정치인들의 '평소 실력'의 가치를 무시한다는 점에서 장기적인 정치발전엔 치명적이다. 바람만 잘 타면, 바람이 부는 쪽으로 줄만 잘 서면, 길가다 금배지를 주울 수도 있는 풍토는 유권자들이 만든 것이지 정치인들이 만든 게 아니다. 유권자들이 그렇게 해놓고선 정치인들의 줄서기를 비판하는 건 앞뒤가 맞지 않는다.

유권자들이 그 어떤 바람에 휩쓸리더라도 정치인들의 평소 실력을 평가해 옥석(玉石) 구분을 해주는 정도의 성의를 보이면 모르겠는데, 그것마저 없다. 그러니 정치인들은 평소 '개판' 쳤더라도 바람과 줄만 잘 타면 살아남을 수 있을 뿐만 아니라 성공할 수도 있다. 사정이 그러하니 누가 줄서기를 두려워하겠는가? 정당을 장난감처럼 여겨 깨부수고 다시 만들고 또 깨부수고 다시 만드는 작태를 삼가야 할 이유가 무엇이란 말인가?

바람 정치의 좋은 점이라는 것도 반독재투쟁 시절에나 의미가 있었지만, 아직도 그 습속은 계속되고 있다. 반감을 토대로 삼은 '역 바람 정치'도 바람 정치의 일종이다. 이는 본질적으로 지도자 추종주의다. 지도자 추종주의가 계속되는 한, 지도자가 잘못 나갈 경우 견제하거나 통제할 수 있는 길이 없다. 한국정치가 '기대와 환멸'의 사이클을 반복하고 있다는 진단은 바로 지도자 추종주의의 한계를 말해주는 것이기도 하다.

그럼에도 시민사회의 모든 담론은 정치인만 욕하고 유권자들의 성찰을 촉구하는 건 전무하다. 물론 유권자들이 그러는 건 역사와 구조의 그 어떤 틀에 갇혀있기 때문이겠지만, 그렇게 보자면 정치인들에겐 면책 사유가 없겠는가? 정치인 못지않게 유권자들도 성찰의 주체가 되어 마땅하다. 그렇게 하지 않으면, '정치의 복수'는 영원히 계속될 것이다.

역설 같지만, 발상의 전환도 해봄직하다. 많은 사람들이 정치에 냉소와 혐오를 보내는 이유는 정치가 국민을 위한 것이라는 교과서적 원리를 전제로 하기 때문이다. 그 전제를 믿지도 않으면서 왜 자꾸 연연해하는가?

반대로 정치란 원래 '국민 뜯어먹기'를 주업으로 삼는 고등 사기행위라는 걸 전제로 삼아보자. 개혁을 내세운 집단들도 반개혁 세력과의 대치국면을 조성해 '증오의 마케팅' 공세로 자기들이 누리는 기득권과 특권을 계속 독식하려는 사기꾼에 불과하며, 한국엔 여야(與野)가 아니라 '엘리트 대 비엘리트' 또는 '출세한 사람 대 출세하지 못한 사람'의 구도만 있을 뿐이라는 신념에서 출발하자는 것이다. 그런 자세를 가지면 한국정치에도 아름다운 사람과 장면이 많다는 데에 주목하면서 정치에 대해 좀더 긍정적인 생각을 갖게 되지 않을까?

좀더 현실적인 수준에서 대안을 모색해보자면, 정치 외풍으로부터 자유로운 '중립지대'를 늘려나가는 것이 필요하다. 각급 지도자의 인사·예산권의 상당 부분을 시민사회의 자율체제로 돌려 정치의 영향력을 줄여보자는 것이다. 물론 그로 인한 부작용이 있겠지만, 그건 한국 시민사회의 수준을 말해주는 것이니 인내를 갖고 하나씩 고쳐나가는 게 옳다. '정치의 복수'를 피해보고 싶은 마음에 상상의 날개를 마음껏 펴보긴 했지만, 어디까지 날 수 있을지 모르겠다.

—『한겨레 21』, 2007년 6월 26일자.

자기애적 성격장애

일반적으로 '나르시시즘'에 대한 평가는 부정적이지만, 이 험난한 세상을 살아가는 데에 어느 정도의 나르시시즘은 꼭 필요한 것 같다. 대부분의 사람들이 만족과 행복의 기준을 늘 남들과의 비교에서 찾는 풍토에 비추어 볼 때, 남들이 뭐라 하건 '자기 잘난 맛'에 사는 사람들이 훨씬 더 건강해 보이지 않는가.

사실 문제는 나르시시즘 그 자체에 있다기보다는, 나르시시즘을 가진 사람의 위치에 있다. 평범한 개인이 나르시시즘에 빠지는 것도 문제이긴 하지만, 진짜 문제는 공적 지위에 있는 사람들의 나르시시즘이다. 이건 사회적으로 큰 피해를 가져올 수 있다. 두 전문가의 의견을 들어보자.

독일 심리학자 베른하르트 그림(Bernhard A. Grimm)은 "자기애(自己愛)에 빠진 사람들은 주목받고 떠받들어지고 심지어 '신격화' 되기를 원한다. 그리고 이럴 때에만 스스로 살아 있다고 느낀다. 이런 사람들은 주변세계를 자신의 위성으로 만들어버린다. 주변세계는 자신을 중심으로만 돌아야 한다고 생각한다. 나 혼자만 존재하며 내가 우주 전체라고 생각하는, 그야말로 천상천하 유아독존의 유형이다"고 했다.

한국 정신과 전문의 정혜신은 "자기애적 성향의 사람은 '자아동조적(ego-syntonic)' 이어서 남들은 이상하다고 할 만한 언행에도 자신은 하등의 갈등이나 불편함을 느끼지 않는다. 그래서 늘 자신만만하다. 자기애적 성격장애의 치료법 중에 연극을 함께 하면서 환자로 하여금 주연이 아닌 조연의 역할에만 충실하게 하는 방법이 있다. 자기 속에 남을 위한 공간이 생기면서 비로소 자기를 객관화할 수 있는 능력이 생기기 때문이다"고 했다.

이런 진단에 자신의 주변 사람들을 생각하면서 "맞아, 맞아"를 외칠 사람들이 꽤 있을 것 같다. 어느 조직이나 집단에서건 꼭 '주연' 이 아니면 하지 않으려는 사람들이 있기 마련이다. 이 정도까지는 참을 수 있는데, 참을 수 없는 건 자신이 주연을 하지 못할 경우 갈등과 분란을 일으키면서 아예 판을 뒤엎으려는 경우다.

나르시시즘이나 자기애적 성격장애는 낮은 곳에서 자기희생적인 일을 할 때엔 보석처럼 빛나는 자질일 수 있다. 궂은일은 물론 위험한 일도 도맡아 주연이 되어 하겠다고 나서니 그 영웅적 자세에 경의를 표할 만하다. 문제는 이런 사람들 중 자신이 권력을 갖고 나서 다른 '모드'로 전환하는 데에 실패하는 이들이 많다는 데에 있다.

6월항쟁 스무 돌을 맞아 수많은 담론이 쏟아진 가운데 심리학자나 정신과 전문의의 견해가 나오지 않았다는 건 그런 점에서 매우 아쉬운 일이다. 6월항쟁이 '절반의 성공' 이자 '절반의 실패' 라면, 그 실패의 상당

부분은 거대담론과는 거리가 먼, 의식, 습속, 행태상의 실패라고 보는 게 옳다.

주연만을 찬양하고 조연을 폄하하는 풍토는 우리의 교육에까지 깊이 스며들어 있다. 언론의 보도 프레임도 '주연 중독증'에 빠져 있으며, 주연이 될 걸 부추기는 담론이 과도하게 미화되고 있다. 승리 지상주의가 대중의 일상적 삶까지 지배하고 있는 가운데 자기 객관화 능력이 떨어질수록 승리하고 출세하는 데에 유리하다. 사회적 약자는 주연들의 담론을 화려하게 만드는 소품으로 전락했으며, 성찰은 집단 차원의 자기애적 성격장애에 갇혀 씨가 마른 지 오래다. 자기애적 성격장애는 어느덧 우리 시대의 출세 비법이 된 건 아닐까.

—새전북신문, 2007년 6월 25일자.

책임윤리의 딜레마

남들은 하나도 갖기 어려운 직함을 여러 개 갖고 활약하는 사람들이 있다. 그들 중엔 탐욕에 중독된 사람들도 있겠지만 선의로 그러는 사람들도 많다. 일부 시민운동가나 지식인이 바로 그런 경우다.

시민운동에 대해 '시민 없는 시민운동'이라는 비판의 목소리가 높지만, 그건 시민운동 탓이라기보다는 한국 특유의 문화 때문일 가능성이 높다. 한국의 연고주의 문화와 종교 문화는 일반 시민이 시민운동에 참여할 수 있는 시간, 에너지, 돈의 3요소를 선점하고 있다. 그래서 시민사회의 각종 결사체는 명망가 위주로 구성될 수밖에 없고, 바로 여기서 서로 이름을 걸어주는 품앗이가 이루어진다.

좋은 뜻으로 하는 일이니 그 자체를 문제 삼는 건 부당할 수도 있다. 문제는 책임윤리다. 이름 대여가 관행으로 정착돼 있다 보니 자신의 이름에 대한 책임의식이 박약하다. 공적 조직에 비상임 위원으로 참여한 경우, 문어발 참여를 하는 유명 인사는 워낙 바빠 출석은 거의 하지 않는데도 밖으론 사회적으로 신망받는 유명 인사가 참여했다는 사실만 알려진다. 이러려면 차라리 이른바 '네임 밸류'가 좀 떨어지더라도 충실하게 참석할 수 있는 사람에게 기회를 주는 게 훨씬 좋을 텐데도, 문어발 참여 인사는 거기까지는 생각하지 않거나 못한다.

문어발 참여 인사에게 책임의식이 있다면 그건 주로 '쉬쉬'하는 데에만 발휘된다. 자신이 이름을 빌려준 어느 단체에 무슨 안 좋은 일이 생길 경우, 자신의 이름을 보호하기 위해 그 일을 공론화하는 걸 방해하는 선에서만 책임의식이 발동하는 것이다.

오랜 민주화투쟁이 우리에게 물려준 한 가지 습속은 책임윤리의 과소평가다. 민주화투쟁은 책임윤리가 필요 없는 운동이다. 물론 지나치게 과격한 투쟁을 선동해 일을 망쳤다면 책임윤리로부터 자유로울 순 없을 것이다. 투쟁의 지도자 그룹이 민주화투쟁의 성과를 팔아 출세를 한 뒤에 자신과 가문의 영광을 위하는 일에만 빠져 지낸다면, 이건 책임윤리를 넘어 지탄받아 마땅한 배신행위다. 그러나 이런 경우를 제외한다면, 민주화투쟁은 옳은 일이라서 하는 투쟁이기 때문에 결과에 대해 책임져야 할 일은 없다.

우리 시민사회의 각종 결사체는 아직도 그 전통을 고수하고 있다. 자신들이 볼 때에 옳은 일이니까 결과를 생각하지 말고 일단 저지르고 보자는 심리가 팽배해 있다. 정의로운 고발이야 그렇게 하는 게 당연하지만, 모든 일을 그런 식으로 하려는 게 문제다. 그런 습속으로 인해 시민의 신뢰가 크게 상실되었는데도, 그 심각성을 못 느끼는 것 같다.

사회를 실험실로 여기는 발상, 자신의 실험이 실패로 돌아가면 그 누군가의 음모 때문이라며 남 탓을 하는 기질, '결과'를 '의도'로 포장해

왜곡하고 자화자찬으로 자신을 위로하려는 습관 등은 이젠 버려야 할 구태다. 막강한 공적 책임을 진 지도자가 '일단 저지르고 보자' 심리에 빠지면 사회적으로 재앙이 될 수도 있다.

책임윤리가 약한 사람을 무작정 비난하려는 건 아니다. 정반대의 경우도 문제이기 때문에, 이 문제는 딜레마라고 보는 게 옳다. 자신의 이름에 대한 책임의식이 너무 강해 아예 사회참여를 하지 않으려는 사람들을 생각해보라. 이들은 자신의 몸 하나 돌보기도 힘겹다며 겸양인지 엄살인지 알기 어려운 자세를 보이며 자신의 사적 영역에만 갇혀 지내려 한다. 모두 다 이렇게 한다면, 어떤 일이 벌어질지 생각해보라. 아름답다고 박수칠 일만은 아니다.

정작 나서야 할 사람은 나서지 않고, 나서지 않으면 좋을 사람들은 열심히 나서는 현실도 바로 그런 딜레마를 말해준다. 정치가 영원한 딜레마인 이유도 바로 여기에 있다. 정치만 탓할 일은 아니다.

―한국일보, 2007년 6월 20일자.

'지도자 민주주의'는 숙명인가?

'인물 중심주의' 문화의 네 가지 배경

한국은 '정당 민주주의' 국가인가? '그렇다'라고 답하긴 해야겠는데, 대단히 쑥스럽다. 정당의 수명이 워낙 짧기 때문이다. 해방 이후 백 수십여 개의 정당이 명멸한 가운데 정당의 평균 수명이 3년이 되질 않는다. 우리는 그 원인과 책임을 정치인들의 탐욕에 돌리지만, 과연 그렇기만 한 것인지 진실을 직시할 필요가 있다.

2007년 2월 한국일보와 미디어리서치가 실시한 여론조사에 따르면, 한나라당 대선주자인 전 서울시장 이명박이나 전 대표 박근혜가 탈당해 신당을 만들어 독자 출마하더라도 지지자의 약 70퍼센트가 "계속 지지하겠다"고 답했다.[25] 2007년 5월 조선일보 조사에선 이명박 지지자의 61.6퍼센트, 박근혜 지지자의 64.2퍼센트가 '계속 지지'를 밝혔다.[26] 또 한나라당 싱크탱크인 여의도연구소가 2007년 4월 9일 실시한 여론조사에선 한나라당 지지자 가운데 71.2퍼센트가 당이 아닌 후보를 보고 투

표하겠다고 응답했다.[27]

이건 무얼 말하는가? 한국은 정당 민주주의 국가라기보다는 '지도자 민주주의' 국가라는 걸 의미한다. 왜 그럴까? 오랜 세월 동안 정당은 포장마차나 천막과 다를 바 없다는 걸 체험한 학습효과도 적잖이 작용했겠지만, 그보다는 한국인 특유의 '인물 중심주의' 문화가 더 큰 원인이 아닌가 싶다. 왜 인물 중심주의 문화를 갖게 되었을까? 네 가지 이유가 있다.

첫째, 고난과 시련의 역사로 인한 '영웅 대망론'이다. 망국 직전의 개화기 조선을 휩쓸던 영웅사관은 지금도 건재하다. 희망이 없는 상황에서 영웅이 모든 걸 돌파해주길 기대하는 심리다. 지금도 이승만·박정희를 영웅으로 만들지 못해 안달하는 사람들이 좀 많은가. UN 사무총장 반기문도 '세계 대통령'이라고 불러야 직성이 풀리는 사람들이 한국인이다.

둘째, 이념과 같은 추상보다는 사람에 더 잘 빠지는 체질과 더불어 한번 마음 주면 웬만해선 돌아서지 않는 정(情) 문화다. 자신의 감정을 투자한 것에 대한 집착, 고집, 오기도 대단히 강하다. 이걸 지조 있다고 칭찬하는 사람들도 많다. 내부고발자를 존경하기는커녕 오히려 탄압하는 한국사회의 후진성도 이런 특성과 무관치 않다.

셋째, 지도자의 강력한 리더십으로 모든 걸 빨리 해결하고 싶어 하는 '빨리빨리 문화'다. 제도와 법의 제 규정을 따라 일을 처리하는 건 느린 반면, 지도자의 직접 지시는 매우 빠르다. 재벌의 '황제 경영'은 비난의 대상이 되고 있긴 하지만, 총수가 유능할 경우 총수를 황제처럼 받드는 일사불란한 명령체계는 한국기업의 '속도 경영'을 가능케 해준 요인이기도 했다.

넷째, 조직·집단의 기득권 구조에 대한 강한 불신과 저항이다. 정당을 비롯한 주요 사회 제도·기관 등에 대한 국민적 불신은 세계에서 가장 높다. 지도자는 그런 기득권 구조의 일원일망정 민심을 따를 경우 기득권 구조를 해체할 수도 있는 강력한 권력과 더불어 유연성을 갖고 있다고 보는 게 한국인들의 생각이다.

정당의 '포장마차화'

정당의 '포장마차화'는 정치인들의 탐욕보다는 바로 그런 풍토에 더 큰 책임이 있다. 한나라당이 대선후보 경선 규칙 문제 때문에 한동안 분당 위기로 치달았던 것도 바로 인물 중심의 줄서기 때문이며, 이는 한국사회 전반에 널리 퍼져있는 문화가 아닌가.

한나라당은 아직도 언제 당이 깨질지 모르는 불안감에 떨고 있다. 그래서 이명박과 박근혜로부터 이른바 '경선 승복 각서'를 받아낼 계획이다. 이에 대해 조선일보는 "경선 불복은 우리 정당의 고질병이다. 이 걱정은 한나라당만의 문제도 아니다. 결국 정치인들의 상식과 양심과 도덕성으로 막을 수밖에 없는 일이다. 그리고 마지막 심판은 표라는 가장 강한 무기를 갖고 있는 국민의 몫이다"고 주장했다.[28]

정치인들의 '상식과 양심과 도덕성'? 조선일보답지 않은 발상이다. 자칭 '일등 신문'인 자신들에게도 그게 없다는 걸 잘 알면서 왜 정치인들에게 그게 있을 거라고 기대하는가? 마지막 심판은 국민의 몫? 말하지 않았는가. 국민은 '정당'보다는 '인물'을 사랑한다고.

이기호는 "그저 감정으로 뭉친, 친목계나 진배없는 정당들. 문제는 그 정당들로 인해 전국민이 친목계화 되어간다는 점이다"고 주장했다.[29] 한심한 정당들에 대한 분노엔 십분 공감하지만, 과연 정당의 친목계화가 전국민의 친목계화를 부르는 걸까? 혹 그 반대는 아닐까?

열린우리당의 사분오열 사태도 4년 전 정당 민주주의의 발전을 위해선 결코 용인해선 안될 민주당 분당을 당시에 지지한 사람들이 더 많았기 때문에 빚어진 결과다. 당시 개혁·진보적인 사람일수록 민주당 분당을 적극 지지했다. 참 희한한 일이었다. 이들은 남들 읽으라고 쓰는 글엔 예외 없이 정당 민주주의의 필요성과 가치를 역설하면서도, 자기 자신만큼은 정당의 포장마차화를 지지했으니 말이다. 열린우리당의 사분오열 사태는 그런 감정적이고 성급한 인물 중심주의의 부메랑인 셈이다.

교과서적 원리와는 달리 한국의 정당정치는 사실상의 인질정치다. 정당 중심의 투표를 하는 유권자들도 엄밀하게 말하면 정당을 지지한다기보다는 불공정과 편파를 자행할 힘이 있는 집단에 표를 주는 것이다. 즉, 정부 인사·예산권의 지배력이나 접근권에 반응을 보인다는 것이다. 그래서 대통령이나 힘 있는 몇몇 정치인만 움직이면 하루아침에 뚝딱 만들 수 있는 게 바로 정당이다. 새로운 정당을 만들 때마다 늘 명분은 화려했지만 거의 다 그 주동자가 대장 노릇 해보고 싶다는 권력투쟁의 산물이었다.

정당 민주주의의 '꽃'으로 여겨진 기간당원제도 유럽과는 판이하게 다른 한국의 인물 중심주의 문화와 참여 문화로 인해 성공하기 어렵다는 게 충분히 입증되었다. 한국의 참여문화는 철저하게 연고, 정실, 종교 위주다. 제한된 시간과 비용을 거의 전적으로 각종 동창회, 향우회, 동호인모임, 교회 등에 바치기 때문에, 정당을 생활영역으로 끌어들이는 일은 원초적으로 기대하기 어렵다는 것이다.

물론 그렇다고 해서 불가능하다는 뜻은 아니다. 과거 "정당으로 쳐들어가자"고 선동했던 내가 기대했던 건 자기 밥그릇이나 헤게모니를 쟁취하는 투쟁이 아니라 개혁압력을 가하자는 뜻이었는데, 자기 밥그릇에 미친 사람들의 탐욕 때문에 하나 마나 한 헛소리가 되고 말았다.

기간당원제의 '마니아 정치'

현 상황에서 기간당원제는 '마니아 정치'로 변질될 수밖에 없다. 이 문제를 최초로 지적한 이는 문화일보 정치부장 김재목이다. 2004년 9월 김재목은 열린우리당의 기간당원제는 '대중참여의 정치'를 명분으로 삼고 있지만, 결과적으로 '배제의 정치'를 가져올 수 있다고 주장했다. '열린 정당'의 명분이 현실적으로는 '닫힌 구조'로 기능할 수 있다는 것이다. 김재목은 기간당원의 대부분이 노사모, 과거 개혁당 지지그룹으로 인터넷 활동에 익숙한 도시형 마니아들이며, 누구든 당지도부나 공직후보에 나서려면 앞 다퉈 이들의 독특한 정치컬러에 자신의 정치운명을 맞춰가거나, 그게 싫으면 '지지 기간당원 늘리기'에 앞장서야 할 처지라고 우려했다. 자발적 지지당원 배가에 대한 기대보다는 '동원형 당원 늘리기'로 이어질 개연성이 훨씬 크다는 것이다.[30]

이 기간당원제 문제는 열린우리당 내분의 최대 요인이 되었다. 2005년 5월, 열린우리당에서 동원 당원의 문제에 대해 이른바 '개혁파'는 "기간당원 요건을 강화해 해결하자"는 입장인 반면, '실용파'는 "당원 가입 요건만 강화하면 더욱 '닫힌 우리당'이 된다"고 우려했다. 기간당원제가 정착될 경우 정치 신인들의 등장이 요원해지는 것도 문제로 지적되었다. 당 핵심 관계자는 "기간당원제는 현역 의원들에게 절대적으로 유리하다"며 "4년 동안 기간당원과 함께 하는 현역 의원과 정치 신인이 경선에 맞붙는 것은 어른과 아이의 싸움"이라고 비유했다.[31]

경향신문 2005년 8월 18일자는 "내년 5월 31일 실시될 지방선거를 앞두고 출마 예상자들 간에 벌써부터 당원확보 '전쟁'이 벌어지고 있다"며 "일부 지역에서는 출마 예상자가 9월말 전까지 자신을 지지해줄 당원을 확보하기 위해 매월 내는 당비를 대신 납부해주거나 모집책을 동원해 입당원서 1장에 5만~10만 원을 주고 당원을 끌어 모으는 과열현상이 벌어지고 있다"고 했다.[32]

바로 이런 짓 때문에 '열린우리당의 성지'라는 전북의 경우 전체 유권자의 10퍼센트 이상이 기간당원이 되는 희한한 일이 벌어졌다. 전북의 인구(191만여 명)는 전국민(4,830만여 명)의 4퍼센트가 안되는데, 열린우리당 기간당원은 전체(60만 명)의 20퍼센트나 차지하는 '믿거나 말거나' 사태가 벌어졌다.[33] 이에 대해 전북 참여자치 사무처장 김영기는 "무리한 당원모집 경쟁으로 정치발전에 역행하는 많은 문제점을 노출시켰고 도리어 꼭 없애야 할 학연, 혈연, 지연, 관권 동원을 강화하고 민주주의를 후퇴시키는 결과를 초래한 것"이라고 비판했다.[34]

열린우리당의 '대국민 사기극'

2005년 10·26 재선거 참패 이후 열린우리당에선 다시 기간당원제가 논란이 되었다. 11월 2일 열린우리당 의원 염동연은 SBS 라디오 프로그램에 출연해 "아무리 이상이 옳다고 해도 국민 수준과 상황에 맞춰가야 한다"며 기간당원제 폐지를 강력히 주장했다. 정책위원회의장 원혜영

도 "기간당원제의 취지는 순수하고 좋지만 공직선거 공천까지 기간당
원이 하는 것은 좀 문제가 있다"며 제도 보완의 필요성을 제기했다. 그
러나 이에 대해 유시민과 핵심 기간당원들은 "정치개혁의 상징인 기간
당원제를 훼손하려는 것은 정치개혁을 하지 말자는 주장과 같다"며 강
력 반발했다.

11월 2일 열린우리당의 한 관계자는 "최근 기간당원제 고수를 주장
하는 의원에게 '솔직히 55만 명 기간당원의 90퍼센트는 당비를 대납해
주고 모집한 당원 아니냐. 제도를 고쳐야 한다'고 말했더니 그가 정색하
면서 '아니다. 당비 대납 당원은 80퍼센트밖에 안된다'고 하더라"며 고
소(苦笑)를 지었다. 한 중진 의원은 "정치 개혁한다고 해놓고선 당비를
대신 내주며 가짜 당원이나 모으는 것이 참으로 구차한 것 아니냐. 말하
자면 대국민 사기극인 셈이다"고 개탄했다.[35]

열린우리당 광주시당의 경우 기간당원 입당원서(당비 납부 약정서)를
접수시킨 인원은 6만 9,000명이었으나 광주시당이 이들에게 전화를 걸
어 조사한 결과 20퍼센트 정도가 입당의사가 없었으며, 세 차례 전화를
걸었으나 연락이 되지 않은 20퍼센트는 '입당 보류' 조치를 취했고 10
퍼센트 정도는 "당비를 낼 의사가 없다"고 해 실제 기간당원으로 인정
된 당원은 3만 5,000여 명으로 집계됐다. 부산시당의 경우도 실사 결과
20퍼센트 정도가 자발적으로 입당하지 않은 것으로 나타났다.[36]

그런 '대국민 사기극'에 결국 검찰·경찰이 개입하는 비극적인 사태
까지 일어났다. 2005년 12월 28일 대전지검 공안부는 지방선거를 앞두
고 당원을 모집한 뒤 당비를 대납해준 혐의로 김모씨 등 열린우리당 소
속 재선시의원 입후보 예정자 2명과 당원 모집책 임모씨 등 3명을 구속

기소했다.[37]

2006년 1월 서울 봉천동의 노인 156명이 자신도 모르게 열린우리당원으로 가입됐고, 분기당 3만 6,000원이 지급되는 이들의 교통수당 통장에서 달마다 1,000~2,000원씩 몇 달째 당비로 빠져나간 사실이 뒤늦게 드러났다. 한겨레는 "벼룩의 간을 빼먹어도 유분수지 생활이 어려운 가난한 노인들의 돈을 몰래 '갈취' 한 행위는 파렴치함의 극치다"고 비난했다.[38]

문제가 된 열린우리당 서울 관악지역 관계자는 "고백하자면 당비 대납이 가장 싸게 먹힌다"며 "자기를 지지해줄 당원들을 관리하려면 술 사주고 밥 사주고 하는 데 1년에 1인당 5만~10만 원이 들지만 이름만 빌려서 내가 당비를 대납하면 2만 4,000원이면 끝"이라고 했다. 그는 "돈 안 드는 정치를 위한 기간당원제는 웃기는 소리"라고 했다.[39]

또 일부 지역에선 열린우리당이 일부 탈북자들의 통장에서도 당비를 빼내간 것으로 확인됐다. 탈북자 김춘애 씨는 "2,000원은 저들에게는 푼돈이겠지만 일가친척도 없는 탈북자들에게는 생명줄과 같다"며 "벼룩의 간을 빼먹지"라고 분통을 터뜨렸다.[40]

침 뱉더라도 알맞게 뱉자

김재목은 자신이 예고했던 '참사' 가 현실로 드러났다며, 기간당원제는 기간당원 기득권을 활용해보겠다는 셈법의 산물이거나, 과거에 주입해놓은 이상적 정당모델을 수정하지 않으려는 옹고집의 결과물일 수 있다고 했다.

"특히 노무현 대통령과 유시민 의원의 기간당원제 집착은 유명하다.

유 의원은 기간당원제의 비현실성을 지적하는 당내 많은 국회의원들을 비개혁적이라고 거침없이 몰아붙여왔고, 노 대통령은 '진성당원제=창당정신'이라고 못 박았다. 가짜 당원 논란이 불거진 최근에도 기간당원제의 비현실성 인정이나, 자신의 기존 주장에 대한 회의는 눈곱만큼도 찾아볼 수 없다. 정치개혁의 요체는 정당개혁이고, 정당개혁의 중심은 진성당원제라는 인식에 하등의 변화가 없어 보인다. 혹자는 기간당원제에 대한 노대통령의 신념은 '신앙'에 가깝다고 했다."[41]

경남대 교수 심지연은 당원 등록과 정기적인 당비 납부를 근간으로 한 대중정당은 산업화시대 노동자들이 자신의 권익을 옹호하기 위해 창안한 것으로 이념지향성이 매우 강하다며, 우리의 경우 산업화와 후기산업화가 동시에 진행되고 있는 실정이어서 노동의 이익이 단일했던 산업화시대의 정당모델을 그대로 따르는 것은 현실에 부합하지 않는다고 주장했다.[42]

기간당원제는 열린우리당이 망하기 일보 직전에서야 사라졌다. 2006년 11월 21일 열린우리당은 비상대책위 회의에서 기간당원제 폐지를 골자로 한 당헌·당규 개정안을 최종 확정했다. 기간당원제 지지자들은 '개혁의 파탄'이라고 비통해했지만, 일반 당원들은 순수했을망정 그걸 당내 헤게모니 투쟁으로 이용하려 했던 사람들은 결코 순수하지 않았다.

그간 성공적인 기간당원제를 운영해온 민주노동당도 기간당원제가 민노당의 발목을 잡을 수 있다는 점에 주목할 필요가 있다. 『한겨레 21』 2006년 3월 21일자는 "당원 중심의 정당이라는 장점이 오히려 대중과의 소통에는 소홀하게 하는 장애물로 작용하기도 했다"고 했는데,[43] 기간당원제는 그 정도가 아니라 앞으로 집권을 하는 데에 큰 걸림돌로 작용할 가능성이 높다.

박정희가 '한국적 민주주의'라는 말을 오염시킨 게 괘씸하고 원망스럽다. 유럽과는 판이하게 다른 한국적 상황에 맞는 정당 민주주의 모델이 있겠건만, 박정희가 그 말을 타락시킨 덕분에 연상작용으로 인해 유럽모델을 직수입하는 게 개혁인 양 생각하는 사람들이 많으니 이를 무슨 수로 넘어설 수 있겠는가. 역설이지만, 열린우리당의 기간당원제도 그것이 바탕에 인물 중심주의를 깔고 있었기에 실패를 자초한 셈이기도 하다.

어쩌겠는가. 다수 한국인이 인물 중심주의 습속을 고수하면서 정당 민주주의를 해보겠다는 걸 누가 말릴 수 있으랴. 행여 한국 민주주의 수준에 대해 자학은 하지 않는 게 좋을 것 같다. 한국정치는 우리의 얼굴이다. 침 뱉더라도 알맞게 뱉자.

지도자 민주주의가 나쁘기만 한 건 아니고 그 나름의 명암(明暗)이 있으니, 명(明)을 키우고 암(暗)을 줄이는 쪽으로 애를 쓰는 게 좋겠다. 과도한 정치혐오를 경계하는 차원에서라도 말이다. 언론부터 현 정치 보도, 논평의 기본 틀, 관행에 문제는 없는 것인지 점검해보고 대안을 모색하는 시도를 왕성하게 해보는 게 어떨까. 무엇보다도 지금과 같은 '정치투쟁 중계 보도' 관행을 보완해야 한다. "왜?"에 무게를 두는 분석·해설 기사가 더 많아져야 한다. 그러나 조중동의 패권이 지속, 강화되는 현실에선 그마저 기대하기 어려우니, 이 노릇을 어찌할꼬. 현 수준의 지도자 민주주의는 우리의 숙명인가?

—월간 『인물과 사상』, 2007년 7월호.

증오 마케팅,
이익은 누구에게?

유감스러운 사실이지만, 인류 역사를 이끌어온 정서 가운데 가장 큰 힘을 발휘한 건 증오였다. 물론 증오가 나쁜 것만은 아니다. 예컨대, 나라를 빼앗긴 채로 착취당하는 사람들이 지배자들에 대한 증오의 힘으로 떨쳐 일어나지 않으면 그 무엇으로 일어나랴. 우리 시대에 문제가 되는 건 '증오의 일상화'와 '증오의 상품화'다. '증오 마케팅'이라는 표현을 써도 무방할 만큼, 정치사회적 언행의 기본 동력을 증오로 삼는 게 너무도 자연스럽게 확산돼 있다는 점이다.

증오 마케팅에도 그 나름의 명분이 있을 수는 있다. 사회적 갈등에서 어느 한쪽이 자신들의 부당한 기득권을 유지하기 위해 수단과 방법을 가리지 않는다면, 반대쪽은 그쪽에 대한 증오를 바탕으로 세를 규합하는 수밖에 없을 것이다. 그러나 민주화 이후 그렇게 편을 갈라도 좋을 만큼 단순한 사안은 많지 않다. 그런 사안이 있더라도 어떤 선의적 행위의 '의도하지 않은 결과'까지 감안한다면, 증오를 동력으로 삼아도 좋을 만한 일은 더욱 줄어들 것이다.

증오 마케팅이 가장 문제가 되는 건 "과연 누구에게 이익이 돌아가는 가?" 하는 점이다. 증오는 주로 상층 엘리트 계급에서 발생한다. 제도적으로 이들은 제한된 몫을 놓고 경쟁을 해야 하는 처지에 놓여 있기 때문이다. 반면 서민층의 삶엔 증오가 끼어들 일이 거의 없다. 이들 역시 제한된 일자리를 놓고 경쟁은 하겠지만, 이들의 경쟁방식은 엘리트 계급의 승자 독식주의와는 크게 다르다.

엘리트 계급이 자기들의 이익을 다수의 이익인 양 포장하는 건 인류 역사 이래로 계속돼온 전통이지만, 이젠 엘리트 계급의 삶이 어떠한가 하는 걸 하나의 검증 지표로 삼을 필요가 있다. 이는 현대 정치학 교과서가 외면하고 있는 점이기에 새로운 감수성이 필요하다.

서민의 삶을 돌보겠다고 외치는 엘리트 집단이 꼭 서민처럼 살 필요는 없다. 우리는 서민의 삶이 어려워졌어도 그런 엘리트 집단이 높은 연봉에 재테크 솜씨까지 발휘해 재산을 잘 불리는 것에 대해 별 문제의식을 갖고 있지 않다. 그런데 이들이 서민의 이름을 팔아 증오 마케팅을 구사한다면 이건 다시 생각해볼 문제다.

정치 엘리트 집단의 일원이 되는 걸 개인적 출세와 가문의 영광을 위한 '코리안 드림'으로 여기는 기존 의식을 당연시하는 한, 그 어떤 제도와 법으로도 정치가 민생을 착취하는 걸 막을 수 없다는 점에 관심을 기울일 필요가 있다.

정치 엘리트 계급의 삶이 서민의 삶과 유리돼 있다는 것도 큰 문제다. 그들은 선거 때 몇 번 민생 현장을 방문하는 걸 제외하곤 늘 비슷한 계급과 그 이상의 계급만 접촉하며 살아간다. 이들은 자신들이 활동하는 영역에서 벌어지는 일에 과도한 의미를 부여하면서 경쟁세력에 대한 증오를 드러내기도 하지만, 민생 문제에 큰 정서적 에너지를 쏟지는 않는다.

증오를 부추기는 정치담론을 뜯어보라. 자기들끼리만의 싸움이다. 서민은 안중에도 없다. 서민을 생각하면 무릎 꿇고 빌어도 모자랄 판에 정적(政敵)에 대한 비교평가와 증오를 앞세워 자화자찬하는 일을 자주 저지르고 있다. 국민을 뜯어먹고 살더라도 자신들이 덜 뜯어먹는 집단이라는 걸 과시하는 것처럼 보인다.

이 본말 전도를 어떻게 바로잡을 것인가? 정치 엘리트 계급의 고립이 근본 문제다. 정치 엘리트 계급이 정기적으로 극빈층의 삶의 현장을 찾아 자원봉사하게끔 하는 법이라도 만들자. TV 카메라나 기자 없이, 1년에 몇 번씩 실제로 몸살이 날 정도로 일하게 만들자는 것이다. 혹 그게 말이 되냐고 반문하기 전에, 한국의 정치 엘리트 계급에게 가장 결여된 게 현실감각이라는 사실에 주목해보자. 그들이 정작 팔아야 할 건 증오가 아니라 자신의 피와 땀이다.

—한국일보, 2007년 6월 13일자.

7장

권위주의와 아집

주목 중독증

남들로부터 주목을 받는 걸 싫어할 사람이 있을까? 있긴 있겠지만, 그리 많진 않을 것이다. 그런데 대부분의 사람이 주목받는 걸 원한다 해도 그 열망의 정도가 같진 않다. 극소수겠지만, 유난히 주목에 집착하는 별난 사람들이 있다. 이들은 남들로부터 주목을 받지 못하면 삶의 의미와 보람을 못 느끼고 헛바늘이 돋는다. '주목 중독증'이라고 할 수 있다.

텔레비전엔 영 어울리지 않는 어떤 사람이 텔레비전에 자주 출연하는 걸 보고선 놀랍게 생각한 적이 있다. 자신이 설 자리가 아닌 것 같은데도 얼굴을 내밀곤 했다. 서울 교통도 불편할 텐데 귀찮지도 않나? 처음엔 그런 생각을 하면서 그 사람이 대단히 부지런하고 성실하다고 생각했다. 그 사람이 주목 중독증 환자라는 사실을 알게 된 건 한참 후의 일이다. 자신에게 주목하는 사람에겐 매우 겸손하지만, 자신의 그런 욕망 충족에 방해가 되는 사람에겐 몹쓸 짓을 하는 '두 얼굴'도 나중에서야 알았다.

아무런 근거 없이 주목 중독증에 빠지진 않는다. 주목 중독증 환자들은 적어도 비상한 능력이나 자질을 한 가지 이상은 갖고 있다. 설사 그런 게 없다 하더라도 남들의 주목을 받기 위해선 매우 호전적이고 전투적인 삶의 자세를 갖고 있을 테니 그게 바로 다른 사람들을 이길 수 있는 경쟁력이 된다. 게다가 이들은 평소 주목을 받기 위해 '죽기 아니면 살기' 식의 높은 위험부담을 감수하는 모험정신이나 도박근성으로 세상을 살아가기 때문에, 운만 좋다면 자신의 능력이나 그릇 이상으로 크게 이름을 얻을 수도 있다.

주목 중독증에 걸린 사람들은 무관심보다는 악명(惡名)이라도 얻고 싶어 한다. 주목 그 자체가 중요한 것이다. 그 어떤 악명을 얻건 자신으로 인해 세상이 떠들썩해졌다는 것에서 그 어떤 성취감마저 느낀다. 그들은 끊임없는 갈등과 분란을 일으키는 데 있어서 믿기지 않을 정도로 부지런하고 원기왕성하다. 그렇기 때문에 이런 사람의 언행에 대해 비판을 하는 건 아무런 도움이 안된다. 불길에 기름 붓는 꼴이다. 모른 척 내버려두는 게 상책이다.

주목 중독증에 걸린 사람은 상황에 대단히 민감하다. 상황에 따라 변한다고 해도 과언이 아니다. 자신에게 호의적인 상황에선 과감하다 못해 무모한 전투성까지 발휘하지만, 상황이 그렇지 못하면 주눅이 든 모습을 보이기도 한다. 자신을 우주의 중심으로 생각하기 때문에 일관성도 없다. 일관성이 있다면 그건 자신을 우주의 중심으로 여기는 일 정도다.

인터넷은 '주목투쟁의 대중화'를 몰고 왔다. 악플에서 UCC(User Created Contents, 사용자 생산 컨텐츠)에 이르기까지 모든 게 다 "날 좀 보소, 날 좀 보소"를 외치는 주목투쟁이다. 이는 개인이 익명으로 머무를 걸 강요당했던 과거에 비해 진보한 것이긴 하지만, 현재는 새로운 질서가 형성되는 과정이기 때문에 카타르시스 기능이 과도하게 발달돼 있다. 그렇기 때문에 합리적인 상식과 이성을 기대하기 어려운 면도 있다. 악명이라도 얻고 싶다는데 그걸 무슨 수로 말리랴.

주목투쟁의 부작용을 줄이기 위해서라도 모든 사람이 주목 중독증에 대한 이해를 높일 필요가 있다. 가볍게 웃거나 혀를 끌끌 차며 안타깝게 여기는 걸로 족한 문제에 심각하거나 분노한 표정으로 필요 이상의 에너지를 소비할 필요는 없기 때문이다. 아니 주목에 굶주려 발버둥치는 사람들에게 따뜻한 시선을 보내는 것도 좋겠다.

—새전북신문, 2007년 6월 11일자.

우리 시대의 개혁

보수신문들이 노무현 정권의 고위 인사들을 비판하는 단골 메뉴 가운데 하나가 바로 자식 교육 문제다. 자식들을 미국유학을 보냈거나 강남 사교육 파워를 동원해 명문대에 진학시킨 사람들이 비판의 도마 위에 오른다. 입만 열면 '수구 기득권 세력' 운운하는 비판을 해대면서 서민을 끔찍하게 생각하는 것처럼 구는데다 반미(反美) 제스처까지 쓰면서 자기 자식 교육만큼은 수구 기득권 세력도 꺼려할 공격성을 보이는 게 과연 앞뒤가 맞느냐는 질책이다.

이런 비판은 정당한가? 모르겠다. 한 가지 분명한 건 자식 교육 문제는 자식을 둔 아버지들의 사적 모임에서 주된 이슈이며, 돈 때문에 자식 교육을 그렇게 시키지 못한 아버지들은 보수신문들의 주장에 전폭적인 지지를 보낸다는 사실이다.

비단 고위 공직자들뿐만이 아니다. 각 분야에서 활동하는 사회 저명 인사들의 자식 교육도 주요 화제가 된다. 세상엔 개혁, 진보의 대표적

인물로 알려졌음에도 아내와 자녀를 미국으로 보낸 이들이 많다. "아니 그 사람도?" "야, 세상에 정말 믿을 놈 없네!" 누구도 '기러기아빠'라는 말이 나오기가 무섭게 이런 반응이 나온다.

물론 반론도 있긴 하다. '진보적 기러기아빠'가 무슨 문제가 되느냐는 반론이다. 웃자고 하는 이야긴지 아닌지 모르겠지만, 진정한 반미(反美)를 위해선 미국을 알아야 하기 때문에 자녀를 미국유학 보내는 건 진보파의 의무라는 주장도 제기되었다. "개수작 말라"는 반론이 뒤따르긴 했지만 말이다.

자식 교육 문제와 더불어 화제가 되는 건 일부 개혁, 진보 인사들의 재산 규모다. 돈 많은 사람들의 입장에서 보면 푼돈에 불과할지 몰라도 보통사람들의 처지에선 입이 딱 벌어지게 만드는 부자들이 많다. 돈이 그렇게 많은데도 개혁, 진보를 위해 애쓰는 걸 고맙게 생각해야 한다고 주장하는 이들도 있지만, 이제 이런 논리는 설득력을 잃은 것 같다. 개혁·진보파 부자들이 희소할 때 그렇게 생각할 수도 있었지만, 개혁·진보가 권력과 부를 증식시키는 주요 수단이 되었다고 해도 좋을 정도로 개혁·진보파 부자들이 많아졌기 때문이다.

우리 시대의 개혁, 진보란 과연 무엇인가? 혹 입신양명의 우연적 도구는 아니었을까? 노무현 대통령이 2004년 5월 연세대 특강에서 "끊임없이 도전했고, 매 시기 승부의 연속이었습니다. … 항상 약간의 열등감을 갖고 살았던 시골아이이여서 아마 성공에 대한 집착이 좀더 강했는지 모릅니다. 어쨌든 성공하려고 열심히 했습니다. … 저는 성공했다고 생각합니다. 성공한 대통령이 아니라도 만족합니다. 제 성공의 비결은 인생을 걸고 확실하게 전부를 투자하라는 겁니다"라고 말한 것에 그 답이 들어있는 건 아닐까?

승자 독식주의 체제하에서 민주파 정권의 10년 집권은 보수파에겐 더할 나위 없이 가혹한 시절이었을 게다. 춥고 배고픈 것에 익숙하지 못한 일부 보수파들은 각종 연고와 정실을 매개로 개혁, 진보의 외투를 빌려 입고 자신의 과거를 지우겠다는 듯 개혁, 진보의 돌격대 노릇을 하기도 했다. 아, 세상 바뀌면 어떻게 살아가려고 저렇게 무리를 하는 걸까? 그러나 불행 중 다행히도 한국사회는 변신과 기회주의에 너그러운 사회다. 이건 정말이지 한국사회가 자랑할 만한 똘레랑스다. 그러나 비용을 요구하는 똘레랑스다. 그건 바로 개혁, 진보에 대한 총체적 불신이다.

개혁과 진보를 출세와 인정투쟁의 도구로 삼는 이른바 '개혁 상업주의'가 노무현 시대에 이르러 꽃을 피운 동시에 그 수명을 다한 듯하다. 여권은 정계개편으로 또 한 번 집권해보려는 궁리를 하는 것 같은데, 이건 '공포 상업주의'라 부를 수 있겠다. '수구 꼴통'들의 집권에 대한 공포심을 부추겨 재미를 보려는 수법이라는 의미에서 말이다. 개혁은 일장춘몽, 출세는 영원하다.

—2007년 6월, 미발표.

권위주의와 아집

권위주의와 아집(我執)은 깊이 들어가면 꽤 복잡한 개념이지만, 우리의 일상적 삶에서 쓰는 수준의 용법은 국어사전의 정의로 족할 것 같다. 국어사전에 따르면, 권위주의는 사회 현상을 권위에 의하여 해결하려는 주의, 아집은 소아(小我)에 집착하여 자기만을 내세우는 것을 의미한다.

우리는 평소 "그 사람은 너무 권위주의적이야"라거나 "그 사람은 아집이 너무 강해"라는 말을 쓰곤 하지만, 둘의 차이에 대해선 둔감한 편이다. 이는 특히 리더십과 관련하여 매우 중요한 문제인데도 소홀히 다뤄지고 있다.

권위주의와 아집을 조합하면 네 가지 유형의 사람이 있다. ①권위주의와 아집이 모두 강한 사람, ②권위주의와 아집이 모두 약한 사람, ③권위주의는 강하지만 아집은 약한 사람, ④권위주의는 약하지만 아집은 강한 사람이 바로 그것이다.

이상적인 건 ②유형, 현실적인 건 ③유형이다. 리더십에 치명적인 건 권위주의라기보다는 아집이다. 권위주의 성향이 강하더라도 아집이 약한 리더는 자신의 권위만 존중되는 한 다른 사람들의 의견을 받아들이는 데에 열려 있다. 따라서 인재를 폭넓게 활용할 수 있고 효과적인 용인술을 발휘할 수 있다.

반면 권위주의 성향이 약하거나 없더라도 아집이 매우 강한 리더는 아랫사람들에게 더할 나위 없이 겸손할망정 그들에게 자신의 아집에 따라 줄을 설 걸 요구한다. 아집만큼은 불가침의 성역이 된다. 이런 리더의 탈권위주의 행태는 아집의 위험성을 은폐할 뿐만 아니라 아집을 외롭고 고독한 결단으로 미화하는 효과를 낳는다.

권력 없이 한 개인으로만 존재하는 사람의 아집은 그 내용에 따라 얼마든지 아름다울 수 있다. 그러나 권력자의 아집은 그렇지 않다. 아집은 같은 대의를 공유하더라도 방법론상의 차이를 갖고 있는 사람을 증오의 대상으로 삼는 독약이 될 수 있다. 아집은 자신이 길이요 진리라고 여기는 콤플렉스형 독선과 오만의 결정체이기 때문이다.

아집의 소유자가 차라리 강한 권위주의 성향을 갖고 있다면, 그의 아집은 권위주의로 비칠 것이기 때문에 누구나 그 문제점을 인식할 수 있다. 그러나 아집의 소유자가 탈권위주의의 화신이거나 그렇게 보이게끔 행세할 때엔 미증유(未曾有)의 사회적 분열과 갈등을 생산하는 비극을 초래할 수 있다. 아집의 소유자는 자신의 탈권위주의를 방패 삼아 자신이 옳다고 믿는 것엔 오류가 있을 수 없다는 자기 세뇌를 하며, 추종자들 역시 그런 세뇌에 동참하기 때문이다.

아집이 명분과 결합하면 폭력적이 되는 이유가 바로 여기에 있다. 물론 상징적 폭력이지만, 이 폭력에 대한 사람들의 감수성은 각자 다르다.

군사독재정권 시절의 물리적 폭력과 비교하여 그게 무슨 폭력이냐고 코웃음 치는 사람들이 있는가 하면, 어설픈 명분을 전유해 방법론상의 차이를 가진 사람을 거친 독설로 공격해대는 작태에 진절머리를 내는 사람들도 있다.

상징적 폭력에 대한 감수성은 이념이나 정치적 성향과는 무관하다. 새로운 성격의 갈등 요소가 나타났다고 보아야 한다. 흥미로운 동시에 비극적인 건 탈권위주의가 자신이 가진 권력을 인식하는 데에 결정적인 장애물로 작용한다는 사실이다. 그래서 권력자는 아집의 무인도에 갇힌 채 늘 '약자' 행세를 하고 '남 탓'을 하면서 자신이 무슨 폭력을 행사하고 있는지조차 깨닫지 못할 수도 있다.

우리는 독선과 오만을 권위주의와 연결시켜 생각하는 것에 너무 익숙하기 때문에, 아집에 의한 독선과 오만의 폐해를 제대로 실감하지 못하는 것 같다. 무분별하거나 정교하지 못한 탈권위주의 예찬론이 사태를 악화시킨 점도 있다. 아집의 상징적 폭력에 대한 감수성이 사회 갈등의 주요 변수로 떠올랐다는 걸 깨닫는 데엔 좀더 많은 시간이 필요한가 보다.

-2007년 6월, 미발표.

보이는 개혁이 필요하다

십수년 전 살아있는 곰의 배에서 쓸개즙을 빼내는 장면이 TV로 보도되었을 때, 이는 사회적으로 큰 충격을 안겨주었다. 분노의 목소리가 들끓었다. 그러나 그건 그 직전 신문에 크게 소개된 적이 있는 '유망 부업'이었다. 그 때엔 아무런 이의제기조차 없었는데, 왜 그렇게 갑자기 달라진 걸까?

글과 그림의 차이는 이렇게 크다. 살아있는 곰에서 쓸개즙을 계속 빼낸다는 말을 들어도 사람들은 놀라지 않는다. 기발한 아이디어라고 생각할 수도 있다. 그러나 그걸 생생한 그림으로 볼 때엔 달라진다. 인간의 잔인함에 전율마저 느끼게 된다.

이처럼 우리 시대를 지배하는 인지법은 '시각주의'다. 백문불여일견(百聞不如一見)은 오랜 역사를 자랑하지만, 디지털 혁명은 새로운 역사의 문을 열었다. 최근의 UCC 열풍이 말해주듯이 2000년대는 '보여주는 문화로의 전환'을 넘어서 완성단계에 접어든 시대다.

최근 시각주의에 대해 다시 한 번 생각하게 만든 사건이 있었다. 이른바 '이과수 혁신 세미나' 사건이다. 공기업과 공공기관 감사 21명이 주인공으로 출연한 이 사건에 대해 분노한 시민들이 많았다. 특히 TV에 자료화면으로 이과수 폭포의 웅장한 모습이 소개되었을 때 분노가 고조되었을 게다. 해외관광을 매우 사랑하는 한국인으로서 누군들 그곳에 가고 싶지 않았겠는가. 그런데 고위 공직자들이 국민 세금으로 '혁신 세미나'를 빙자해 그곳에 놀러갈 계획을 세웠다니 이 어찌 분노하지 않을 수 있으랴.

그런 심정이 이해가 간다. 그러나 이는 비교적 '사소한' 사건이다. 정작 분노해야 할 일은 그게 아니다. 공기업과 공공기관의 평소 실력이다. 임원들의 정치적, 정략적 충원 방식과 높은 연봉 수준이다. 직원들도 호강을 누리고 있어 공기업과 공공기관은 '신(神)이 내린 직장'이라는 별명까지 얻었다. 그런데 왜 평소에 우리는 이런 문제에 적극 대응하지 않는 걸까?

공기업과 공공기관의 방만한 경영과 도덕적 해이는 언론의 단골 비판 메뉴다. 정치적 이유로 보수신문들의 비판이 더 왕성하긴 하지만, 공기업과 공공기관의 문제가 심각하다는 데엔 보수, 진보를 막론하고 모두가 동의한다. 그간 나온 언론 비판을 몇 가지 길게 소개하고자 한다. 그럴 만한 이유가 있다.

나는 이미 『한겨레 21』 지면을 통해 공기업과 공공기관의 문제를 여러 차례 지적했다. 지난해 10월 노무현정권 인사들의 '끼리끼리 뜯어먹자 판'을 비판했을 때엔 공기업의 감사로 일한 적이 있는 어느 분으로부터 강한 항의를 받았다. 개혁을 위해 '코드인사'를 하는 게 왜 문제가 되느냐는 반론이었다. 이론적으론 타당한 반론이었지만, 도대체 무슨 개혁을 했다는 것인지 '실천'에 있어선 동의하기 어려웠다. 수년째 계속되고 있는 신문들의 다음과 같은 비판에 어떻게 답할 것인지 묻고 싶다.

"공기업의 도덕적 해이는 국민의 가슴을 시리게 한다. 일반 국민들은 경기 침체가 장기화하면서 실직과 노후 걱정에 하루하루 허리띠를 졸라매고 있다. 그런데도 공기업들은 온갖 구실로 자리를 늘리거나, 명예 퇴직금에다 일거리를 얹어주거나, 임금을 정부 기준 이상으로 올리거나, 헛돈을 이리저리 써서 감사 지적을 받는 등 딴 세상처럼 살고 있다." (한겨레, 2004년 10월 11일)

"공기업에서 왜 이런 후안무치한 일이 해마다 되풀이되는가. 그럴 만한 이유가 있다. … 공무원들의 철밥통 의식과 정권의 전리품으로 생각하는 공기업 감사나 임원에 대한 잘못된 임명 관행이 고쳐지지 않는 한 경영의 투명성, 효율성을 기대하기 어렵다." (경향신문, 2004년 10월 12일)

"참여정부는 공기업 개혁의 수단으로 민영화 대신 혁신을 내세웠다. 그러나 경영 난맥상과 도덕적 해이는 혁신 구호와는 거리가 멀어도 한참 멀게만 느껴진다." (서울신문, 2005년 9월 28일)

"공공기관이 임직원의 배를 불리고 자리 마련하라고 만들어진 곳은 아니다. 정부 당국자들의 무리한 자기 사람 앉히기 행태부터 차단해야 한다." (한겨레, 2005년 10월 10일)

"금융 공기업들의 경영상태가 '방만'을 넘어 '범죄'에 가까울 정도로 엉망인 것으로 나타났다. 산업은행, 수출입은행, 중소기업은행 등 3대 국책은행장의 2004년도 평균 연봉은 6억 3,600만 원, 한국은행 직원의 평균 연봉은 8,218만 원이었고, 산업은행, 중소기업은행, 수출입은행의 평균연봉은 7,717만 원이었다. 특히 한국은행 등 4개 기관은 청원경찰 및 운전기사를 자체 직원으로 채용, 청원경찰(218명)의 평균 연봉은 6,300만원, 운전기사(88명)의 평균연봉은 6,700만 원에 달하는 것으로 나타났다."(문화일보, 2006년 9월 27일)

"참여정부 출범 이후 정부 산하 기관장들의 연봉이 대폭 늘어난 것으로 밝혀졌다. … 2002년에 비해 세 배 가량 임금이 급등한 기관은 3곳에 달했고, 50퍼센트가량 넘게 상승한 기관도 총 21곳에 이르렀다."(한국일보, 2006년 9월 29일)

"철밥통인데다 일이 편하고, 호주머니까지 두둑하니 소문 그대로 '신이 내린 직장'이다. 이런 상황은 공공연한 비밀이어서 공기업 직원 900명 뽑는데 15만 명이 응시하는 웃지 못할 상황이 벌어진다. … 공기업이 세금으로 자기 배만 채운다니 국민은 허탈할 수밖에 없다. 그러는 사이 경영은 썩어 들어가고 있다. 지난해 공기업 다섯 곳 중 한 개꼴로 적자를 냈다. 순이익은 30퍼센트 줄고, 부채는 20조원 늘었다. 모두 국민 부담이다."(중앙일보, 2007년 1월 23일)

"한국 공기업의 총부채는 2005년 말 기준으로 122조 원에 이른다. 그런데 공기업 사장 가운데는 7억 1,120만 원의 연봉을 받는 사람이 있는가 하면 4억 8,540만 원의 연봉을 받는 감사가 있다. 정부 통계만 보더라도 공기업 직원은 대기업 평균 연봉의 최고 1.7배를 받는다. 이런 상황에서 성과등급이 최하위인 11등급의 평가를 받은 직원에게 성과급을 330퍼센트나 지급하고 처외조모상(喪)에까지 위로금 200만 원을 지급하는 등 각종 명목의 복지후생비를 지급한다. 게다가 1년의 절반 가까운 140여 일의 공식휴가에 더하여 성희롱휴가, 입양휴가, 창립기념일 대체휴가 등 각종 이름의 목적휴가를 더 달라는 노조의 요구에 대해서는 입이 다물어지지 않는다. 국민 혈세로 운영되는 빚덩어리 공기업에서 노사가 한통속이 되어 이와 같이 놀자판 잔치를 벌이는 모습은 파렴치와 다름없다."(동아일보, 2007년 1월 24일)

"세금 12조 원을 쏟아 부어 관료들의 퇴임 자리나 만들어주는 우리 국민의 처지는 '낙하산 천국' 일본의 기준에서도 너무 안쓰럽다. … 그런데도 정부가 우물쭈물하다 '이제 확정됐다' 며 자리를 터니 곧장 청소 분위기로 접어든다. 무서운 것은 이런 사회 분위기다. 언론이 뭐라 써도, 시민단체가 질타해도 전혀 통하지 않는, 상식과 염치의 진공(眞空) 상태를 말한다. 우리 사회는 어느덧 이렇게 변했다."(조선일보, 2007년 3월 10일)

매년 몇 차례씩 이런 비판이 무더기로 쏟아진다. 홍수 사태라고 해도 좋을 정도다. 물론 과장된 비판도 있을 게다. 그런데 놀랍다 못해 어이없는 건 비판을 받은 쪽은 아무 말이 없다는 사실이다. 역대 정권들은 이런 비판에 늘 침묵으로 일관했다. 야당도 마찬가지였다. 의원들은 국정감사를 위해 공기업과 공공기관의 문제점을 열심히 파헤치지만, 당 차원에서 이 문제를 근본적으로 어떻게 바꾸겠다는 청사진은 내놓질 않는다.

왜 그럴까? 공기업과 공공기관을 이른바 '줄 세우기 정치'를 위한 '인적 자원 관리소'로 이용하는 걸 포기할 수 없기 때문이다. 공기업과 공공기관이 국정원을 능가하는 정권안보기구가 된 것이다. 사정이 이러하니 대안으로 제시되는 건 늘 '민영화' 일 수밖에 없다. 그런데 과연 민영화가 최선의 답인가?

공기업과 공공기관은 '시장'이 대중의 삶을 어디까지 지배할 것인가를 결정하는 리트머스 시험지다. 공기업과 공공기관이 성공하면 시장은 조절될 수 있는 반면, 실패하면 모든 걸 시장에 맡겨야 한다. 진짜 이데올로기 투쟁은 바로 이곳에서 일어나는 것이다. 공기업과 공공기관이 개혁의 전진기지가 되어야 할 이유도 여기에 있다.

그런데 이 중요한 문제를 아무리 핏대 올려가며 역설해도 별 반응이 없다. 물론 일부 애국적 네티즌들의 분노는 늘 분출되었지만, 그 규모가 크질 않아 정권은 미친 척하면서 모르쇠로 일관하곤 했다. 왜 이번 사건처럼 거국적인 분노의 물결이 일어나지 않았던 걸까? 감정의 동요를 일으킬 만한 그림이 없기 때문이다. 반면 '이과수 혁신 세미나'는 꼭 이과수 그림이 아니라 하더라도 시각적으로 와 닿는다. 뜨거운 관심과 더불어 분노가 폭발할 수 있는 조건이 갖춰진 것이다. 그래서 그간 침묵으로 버티는 걸로도 모자라 오히려 '낙하산 인사' 옹호론을 펴온 노 정권도 아주 오랜만에 반응을 보이는 '기적 같은' 일이 일어났다.

내게 항의를 했던 분의 선의는 십분 이해한다. 공기업, 공공기관 개혁이 말처럼 쉽지 않더라는 토로에도 공감한다. 그렇지만 이런 질문은 하고 싶다. 그간 엄청난 양의 '정치 담론'을 쏟아냈던 노무현이 단 한 번이라도 말로나마 이 분야의 개혁 압박을 가한 적이 있는가? 오히려 외부의 비판에 대해 옹호론을 펴는 데에만 바쁘지 않았던가? 공기업, 공공기관으로 진출한 그 수많은 노 정권 인사들 가운데 '억대 연봉' '기사 달린 고급 승용차' '비서 달린 넓은 집무실' '아무리 긁어도 마르지 않는 판공비' 등이 지나치다며 그 가운데 단 하나라도 부분적인 시정을 시도한 사람이 있는가? 노 정권이 한동안 외쳤던 '양극화 해소'는 오직 보수 세력을 대상으로 한 정치공세일 뿐인가? 차라리 솔직하게 공기업과 공공기관을 착취하지 않으면 정치를 하는 게 불가능하다고 주장하는 게 알맹이 있는 토론을 가능하게 하지 않을까?

또 하나 묻고 싶은 건 그들 중에 언론의 공기업, 공공기관 비판에 공개적으로 대응하거나 답한 사람이 단 한 명이라도 있는가 하는 점이다. 내가 긍정적으로 평가할 수 있는 사례는 딱 하나뿐이었다. 지난 3월 농수산물유통공사 감사인 강동원은 『제가 바로 무능한 낙하산입니다』(일등선전, 2006)라는 제목의 책을 냈다. 노무현 대통령 경선 조직팀에서 활동했던 그는 "나는 낙하산이 분명하다. 하지만 놀고먹으며 공기업을 말아먹는 무능한 감사가 아니라는 점을 입증하려고 무던히 애쓰고 있다"며 공기업 내부의 잘못된 관행과 규정 위반을 비판했다. 이른바 '낙하산 감사'들이 했어야 할 일은 '이과수 혁신 세미나'가 아니라 바로 이런 작업이 아닐까?

앞서 말했듯이, 내가 더 큰 문제의식을 갖는 건 정치의 공기업, 공공기관 착취가 궁극적으로 초래할 결과다. 시장 만능주의에 반대할 게 분명한 사람들이 공기업, 공공기관 비판의 불길에 오히려 기름을 퍼붓는 일을 함으로써 여론이 시장 만능주의 지지로 돌아서게끔 하는 건 '국가적 범죄행위'라는 게 내 생각이다.

지금 우리는 '무엇'보다는 '어떻게'가 훨씬 더 중요해진 시대에 살고 있다. 영상에 중독된 일상을 살고 있는 대중에게 시각적으로 보여줄 수 없으면 있어도 없는 게 되고, 보여줄 수 있으면 별 것 아닌 것도 큰 일이 된다. 우리가 주로 사소한 일에 분노하는 이유는 그것이 시각적으로 내 눈 앞에서 벌어지기 때문이다.

여론 민주주의 체제하의 계급투쟁은 주목투쟁이다. 누가 더 대중의 주목을 많이, 뜨겁게 쟁취하느냐가 승패를 좌우한다. 정치인과 연예인만 주목투쟁을 하는 게 아니다. 주목을 받아야 취업도 하고 연애도 할 수 있다. 놀이인들 주목으로부터 초연할 순 없다. UCC를 보라. 모두 다 '날 좀 보소'를 애타게 외치고 있지 않은가.

'이과수 혁신 세미나'와 관련된 도덕적 해이를 질타하려면 그 주요 대상이 21명의 감사여서는 안된다. 유력 대선 후보들에 줄 선 사람들에게 물어보라. 공기업, 공공기관의 한 자리라도 기대하지 않는 사람이 누가 있을까? 공기업, 공공기관을 정치적, 정략적 도구로 계속 착취해도 되는지, 이게 주요 대선 이슈가 되어야 한다.

시각주의 인지법은 좋거나 나쁜 게 아니라 거역할 수 없는 현실이다. 먹고살기 바쁜 대중이 시각 중심으로 세상을 보겠다는데 그걸 무슨 수로 말릴 것이며 그런 대중을 탓한들 무슨 소용이 있으랴. 이에 대해 가장 고민해야 할 주체는 바로 언론이다. 추상적 이슈들을 시각적으로 보여줄 수 있는 보도 기법을 고민해야 한다. 우연히 그림이 좋은 사건이 터져 주기를 기다리지만 말고 스스로 그림을 생산해낼 수 있는 보도 패러다임으로 전환해야 한다.

—『한겨레 21』, 2007년 6월 5일자.

냉소적 진보주의

'냉소주의'라고 하면 보수의 냄새가 풍기지만, '진보적 냉소주의'라는 것도 있다. 이념이 퇴조하고 소비주의 문화가 본격화된 1990년대 후반부터 지식, 학생계층과 화이트컬러 층에서 인기를 누리게 된 사조 또는 풍조다. 보통사람들의 '인정투쟁'을 가능케 한 인터넷 혁명이 큰 기여를 했다.

진정한 진보주의자라면 흔쾌히 동의하겠지만, 진보의 길은 고달프고 험하다. 자신을 앞세우거나 자기 위주로 생각하고 사는 걸 자제해야 한다. 늘 낮은 곳을 향하는 자세로 겸허하고 또 겸허해야 한다. 윤리의식도 철저해야 한다.

지식이나 기질로 진보를 익힌 사람들에겐 그런 진보의 원칙들이 넘기 어려운 벽이 된다. 그럼에도 '진보'는 하고 싶다. 실천 없이 말이나 글로만 하는 진보라도 하고 싶은 것이다. 이때 나타나는 게 바로 진보적 냉소주의다. 아직 대한민국은 진보가 지배하는 세상이 아니기 때문에 모든 게 비판의 대상이 될 수 있다. 땅 짚고 헤엄치기처럼 쉽다. 세상에 진보가 이렇게 쉬울 줄 누가 알았으랴.

눈을 들어 정치판을 보면 한심한 작태들의 대폭발이 일어나고 있다. 연중무휴다. 여야 또는 범여권과 범야권이 싸우고 있는 걸 보면 기가 막힌다. 도토리 키재기다. 아니 도토리에 대한 모욕이다. 진보의 관점에서 보면 키재기를 할 가치조차 없을 정도로 똑같은 한통속이다. 정치꾼들이 그러는 건 자기 밥벌이 때문에 그러는 거라고 이해할 수 있지만, 지식인과 일반 시민들까지 편을 나눠 말로 치고 박고 싸우는 걸 보면 경멸감을 넘어서 측은한 느낌마저 든다.

이때에 진보적 냉소주의가 위력을 발휘한다. 범여권과 범야권 지지자들을 싸잡아 아무리 꾸짖고 조롱해도 누수(漏水)가 없다. 다 말 된다. 아니 선(善), 정의(正義)까지 독식하고 도덕적 우월감까지 만끽할 수 있다. 자신의 지성까지 과시할 수 있다.

요즘 젊은 세대들 사이에서 '멋지다'거나 '있어 뵌다'는 의미로 통하는 '쿨'도 무조건 진보적 냉소주의자의 몫이다. '쿨'의 생명은 초연함이 아닌가. 진정 진보의 집권을 원한다면 그렇게 여유부릴 때가 아닌데도 집권엔 관심이 없다. 잠재적 진보파를 진보 쪽으로 끌어 들이기 위해선 그들에게 독설과 조롱을 삼가고 진정성 어린 설득을 해야 할 텐데, 절대 그렇게 하진 않는다. 그렇게 하면 카타르시스, 재미를 느낄 수 없는데다 오히려 스트레스만 쌓이기 때문이다.

진짜 진보가 볼 때엔 진보적 냉소주의자가 한편으론 고마우면서도 다른 한편으론 부담이 된다. 대놓고 말은 못하지만 속으론 원망스럽기까지하다. 진보 쪽으로 손님을 끄는 게 아니라 오히려 손님 떨어져 나가라 하는 식으로 오만하게 좌충우돌하면서 자기 이름만 빛내려 하기 때문이다. 진보적 냉소주의자들은 '포지티브 프로그램'은 거부하고 늘 '네거티브 캠페인'만 벌이기 때문에 이들이 진보를 망치는 게 아닌가 하는 걱정마저 든다.

진보적 냉소주의를 껴안은 사람들이 얼마나 되는지는 알 수 없지만, 어느 모임에서건 한 명쯤은 있다고 봐도 무리가 없다. 진보적 냉소주의자들의 삶의 방식이 진보거나 진보에 근접하는 것이라면, 진보적 냉소주의에도 그 나름의 효용이 있다고 볼 수 있다. 그러나 그렇지 않은 경우가 훨씬 더 많다. 사는 건 아무런 차이가 없다.

그런가 하면 어느 모로 보나 진보주의자인데도 자신은 한사코 진보가 아니라고 하는 사람들도 있다. 자신이 고귀하게 생각하는 진보의 이름에 행여 누가 될까봐 그러는 것 같다. 이들은 진정 겸손하거니와 실천도 진보다. 진보의 완장을 차고 진보 아닌 사람들을 욕하고 조롱하는 사람들과 대비된다. 한국인은 '이념'보다는 '인간'을 중요하게 생각한다는 점을 감안컨대, 진보의 집권을 위해 가장 먼저 넘어서야 할 장애가 진보적 냉소주의는 아닐까?

—한국일보, 2007년 5월 30일자.

지역균형발전, 말로만?

「4년 후엔 2명 중 1명 수도권에 산다」 한국일보 5월 23일자 기사 제목이다. 통계청의 '2005~2030년 시도별 장래인구 추계'를 보도한 기사다. 여러 신문들도 이와 비슷하게 제목을 뽑아 크게 보도했다. 그런데 평소 아무런 대안도 제시하지 않으면서 수도권 규제 철폐를 강력하게 외쳐온 신문들에선 관련 기사를 찾기가 어려웠다.

신문을 한참 뒤적거리다 보니 조선일보 B2면에 「서울 인구, 2010년 정점으로 준다」는 제목의 기사가 눈에 띈다. 똑같이 통계청 보고서를 보도한 기사인데, 이렇게까지 다를 수 있나! 정반대의 메시지를 던져주는 제목이 아닌가. 지금도 절반에 육박하지만 4년 후엔 절반 이상이 수도권에 산다는 게 훨씬 더 중요한 뉴스 가치가 있는 게 아닌가. 그래도 양심은 있는지 기사 본문에 그걸 밝히긴 했다.

이 신문보다 더 딱한 건 그간 목이 터져라 '지방분권'과 '지역균형발전'을 외쳐온 노무현 정권이다. 일장춘몽(一場春夢)인가? 그 아름답던

구호는 '쇼'였나? 선거에서 재미를 보기 위한 정략이었나? 과연 무엇이 문제였는가? 4년 후 2명 중 1명이 수도권에 살게 되는 비극이 일어나지 않게끔 차분하게 문제점을 짚어보자.

노 정권의 지방분권, 지역균형발전 정책은 '외로운 섬'이었다. 분리주의의 함정에 빠졌다는 뜻이다. 분리될 수 없는 걸 분리시켜 그 정책만 잘하면 문제가 해결될 수 있는 것처럼 생각한 오류다. 모든 관련 정책들이 따로 노는 가운데 지방분권, 지역균형발전에 역행하는 일들이 무더기로 저질러졌다.

부동산 정책을 보자. 수도권 신도시 건설이 웬 말인가? 우선 당장 화급한 아파트 값 폭등을 막기 위해 그건 불가피했다고? 그런 화급성으로 말하자면, 수도권 규제 철폐론도 정당한 게 아닌가? 아파트 값 폭등은 "10배 남는 장사도 있다"며 분양원가 공개를 반대하는 등 오락가락한 발상과 정책에 문제가 있는 것이지, 수도권에 신도시를 건설하지 않아서 일어난 게 아니고 일어날 것도 아니다. 오히려 수도권 신도시 건설이 부동산 시장 불안정의 복병이다.

교육 정책을 보자. 향후 대학에 진학할 인구 추세로 보아 대학 입학정원을 줄여나가야 한다는 데엔 만인이 동의하고 있다. 이거야말로 지방분권, 지역균형발전을 실현할 절호의 기회다. 아니 대학 경쟁력 향상을 위한 기회이기도 하다. 서울 소재 대학 정원을 과감하게 줄여 질(質) 위주로 가게 만들면 된다. 그런데 노 정권하에서 일어난 일은 정반대다. 서울 소재 대학들은 계속 팽창하는 반면 지방대 정원만 줄고 있다. 서울에 존재하는 것 자체가 경쟁력이 되는 현실을 감안하지 않은 채 기존 경쟁력 개념에 근거해 정책을 편 탓이다. 이렇게 되면 공기업과 공공기관을 아무리 지방으로 이전해도 임직원들이 자녀교육을 위해 서울에 거주하면서 지방에선 원룸 형태의 생활을 하는 일이 발생한다. 모두를 괴롭게 만드는 비극이다.

금융 정책을 보자. 은행자금 대출에서부터 공적자금 투입에 이르기까지 모든 게 서울 독식체제다. 아니 지방에서 조성된 자금마저 3분의 1가량은 서울지역으로 빠져나간다. 비극적이다 못해 희극적인 건 이런 수도권 편중현상이 노 정권하에서 더 심화되었다는 사실이다. 물론 다른 분야들도 마찬가지다. 달라진 게 있다면, 그건 지방분권, 지역균형발전을 외치는 목소리만 커졌다는 것뿐이다. 어쩌자는 건가?

—새전북신문, 2007년 5월 28일자.

8장

지역주의 국민사기극

범주화 기질과 본질주의 성향

조승희 사건에 대한 한국의 과민반응

한국사회는 미국 버지니아 공대에서 일어난 총기난사 사건을 '한국 문제'로 여기는 과민반응을 보였다. 한국과 미국은 이른바 혈맹(血盟)을 넘어 이미 한 몸이 된 걸까?

대통령 노무현의 세 번에 걸친 애도 표시는, 약 4년 전 그가 미국 뉴욕 피에르 호텔에서 가진 미국 내 친한(親韓) 인사 모임인 '코리아 소사이어티' 초청 연설 말미에 "미국과 여러분이 한국을 도와줘야 한다"는 말을 다섯 차례나 반복해 강조하면서 "만약 53년 전 미국이 우리 한국을 도와주지 않았다면 저는 지금쯤 정치범 수용소에 있을지도 모른다는 생각을 하고 있다"고 말했던 걸 연상시켰다.[44] 물론 모두 나라를 생각하는 깊은 뜻에서 한 일이요 말이겠지만, '이건 아니다'는 생각을 갖게 하기엔 충분했다.

정부는 마치 공황 상태에 빠진 것 같았다. 정부 차원의 조문사절단을 보내는 방안까지 적극 검토했지만, 이는 미국 측의 반대로 무산됐다.[45] 주미대사 이태식은 "한국 대신 사죄를 표한다"고 했고 "슬픔을 나누고 자성하는 뜻에서 32일 동안 금식을 하자"고 제안하기도 했다.[46]

언론도 다를 바 없었다. 집요하게 반복되는, 미국인들을 상대로 한국은 잘못 없다거나 무관하다는 너무도 뻔하고 당연한 답을 얻어내기 위한 구걸식 또는 강요식 질문은 보기에 민망했다. "송구한 마음으로 애도합니다"라는 신문 사설도 그랬고,[47] 소설가 이문열이 때마침 미국 보스턴에 있다는 이유로 그의 '조승희 범죄 분석'을 1면 머릿기사로 다룬 것도 그랬다.[48]

그간 나온 분석들은 한국인의 유별난 민족주의, 집단주의, 숭미주의 등에 그 원인을 돌렸다. 상당 부분 동의할 수 있지만, 좀더 정교하게 따져볼 필요가 있다.

한국인의 범주화 기질

한국사회의 과민반응에 대해 '과잉 민족주의'[49] '천박한 민족주의'[50] '집단적 죄의식'[51] 증후군 등의 비판이 제기되었는데, 과연 그런가? 민족주의와 관련은 있지만 민족주의가 원인은 아니다. 한국인의 세상에 대한 인지방식의 독특성에 주목하는 게 문제의 핵심을 짚는 데에 도움이 될 것이다.

한국인은 범주화 능력이 매우 탁월한 사람들이다. 그 능력은 기질로까지 발전했다. 이는 불확실성에 대해 강한 거부감을 갖고 있다는 뜻이기도 하다. 한국인은 사람을 처음 만났을 때 상대방의 나이, 고향, 출신학교 등 신상명세에 대해 매우 궁금해한다. 그런 기본적인 정보로 상대

방을 어떤 범주에 귀속시키지 않으면 불편해하다 못해 불안증세마저
보인다.

그런 기질엔 명암이 있다. 일을 처리하거나 인간관계를 발전시키는
데 있어서 신속을 기할 수 있는 반면, 편견과 '편 가르기'가 발휘되는 토
양이 된다. 세계에서 가장 빠른 근대화를 이루는 과정에서 한국인들의
속도에 대한 숭배는 체질로 굳어졌기 때문에 그 어떤 부작용에도 불구
하고 이 '범주화 게임'은 지속되고 있다.

한국인들이 그런 독특한 기질을 갖게 된 건 인구의 사회문화적 동질
성, 1극 집중구조, 높은 인구 밀도 때문이다. 이는 달리 '구별짓기'를 할
게 없다는 걸 의미한다. 전문가들은 무의미하다고 보는 혈액형과 성격
의 관계를 진지하게 따지는 게 가장 성행하는 나라가 일본과 한국인 것
도 바로 그런 이유 때문일 가능성이 높다. 자연스럽게 구별짓기가 안되
기 때문에 인위적으로 구별짓기를 할 수 있는 무언가를 찾아내고자 하
는 욕망이 범주화 게임으로 발전했다고 볼 수 있는 것이다.

한국사회에서 그 어느 범주(편 또는 패거리)에도 속하지 않은 채 홀로
살아간다는 건 매우 어려운 일이다. 비정규직과 프리랜서에 대한 지독
한 차별도 바로 그런 문화의 산물이다.

지난해 7월 MBC 〈PD수첩〉이 '피랍 100일, 동원호 선원들의 절규, 조
국은 왜 우리를 내버려 두는가'를 방영하려고 하자, 미리 내용을 파악한
외교부는 MBC에 공문을 보내 "일개 프리랜서인 김영미 PD의 검증되지
않은 취재 내용을 보도하는 것은 MBC의 사회적 책임과 영향력에 비추
어 적절치 않다고 생각한다"고 주장했다.[52]

MBC의 정규직 PD는 믿을 수 있어도 '일개 프리랜서 PD'는 믿기 힘

들다? 외무부 해외공관 직원들은 모두 정규직이라서 그렇게 자국민 보호에 무성의한 사건들을 수시로 일으키는 건가? 이런 발상이라면, 전 공무원의 비정규직화를 시도해야 비정규직과 프리랜서의 권리가 최소한이라도 보호받을 수 있는 건 아닌지 모르겠다.

어디에 소속되었느냐 하는 범주를 따지길 좋아하는 한국인의 습성은 민족주의 이전의 것이다. 비슷한 참사가 국내에서 일어났다고 가정해보자. 사람들이 범인의 출신 지역과 학교를 안 따질 것 같은가? 무슨 나쁜 뜻이 있어서 그런 게 아니다. 거의 본능이다. 물론 나쁜 뜻이 가미될 때도 있다. 이번 사건과 관련, 소설가 박상우의 다음과 같은 증언을 들어보라.

"처음 중국계 유학생이라고 발표되던 당시 나는 식당에서 식사를 하다가 중국 사람들을 거칠게 힐난하고 욕하는 소리를 들었다. 하지만 곧이어 범인이 조승희이고 그가 한국계라는 게 밝혀지자 온 나라가 애도와 공범의식에 휩싸여 급기야 주미 한국 대사가 희생자를 기리기 위한 단식을 제안하기까지 했다." [53]

이는 집단주의와 비슷하지만 집단주의는 아니다. 한국인은 강한 집단주의 기질을 갖고 있지만 동시에 집단이익보다는 개인, 가족이익을 앞세운다. 반쪽짜리 집단주의라고나 할까. 이는 서양에서 개발된 '개인주의-집단주의' 모델로는 포착이 안되는 한국적 특성이다.

한국인의 본질주의 성향

한국인들의 집단주의, 민족주의가 강하다고 하지만, 집단이나 민족에 대한 충성도는 높지 않다. 이익을 누릴 수 있는 경우에만 충성할 뿐, 이익에 반할 경우 언제든 걷어찬다. 충성도는 낮은 반면 범주에 대한 인식도만 높을 뿐이다. 즉 세상에 대한 인지 방식의 문제인 것이다. 한국인의 '냄비근성'이라는 것도 실은 '인지'와 '충성' 사이의 괴리로 인해 나타나는 현상이다.

한국인은 믿기지 않을 정도로 폐쇄적인 동시에 믿기지 않을 정도로 개방적이다. 모순인가? 그렇지 않다. 동전의 양면과 같은 속성이다. 아는 사람에겐 정(情)이 철철 흘러 넘치지만, 모르는 사람에겐 필요 이상으로 쌀쌀맞은 것도 마찬가지다. 그 어느 한 면을 보고 한국인을 단정짓는 건 무리다. 한국인의 집단주의, 민족주의가 강하다는 속설도 바로 그런 반쪽짜리 진실에 불과한 것이다.

왜 이민 1.5세대를 한국인으로 보는가? 범주화 기질에 따라붙기 마련인 본질주의 성향 때문이다. 한국인의 천성이 된 연고주의도 바로 그런 본질주의에 근거하고 있다. 연고를 본질로 보고 그것에 큰 의미를 부여하는 것이다. 이 글도 한국인이라는 본질이 있는 것처럼 간주한다는 점에서 본질주의 혐의로부터 자유로울 순 없지만, 이는 논의를 위한 전략적 본질주의로 봐주면 좋겠다.

지방에선 아직도 이해하기 어려운 일이 곧잘 벌어지는데, 그게 바로 '피'로 소속을 따지는 우스꽝스러운 짓이다. 다른 지역도 비슷하지만, 전북을 예로 들어보자. 이 지역 언론사나 공공단체에선 무슨 '자랑스러운 전북인상'을 주는데 그 자격 요건 중의 하나가 '본적'이다. 즉, 본적이 전북이라야만 그 상을 받을 수 있다는 것이다. 따라서 이런 일이 벌어진다. 이미 전북에서 수십 년을 살았고 전북에서 죽을 사람이라도 아버지 고향이 전북이 아니면 그 사람은 '전북인'이 아닌 반면, 전북에서 성장하기는커녕 태어나지 않았을지라도 아버지 고향이 전북이면 그 사람은 전북인이다. 전자는 상을 받을 자격이 없어도 후자는 상을 받을 자격이 있다는 뜻이다.

2006년 6월 30일 밤 전북지역 민방인 JTV 뉴스를 보다가 재미있는 게 나와 메모를 해두었다. 생존 중인 역대 도지사 12명 중 1명만 전북에서 생활한다는 내용이었다. 이 기사는 퇴임하는 도지사 강현욱이 전북에서 살겠다고 공언한 걸 높이 평가하면서 그간 역대 도지사들이 고향을 등져와 소외감을 낳았는데 '신선'하다고 평가했다.

그러나 현 전북의 문화나 정서로는 전북에서 살지 않는 그 11명의 도지사들이야말로 (그들이 모두 전북 출신이라면) 진짜 전북인이다. 전북의 뼈대 있는 집안 출신들이기 때문이다. 지방에선 매사가 이런 식이다. 솔직히 징그러울 정도다. 민주주의? 웃기는 이야기다. 선거 백날 해봐야 그런 '징그러움'이 없으면 아무리 깨끗하고 유능한 사람이더라도 '죽어도' 안된다. 막강 연고가 있어야만 가능하다. 굳이 좋게 말하자면, '연고 민주주의'다.

죄의식인가, 이기심인가?

한국인의 그런 일상적 삶의 태도는 철저하게 자기 자신과 연고 패거리의 이익 중심이라는 점에서 집단주의와는 다른 것이다. 물론 이것도 집단주의로 볼 순 있겠지만, 전체 집단의 이익을 추구하는 건 아니라는 말이다. 이게 일본의 집단주의와는 다른 한국적 집단주의의 모습이다. 그런 점에서 한양대 교수 임지현의 다음과 같은 분석엔 다소 이의가 있다.

"지난 일주일간 극에 달한 한국인들의 '집단적 죄의식'은 사실상 모

든 한국인은 희생자라는 집단적 희생자 의식의 신화가 무너진 데서 비
롯된 정신적 공황의 산물이다. 희생자 의식은 해방 이후 남과 북에서
'나라 없는 백성의 설움을 겪지 않기 위해서는' 지도자를 중심으로 국
가적 프로젝트에 적극적으로 참여해야 한다는 민족주의의 권력논리를
정당화해왔다. '한국인'이라면 국가의 부름에 응해 기꺼이 개인을 버리
고 민족주의의 유니폼으로 갈아입은 채 자발적 동원체제에 호응하곤
했던 '대중독재'의 집단심성이 얼마나 끈질긴가를 이번 소동은 잘 보여
준다. 그런 점에서 한국사회의 민주화는 아직도 갈 길이 멀었는지 모른
다."[54]

물론 이 주장의 선의엔 공감할 수 있다. 그러나 이번 사건을 '대중독
재'와 연결시키는 건 무리다. 오히려 소설가 이기호가 다음과 같이 서글
픔을 토로한 게 가슴에 더 와 닿는다.

"나는 좀더 솔직하게 묻고 싶다. 이것이 진정 책임감과 죄의식의 문
제인가? 그도 아니면, 비자 문제나 반한(反韓) 정서, 대미 관계에 미칠 악
영향으로 인한, 어떤 두려움과 불안 때문인가? 혹, 우리의 두려움과 불
안감을, 책임감이나 죄의식으로 포장하고 있는 것은 아닌지. 그것이 진
정 희생된 사람들에 대한 죄의식의 산물이라면, 왜 그 다음날 이라크에
서 일어난 참상에 대해선 아무도 말하고 있지 않은지, 나는 궁금하다.
아니, 궁금하지 않다. 나는 다만 서글플 뿐이다. 죄의식 또한 무게를 잴
수 있는 저울이 존재하고, 그 저울이 지극히 힘의 논리에 의해서만 좌지
우지되는 것 같아, 그저 서글플 뿐이다."[55]

이번 사건에 대한 과민반응이 애국·애족심 때문이었을까? 그런 점도
없진 않겠지만, 이미 모든 국면에서 미국화된 한국사회의 미국 의존도

가 그만큼 높다는 걸 웅변해주는 걸로 보는 게 더 타당할 것이다. 막연한 숭미주의를 넘어서 미국에서 일어나는 사건 하나하나가 나와 내 가족의 실질적인 이해관계에 큰 영향을 미치는 국면으로 접어들었다고 보는 게 옳다는 것이다. '미국유학 10만 명 시대'와 최근의 '토플 광풍'이 말해주듯이, 이제 서울에선 국내 지방도시보다는 미국의 도시에서 일어난 일이 더 중요한 의미를 갖게 되었다. 한미 FTA 추진의 과정과 절차가 '통상독재'라는 말을 들을 정도로 반민주적 작태로 일관했음에도 불구하고 의외로 지지를 보내는 사람들이 많은 이유도 바로 여기에 있다.

한국인의 집단주의, 민족주의 비판은 필요하거니와 바람직하다. 그러나 나의 '범주 집단'은 알뜰하게 챙기고 관리하면서 그런 비판을 하는 건 문제 해결에 별 도움이 되지 않는다. 징그러울 정도로 자기 편(패거리)만 챙기는 한국 엘리트들의 행태를 공격 대상으로 삼는 게 오히려 문제의 본질에 근접하는 길이 아닐까?

범주화 기질은 공정성을 죽인다

한국인은 범주화 기질 때문에 공정성에 매우 취약한 국민이다. 개인별 평가보다는 이른바 '범주 등급제'가 제공해주는 과정, 절차 축소의 비용 절감효과를 더 높이 평가한다. 사람들이 '명문 학교'에 미쳐 돌아갈 수밖에 없는 이유도 여기에 있다. 대학이건 기업이건 응시자들의 자질과 능력을 성의 있게 살펴보려는 생각이 없다. 그렇게 하면 비용이 높아진다는 점을 걱정한다. 출신 학교로 때려잡는 게 훨씬 더 효율적이라 믿고, 비밀리에 각종 등급제를 실시하고 있는 것이다. 오랜 세월 그런 체제하에서 살아온 한국인들은 '간판'이라면 사족을 못 쓰는 습속을 키워왔다고 말할 수 있다.

이젠 이 사실을 미국 뉴욕타임스도 알아버렸다. 이 신문은 조승희 가족이 살던 버지니아 주 센터빌의 한인사회에 대해 보도하면서 "이 지역의 한인 교포신문들은 아이비리그 합격자들의 명단을 게재한다"고 소개한 뒤 "조씨의 누나는 프린스턴대에 합격했을 때 이 명단에 들었지만 조씨는 이 명단에 들지 못했다"며 한인사회의 분위기상 조승희가 스스로를 실패자로 여겼을 수 있다고 지적했다.[56] 이 기사는 좀 '오버'한 것 같으나, 가슴 아픈 이야기인 건 분명하다. 자녀를 명문대에 보내는 게 이민 생활의 가장 큰 보람이 되었으니 말이다.

역설이지만, 한국인의 지극한 '간판 사랑'이 한국 경쟁력의 한 이유이기도 하다. 앞서 지적했듯이, 과정과 절차를 줄여주는 비용절감 효과 때문이다. 물론 그 대신 공정성은 없다. 잘되는 놈은 계속 잘되고, 죽는 놈은 계속 죽어라 한다.

2007년 4월 23일 KBS 1TV의 시사기획 〈쌈〉은 '80조 보험시장, 유혹의 덫'을 방송했다. 보험사들이 가입자들을 봉으로 아는 기가 막힌 이야기였다. 한 네티즌의 다음과 같은 소감이 가슴을 쳤다.

"보험관련 상담전화를(말이 상담이지 거의 민원이다) 금감원에 하면 각 보험사에서 나온 파견 직원과 연결이 된다? 미치고 환장할 노릇! 우리 부부 요즘 건강보험 가입하려 여기저기 가입설계서 보고 있는 중인데…가입의지 완전 소멸! 얼굴 벌겋게 있는 내 옆에서 우리남편 왈 '한국이잖아.'"

그렇다. 여긴 한국이다. 안되는 일도 없고 되는 일도 없다. 이것 같기도 하고 저것 같기도 하다. '특권'이 있어야 산다. 한국은 보험대국으로 컸지만, 억울한 사연을 가진 가입자들의 분노의 함성은 하늘을 찌른다. 언론이 잘 보도해주지 않으니 이 기막힌 판을 뒤엎을 길도 없다. 그냥 무슨무슨 '대국(大國)'을 만들기 위해 '봉'이 돼주는 거다. 앞서 지적한 '경쟁력'의 이면이다.

개인을 개인으로 보자

평소 삶은 개인주의적으로 살되 사회적 문제의 해결은 집단주의적으로 하는 게 바람직할 것이다. 그런데 한국의 경우는 그게 뒤바뀐 감이 없지 않다. 삶은 집단주의적으로 살면서 사회적 문제의 해결은 개인주의적으로 하는 경향이 강하다는 것이다. '대학 입시 전쟁'은 사회적 문제의 개인주의적 해결을 선호하는 한국인의 독특한 습속을 보여주는 대표적인 증거일 것이다.

이는 한국의 개인주의가 개인의 존중에서 출발하는 것이 아니라 "억울하면 네가 출세해라"라는 식의 자구(自求) 전략에서 비롯되었다는 걸 말해주는 것이다. 극단적으로 말하자면, 한국의 근현대사가 "세상엔 도둑놈과 강도 천지이며 믿을 건 나와 내 가족밖에 없다"는 걸 모든 국민에게 풍부한 시청각 자료로 교육시켜 온 결과가 아니겠느냐는 것이다.

세계에서 가장 빠른 경제성장은 바로 이런 '만인에 대한 만인의 투쟁' 방식에 크게 의존하였다는 걸 부인하기 어렵다. 바로 그 이유 때문에 사회 각 분야의 힘을 가진 기득권 세력은 그 방식을 고집하면서도 그것이 자기의 이익을 위해서가 아니라 국익을 위해서라고 굳게 믿게 된다.

"억울하면 출세하라" 체제하에선 집단주의마저도 상징적이거나 도구적인 것에 지나지 않는다. 개인도 엄밀한 의미의 개인이 아니라 가족으로서의 개인이다. "한국 사람들은 가족 내에서는 서열을 엄청나게 따지고, 집단주의 문화를 보이지만 사회에 나오면 공중 도덕의식이 없고 사회의식이 약하다"는 탁석산의 지적도 바로 그 점을 말해주는 것이다.[57]

'개인'을 주장하는 담론이 풍성해진 건 다행스러운 일이다. 그러나 추상으로서의 개인 예찬을 아무리 해봐야 참된 개인주의는 결코 융성해지지 않을 것이다. 어느 세미나에 나가 집단주의를 비판하고 개인주의를 역설한 지식인이 그날 밤 동창회에선 "우리가 남이가"를 외치는 건 예외적인 모습이 아니라 상식에 충실한 모습이다. 낮에는 개혁과 진보를 외치다가도 밤에는 동문모임에 나가 초당파적 학연 결속을 다지는 것도 일탈이 아니라 미덕으로 통용되는 게 한국사회인 것이다.

뇌관을 건드려주려면 추상보다는 구체를 지향해야 한다. 적어도 개혁을 외치려면 모든 연고를 배격해야 한다. 그러나 연고에 의존해야만 개혁을 외칠 수 있는 위치에 오르는 게 가능하니, 이 또한 하나 마나 한 소리로 들릴 수도 있겠다.

그렇다고 해서 너무 비관할 필요는 없다. 역사를 공부하는 매력의 또 하나가 바로 여기에 있다. 긴 호흡! 길게 보는 것이다. 참된 개인주의의 이상에 충실하면서 집단적 대응의 방법론을 몸에 익히는 건 오랜 시간과 더불어 인내와 공부가 필요한 일이다. 특히 한국 근현대사 공부가 필요하다. 너무도 비슷한 일들이 너무 자주 반복되고 있다는 데에 깜짝 놀라면서 무언가 배우는 게 꼭 있을 것이다.

우리에게 가장 필요한 건 개인을 개인으로 볼 수 있는 공정성과 이를 확보하기 위한 노력이다. 이런 노력을 효율성 운운하는 담론으로 누르면 안된다. 그런 공정성이 확보돼야 한국인은 기존 '범주화 게임'을 다시 보게 될 것이다. '간판'이 아니라 '개인'으로 볼 때에, 공정 경쟁도 가능해지고 진정한 실력 향상도 기대할 수 있다.

—월간 『인물과 사상』, 2007년 6월호.

인터넷이 만든 '아수라장 정치'?

"여당 야당 가릴 것 없이 총체적으로 부서지고 깨지는 형국인데, 한마디로 아수라장입니다. 아무리 선거철이라고 하지만 이렇게 전방위에 걸쳐 '만인에 대한 만인의 투쟁'을 벌이는 것은 사상 초유의 일입니다."

숭실대 정치학 교수 서병훈이 동아일보 5월 10일자에 쓴 「정치학 교수 못해먹겠습니다」라는 제목의 칼럼에서 한 말이다. 과장된 주장이라고 생각할 사람들도 있겠지만 공감할 사람들도 적지 않을 것 같다. 정치판 싸움이 과거보다 더 심해졌다는 데엔 대부분의 사람들이 동의할 것이다. 도대체 왜 그렇게 됐을까?

여러 이유가 있겠지만, 인터넷이 미친 영향이 크다. 과거에 정치인들은 기자회견이나 강연을 통해서만 자기 의견을 발표할 수 있었지만, 지금은 인터넷 글쓰기라는 새로운 무기가 기자회견과 강연을 압도하고 있는 형국이다.

신문과 방송에선 거의 하루도 빠짐없이 정치인의 인터넷 글쓰기가 뉴스로 등장하고 있다. 특히 대통령 노무현의 인터넷 글쓰기는 인터넷 '편지정치' 니 '댓글정치' 니 하는 신조어를 탄생시켰을 정도로 왕성하다. 이건 나중에 언론학도들이 정확한 내용분석을 해볼 일이지만, 참여정부 들어 정치적 논란을 불러일으킨 '사건' 들의 상당 부분이 인터넷 글쓰기에서 비롯됐다.

2005년 7월 전 열린우리당 고문 정대철은 노무현이 하루빨리 인터넷에서 빠져나와야 한다며 다음과 같이 주장한 바 있다.

"인터넷 여론은 주로 양 극단을 대변하고, 그것도 감정적일 때가 많다. 거기 빠지면 자기와 같은 의견에 대해서는 '거 봐라, 내가 맞지' 하며 위안을 삼고, 반대 의견에 대해서는 반감이 앞서면서 어떻게든 설복해야겠다는 승부욕에 사로잡히게 된다. 그러다 보면 말없는 다수의 여론을 놓치는 우를 범하게 된다."

정대철이 지적한 건 이른바 '마니아 정치' 다. 정치 마니아들이 인터넷 여론을 대변하는 사태가 벌어지면서 평균적 민심과 멀어진 건 물론이고 양 극단의 치열한 공방전이 벌어지고, 정치인들이 이 싸움에 영향을 받으면서 정치권의 갈등과 분열이 고조되었다.

정치인들도 컴퓨터 앞에 마주앉으면 본의 아니게 사나워진다. 인터넷 글쓰기는 기자회견이나 강연과는 달리 형식과 격식의 구애를 받지 않는다. 글을 쓰는 분위기도 홀로 고립돼 있는 상태여서 자신의 감정 발산 쪽으로 치우치기 쉽다. 늦은 밤에 쓰거나 술 한 잔 먹고 쓸 수도 있다. 용감하다 못해 대담해지고 더 나아가 무모해질 수도 있다.

정치인들을 대상으로 한 인터넷 교육이 필요한 게 아닐까? 연애편지를 빼놓곤 밤엔 글을 쓰지 않는 게 좋다. 글을 썼다 하더라도 곧장 인터넷에 올리지 말고 다음날 밝은 대낮에 다시 한 번 읽어보고 나서 올려야 한다. 뭐, 이런 내용의 교육이 필요할 것 같다.

반면 지방에선 정반대의 방향으로 고민해볼 필요가 있겠다. 지방에 선 싸움이 너무 없어서 문제다. 인터넷 대신 밀실이 큰 힘을 쓴다. 밀실에서 경쟁자에 대한 험담과 소문을 퍼뜨리는 싸움은 치열하지만, 인터넷 글쓰기 등과 같은 공개적인 싸움은 거의 없다. 지방언론에서 고위 공직자들의 인터넷 글쓰기가 뉴스가 되는 경우도 매우 드물다. 한쪽은 너무 많아서 걱정, 다른 한쪽은 너무 없어서 걱정이다. 서울과 지방을 섞어 놓으면 참 좋을 것 같은데, 무슨 좋은 방법이 없을까?

—새전북신문, 2007년 5월 14일자.

지역주의 국민사기극

지난 4 · 25 재, 보선 결과를 놓고 '지역주의 망령'을 우려하는 목소리가 적잖이 나왔다. 그러나 그런 우려 이전에 던져볼 질문이 있다. 우리는 과연 진정으로 지역주의 청산을 원하는가? 전 국민 모두가 주연과 관객을 겸하면서 스스로 속이고 속는 '국민사기극'을 저지르고 있는 건 아닌가?

지방의 지역주의 투표성향을 개탄하거나 비판하는 사람들이 일부 지방민을 2류 시민이라고 비난하진 않는다. 그러나 사이버공간의 일부 배설장에선 그런 시각이 노골적으로 드러나기도 한다. 이건 곤란하다.

지방에서 열리는 각종 선거를 유심히 살펴보자. 유권자들에게 가장 잘 먹혀드는 선거 구호는 무엇인가? 공식적으로 내건 구호와 더불어 민심의 바닥을 파고드는 설득 논리를 봐야 한다. 그건 바로 "중앙에 줄이 있다"는 '줄 과시론'이다. 중앙에 튼튼한 줄이 있어야 중앙정부 예산 끌어오기에서부터 기업 유치에 이르기까지 실력을 발휘할 수 있다는 것이다.

한국의 정치 저널리즘과 평론은 서울 중심이라서 지방 유권자들이 가장 목말라 하는 의제를 제대로 포착하지 못하고 있다. 중앙에선 거창한 정치적 당위, 명분, 원칙 등을 내세우지만, 지방민들의 주된 관심은 먹고사는 문제에 대한 공포로부터의 탈출이다.

지난 반세기에 걸쳐 지방민들의 뇌리에 각인된 한 가지 불멸의 법칙은 "우리 고향 사람, 세력이 중앙에서 힘을 써야 지역발전에 유리하다"는 것이다. 물론 이 법칙은 늘 현실로 입증되곤 했다. 이 경험 법칙을 깨려고 애쓴 정권이 단 하나라도 있었던가? 없었다!

노무현 정권이 외친 '지역구도 타파'는 정치질서의 재편을 신앙으로 삼았다. 쉽게 말해서, 지금과 같은 지역정당 체제를 깨부수고 이념, 정책 중심으로 질서를 재편성하자는 것이다. 이를 위해 노 정권은 '영남 공략'에 정권의 생명을 걸다시피 했다. 영남에서 열린우리당이 한나라당과 대등한 관계를 유지할 수 있을 만큼 세를 넓히고, 반대로 한나라당도 호남에서 그렇게 할 수 있다면, 그게 바로 지역구도가 깨지는 것이고 앞으로 지역주의는 사라지지 않겠느냐는 발상이었다. 민주당 분당에서부터 대연정 제안에 이르기까지 노무현의 모든 파격적인 정치 행보는 바로 그런 발상의 산물이었다.

일부 사람들은 그런 발상을 '이상주의'라고 불렀지만, 그건 이상주의가 아니라 사상누각(砂上樓閣)이었다. 고향에서 배척당한 한(恨)이 사무쳐 눈이 멀고 판단이 흐려져 지역주의의 모든 원인, 책임을 정당과 정치인에 돌린 착각 또는 자기기만의 산물이었다.

문제의 핵심은 중앙정부의 인사와 예산이다. 이것에 대해 지역을 초월한 투명성, 공정성을 보장하는 제도적 장치를 만들지 못하면 아무리 영호남 세력이 균형있게 동거를 하는 정당을 세운다 해도 분열로 깨지게 되어 있다. 그런데 노 정권은 어떻게 했던가? 비록 선의에서 비롯된 발언일망정 스스로 '부산 정권'임을 내세우고 장관직을 포함한 고위공직을 선거용으로 이용하는 등 중앙정부 인사와 예산의 투명성, 공정성을 되지도 않을 '지역구도 타파'의 제물로 삼았다. 노정권은 지난 4년 내내 전 유권자를 대상으로 '우리 고향 사람, 세력'의 효용을 각인시키는 퇴행적인 학습효과 생산에 진력한 셈이다. 그 결과로 인해 증폭된 '지역주의 망령'에 대해 사죄하기는커녕 남을 비난하는 건 후안무치, 적반하장(賊反荷杖)의 극치다.

모든 걸 한 번에 뒤엎으려는 성급은 죄악일 수 있다. 시간이 오래 걸리더라도 "우리 고향 사람, 세력이 중앙에서 힘을 써야 지역발전에 유리하다"는 법칙을 깨는 게 진정한 진보다. 이 법칙이 깨져야, 지역주의 투표 행태도 완화되고 진보정당도 클 수 있다. 아직까지도 이런 자명한 초보적 주장을 해야 한다는 게 국민사기극을 입증한다.

—한국일보, 2007년 5월 9일자.

빈대 잡으려다
초가삼간 태운다

정부가 40여 개 부처 기자실을 폐지, 축소하고 3곳으로 통·폐합하겠다고 한다. 모든 언론사에 자유롭고 공정한 취재 환경을 주기 위해서라는 게 그 명분이다. 그래서 이 계획의 이름도 '취재지원 선진화 방안'이다. 나름대로 좋은 뜻이 있어서 하는 일이겠지만, 돌다리도 두들겨 보는 심정으로 이런 질문을 스스로 던져보면 좋겠다. 하나는 알고 둘은 모르는 방안은 아닌가? 순기능만 생각하고 역기능은 생각하지 않은 방안은 아닌가? 우리는 옳고 그들은 잘못됐다는 걸 전제로 한 방안은 아닌가?

한국 언론의 현 출입처 중심 취재시스템이 크게 잘못되었다는 건 언론학계의 중론이다. 그러나 학계가 현 취재시스템에 강한 문제의식을 갖고 있으면서도 이렇다 할 화끈한 대안을 내놓지 못하는 데엔 그럴 만한 이유가 있다. 언론시스템이 사회시스템과 분리될 수 없는 상호연관성과 총체성 때문이다.

한국은 정부와 공적 제도·기구에 대한 국민적 불신이 세계에서 최상

위권에 속하는 나라다. 공직자의 부정부패, 도덕적 해이, 책임윤리 결여
도 심각한 수준이다. 민생에 절대적 영향을 미치는 건 정부와 공적 제
도·기구이지 언론이 아니다. 극단적으로 말하자면, 언론에 아무리 많
은 문제가 있다 해도 '최악'을 감시하기 위해선 '차악'이라도 용인할 수
밖에 없는 게 우리의 현실이다.

　정부와 공적 제도·기구가 국민적 신뢰를 얻고, 공직자들이 공복(公
僕)답게 처신하고, 정보공개가 왕성하게 이루어진다면, 굳이 노 정권이
그런 식으로 들고 나오지 않더라도 자율적인 변화가 이루어졌을지도
모른다. 정부와 공적 제도·기구가 여전히 선진성과는 거리가 먼데, 취
재시스템만 선진화할 수는 없는 일이다. 언론의 접근권을 통제하는 게
선진화라는 발상에도 동의하기 어렵지만 말이다.

　그간 '혁신'을 외쳐온 노 정권 인사들은 정부와 공적 제도·기구가 선
진성과는 거리가 멀다는 진단에 펄펄 뛸 것이다. 그렇다. 문제의 핵심은
바로 여기에 있다. 노 정권은 모든 문제를 '언론 탓'으로 돌리고 있다.
게다가 노 정권의 '공무원 사랑'은 건국 이래 최고다. 지난 4년간 중앙
공무원을 4만 8,000여 명이나 늘렸다. 대통령이 그간 어찌나 공무원 칭
찬을 많이 했는지, 그 횟수를 세는 것조차 어려울 정도다. 특히 언론과
싸우는 공무원엔 대통령이 직접 격려하는 일까지 마다하지 않았다. 사
정이 그와 같으니, 노 정권과 관료사회를 비판하는 언론은 노 정권의 원
수인 셈이다. 이번 방안은 바로 이런 심리상태에서 생겨난 것이다.

　한미 FTA를 군사정권식으로 밀어붙이는 노 정권이 '취재지원 선진
화'를 말하는 건 자기모순이다. 노 정권과 보수신문들의 사이가 나쁘다
곤 하지만, 이라크 파병에서부터 한미 FTA에 이르기까지 노 정권의 가

장 중요한 '업적'들엔 그들이 가장 든든한 우군이었다. 노 정권이 '보수신문 탓'을 하는 건 위선이요 기만이다.

'욱' 하는 기질로 정책을 세우면 '빈대 잡으려다 초가삼간 태우는' 비극이 발생한다. 노 정권이 공개적으로 밝힌 이유 외에 무슨 깊은 뜻이 있는지는 모르겠지만, 부디 냉정을 회복하기 바란다. 가장 좋은 방법은 '한나라당 정권'을 가정하는 것이다. 노 정권은 스스로 선(善), 정의(正義)를 대변한다고 믿기에 그런 정책을 세웠겠지만, 이게 과연 한나라당 정권하에서도 바람직하다고 생각하는지 가슴에 손을 얹고 생각해보라는 것이다.

노 정권에게 한 가지 제안을 하고 싶다. 노 정권을 가장 열성적으로 지지하는 사람 1만 명을 대상으로 무슨 신문을 구독하는지 조사해보기 바란다. 감히 장담하지만, 보수신문 구독자가 다수일 것이다. 바로 이런 구독 행태에서 모든 비극이 발생하는 것이다. 이런 이중성이 바뀌지 않으면 언론개혁은 영원히 불가능하다. 노 정권 인사나 지지자들부터 자신이 비교적 긍정 평가하는 신문들을 골라 구독하고 남에게 권유하는 '포지티브 캠페인'으로 전환하기 바란다.

—경향신문, 2007년 5월.

행복한 장애인,
아름다운 대한민국?

지난 4월 4일 청와대 영빈관에선 장애인차별금지법 서명식이 열렸다. 영빈관엔 '행복한 장애인, 아름다운 대한민국'이라는 표어가 내걸렸다. 이 표어의 위선에 분노한 이가 있었으니, 장애인차별금지법제정추진연대 대표 박경석이었다.

박경석은 대통령의 정치적인 서명식 한 번으로 마치 장애인의 현실이 개선되는 것처럼 비치는 현실을 바로 알려야 한다는 생각으로 노무현 앞으로 나가 기습시위를 벌였다. 박경석은 "국가인권위원회에서 장애인 부모들이 장애인교육지원법 제정을 위해 단식 중이다. 장애인이 차별받는 현실을 대통령이 아서야 한다"고 호소했지만, 경호원들에게 끌려 나갔다.

그 이후 어떻게 됐을까? 후속 기사가 나오겠거니 기대했지만, 대부분의 언론은 외면했다. 경향신문 4월 19일자에서 겨우 박경석 인터뷰 기사를 볼 수 있었다. 당시 노무현은 박경석에게 "말할 시간을 주겠다"고

했지만, 박경석은 이후 어떤 연락도 없었다고 말했다. 박경석은 "장애인들의 50퍼센트 이상이 초등학교 교육조차 받지 못하고 있다"며 교육법 지원의 필요성을 거듭 강조했다.

한미 FTA 건으로 사회적 약자들을 배신했다고 욕을 먹은 노무현으로서는 장애인차별금지법 서명식을 반박성 이벤트로 최대한 활용하고 싶었을 것이다. 그랬는데 박경석이 나타나 기습시위를 벌였으니 얼마나 화가 났겠는가. 자신의 감정을 전혀 감추지 못하는 노무현의 얼굴이 짜증으로 얼룩진 걸 TV 화면을 통해서도 볼 수 있었다. 이해는 할 수 있지만, "말할 시간을 주겠다"던 약속은 지키는 게 좋겠다. 지난 대선 때 사회적 약자를 위해 일하겠노라고 흘렸던 눈물을 생각해서라도 말이다.

한국사회에 장애인 문제는 없다. 비장애인의 문제다. 대통령만 비난할 수 없는 이유도 여기에 있다. 돈줄을 쥐고 있는 정치인과 관료들은 장애인 복지 투자를 경제에 도움이 되지 않는 것으로 여긴다. 하나는 알고 둘은 모르는 근시안적 발상이다.

복지를 정부 혼자서 전담할 수 있는가? 그건 가능하지도 않거니와 바람직하지도 않다. 시민들의 자발적 기부금으로 형성되는 이른바 '민간복지'와 더불어 두 바퀴를 만들어야 제대로 굴러간다. 그런데 민간 복지를 가로막는 최대의 장애가 무엇인가? 그건 바로 사회적 약자를 돌보는 데에 인색한 정부정책과 사회적 풍토다.

독할 정도로 열심히 일하고 알뜰하게 관리해 큰돈을 모은 연예인들의 가정사를 보면 한 가지 묘한 공통점이 있다. 집안에 장애인이 있다는 점이다. 그들의 이야기를 들어보면 눈물겹다. 그들은 한국에선 국가와 사회가 장애인 복지를 외면하기 때문에 가족 차원에서 해결할 수밖에 없다는 '진리'를 터득해 실천에 옮긴 것이다.

장애인 복지, 아니 최소한의 인권마저 가족에게 떠넘기는 현 시스템은 민간 복지를 위축시킬 수밖에 없다. 집안에 장애인이 있건 없건 훗날의 위험에 대비해 스스로 가족의 안전을 도모해야 한다는 생각이 전 국민의 의식을 지배할 때에 민간 복지가 설 땅은 없다. 이건 정치인과 관료들의 기존 경제학으로는 포착되지 않는 것으로, 두렵게 생각해야 할 일이다. 노무현이 그런 두려운 마음을 갖고 박경석을 만나 약속했던 '말할 시간'을 주면 좋겠다. 말 한마디가 천 냥 빚을 갚는다고 했다.

—새전북신문, 2007년 4월 30일자.

기술공화국의 업보

구한말 온건 개화파를 사로잡았고 이후 내내 한국사회를 지배한 동도서기(東道西器) 사상은 새로운 기술 도입에 관한 한 한국인을 세계에서 가장 진취적이고 용감한 사람들로 만들었다. 과학과 기술, 정신과 문화는 상호 분리될 수 없는 것임에도 동도서기는 그 분리가 가능하다고 전제했기 때문에 새로운 기술도입 시 고민하거나 망설일 필요가 없게 만들었다. 오늘날 신제품을 일찍 구매하는 소비자를 가리키는 얼리어답터(Early Adopter) 층이 가장 두꺼운 나라로 한국이 꼽히는 것도 결코 우연이 아니다.

바로 그런 이유 때문에 한국은 기술의 축복과 더불어 저주를 많이 받은 나라다. 예컨대, 고속도로와 고속철도를 보라. 새로운 교통기술은 한국의 산업화와 경제성장에 큰 기여를 했지만, 지방을 죽이면서 '서울 1극 구조'를 강화시키는 주범이 되었다.

기술은 빠르고 의식은 늦다. 이걸 문화지체 현상이라고 한다. 기술과

의식 사이에 경제, 정치, 조직, 문화를 넣는다면, 변화의 빠른 속도로 볼 때에 '기술〉경제〉정치〉조직〉문화〉의식'이 될 게다. 각 요소들 사이의 변화속도가 다른 데에서 비롯되는 괴리는 높은 사회적 비용을 유발한다.

한국은 기술이 이끈 전형적인 '기술공화국'이다. 한국의 방송문화는 방송인들이나 지식인들보다는 전자산업이 주도했다. 텔레비전 수상기 제조가 수출산업이었던 바, 한국은 세계에서 가장 빠른 텔레비전 보급률을 자랑했고 이런 초고속 성장의 지배와 압력을 받으면서 방송 제작 관행과 가치가 형성되었다.

자동차는 어떤가? 텔레비전 수상기에 이어 자동차가 유력 수출산업이 되면서 제반 여건이 갖추어지기도 전에 도로에 자동차의 홍수가 밀어 닥쳤다. '마이카 시대'를 빨리 맞이하게 된 건 축복일지 모르지만, 자동차 하드웨어가 소프트웨어(교통시설 및 문화)를 일방적으로 압도했기에 한국의 도로는 늘 살벌한 전쟁터를 방불케 한다. 이는 한국인의 인성이 전투적이어서가 아니다. '기술공화국'의 업보다.

전화는 어떤가? 집에 전화 한 대 놓기 위해 온갖 로비를 해야 했던 게 엊그제 같은데, 이제 한국은 세계의 휴대전화 산업과 문화를 이끄는 선두주자가 되었다. 수출산업인 휴대전화 산업을 키우기 위해서라도 한국인들은 죽어라 하고 휴대전화를 빨리 바꾸는 애국심을 발휘해야 한다. 좋은 점도 많겠지만, 휴대전화는 사람이 쓰는 도구가 아니라 사람을 지배하는 주인이 되었다.

최근 화두가 된 '인터넷 악플' 사태도 기술공화국의 산물이다. 세계 1위의 도시화율과 아파트 거주율로 대표되는 초밀집 거주체제는 한국의 인터넷 보급 속도를 가장 빠르게 만들었다. 전 세계가 경이롭게 바라보았다. 그런데 인터넷으로 무얼 하나? 주로 오락이다. 시간 때우기다. 인터넷 이용시간은 세계 최고 수준이지만, 실용적으로 인터넷을 이용하는 비율은 세계 최하 수준이다. 그러니 악플이 나오는 게 당연하다.

이제 기술에 대한 자의식을 가질 때가 되었다. 좀더 영악하게 새로운 기술도입의 명암(明暗)을 미리 따져보고 대비책을 세우는 버릇을 키워야 한다. 사실상 이미 예견된 일이 터졌는데도 매번 "이럴 줄 몰랐다"는 식으로 허둥대는 게 이젠 지겹지 않은가. 기술을 도구로만 보기보다는 기술의 사회문화적 연계를 고려할 때에 스스로 새로운 기술을 내놓는 역량도 기를 수 있다. '기술공화국'을 지향하더라도 인간이 주인이 되어야 한다.

－새전북신문, 2007년 2월 5일자.

'역지사지' 하면 안되나?

고종석:
진보주의와
'책임윤리'

자유인 체질

고종석은 소설가, 에세이스트, 국어학자, 프리랜서 등으로 불리지만, 자유주의적 기질이 매우 강한 명문가(名文家)로서 많은 고정 팬을 거느리고 있는 독특한 지식인이다. 그는 책을 낼 때에 '머리말'을 매우 짧게 쓰는 버릇을 갖고 있는데, 예외적으로 1999년 6월에 낸 『감염된 언어: 국어의 변두리를 담은 몇 개의 풍경화』(개마고원)에선 16쪽에 걸쳐 자전적인 이야기를 하였으며 또 13쪽에 걸쳐 자신의 국어관을 소상히 밝히고 있다. 고종석이라는 인물 자체에 대해 관심을 갖고 있는 사람들은 『감염된 언어』를 먼저 읽는 것이 좋겠다.

고종석은 1959년 서울에서 태어났다. 고등학교 국어교사였던 아버지의 영향을 받은 탓인지 그는 이미 고교 시절부터 국어에 깊은 관심을 보였다. 그는 16세인가 17세 되던 어느 날 청계천 헌 책방을 뒤지고 다니다가 외솔 최현배의 『우리말본』을 접하게 되면서 국어사랑에 푹 빠졌다. 어쩌다 대학은 법학과(성균관대)에 들어갔지만, 그는 법학이 적성에 맞지 않아 문과대학에 들락거리면서 언어공부에 더 큰 열성을 보였다.

고종석은 대학 졸업 후 코리아 타임즈에서 5년, 한겨레신문 문화부에서 5년간 기자로 일했다. 그가 코리아 타임즈에서 한겨레신문으로 옮긴 것은 민주화에 대한 강렬한 열망 때문이었다. 한겨레신문 창간 준비 업무를 맡았던 홍수원은 다음과 같이 회고했다.

"안국동에 사무실을 연 지 며칠 안되는 날이었지요. 얼굴이 아주 하얀 게 첫눈에도 샌님처럼 생긴 친구가 불쑥 찾아와서는, 자기가 비록 다른 신문사의 현직 기자이지만, 새 신문을 만드는 데 적극 찬동하고 있으니 자기 돈 50만 원을 받아달라는 거예요. 하지만 그 돈을 덥석 받을 수가 있나요? 보안문제도 있고 외부 프락치가 침투해 들어올지도 모른다는 불안도 있고……, 그래서 일단 성의는 고맙지만 그냥 돌아가서 우리가 연락할 때까지 기다려 달라고 할 수밖에 없었죠."[58]

물론 그 '샌님처럼 생긴 친구'는 바로 고종석이었으며, 그는 나중에 한겨레신문에 들어가 문화부 기자로 맹활약을 했다. 그는 한겨레신문에 근무할 때에 8개월 남짓 파리 연수를 가게 되었는데, 이때에 '유럽 바람'이 단단히 들어 귀국해서 직장에 사표를 내고 가족과 함께 다시 파리로 떠났다. 그는 파리에서 언어공부를 하면서도 한겨레신문에 기사를 쓰고 『시사저널』 파리주재 편집위원으로 일하기도 했다. 또 그는 1994년부터 1996년까지 대학생들이 많이 읽는 『지성과 패기』에 「유럽 통신」과 「말들의 풍경」 등을 연재해 높은 인기를 누렸으며, 「유럽 통신」은 『고종석의 유럽통신』(문학동네, 1995)이라는 책으로 출간되었다.

이미 서울대 대학원에서 언어학 석사과정을 수료했던 고종석은 파리 사회과학고등연구원에서 언어학 박사과정을 수료하고 프랑스로 간 지 4년 만에 서울로 돌아와 한국일보에 몸을 담았다가 다시 자신의 '자유인 체질'에 어울리게 프리랜서 생활을 하고 있다. 그는 1993년에 파리 연수 경험을 근거로 쓴 『기자들』(민음사)이란 장편소설을 발표했으며, 1997년엔 『제망매』(문학동네)란 단편소설집을 펴내 소설가로서도 높은 평가를 받았다.

이문재는 "고종석 소설들은 감각적인 지식인 소설이라는, 한국 소설 문학사의 새로운 지평을 열어젖뜨린다"고 했고,[59] 최재봉은 "한국 문단에서 고종석 씨가 차지하는 개성은 무엇보다 자유주의와 개인주의, 세계시민주의와 같은 이념적 지향에서 찾을 수 있다. 작가 특유의, 서구 지성사에 대한 해박한 이해와 결합된 그 같은 지향은 그의 소설들에 알게 모르게 스며들어 있다"고 평가했다.[60]

순수를 경계하고 불순을 옹호하다

그러나 고종석은 소설보다는 언어학에 더 심취해 그 분야로 더 많은 저서를 냈다. 1997년에 낸, 한겨레신문에 쓴 기사 모음집인 『책읽기 책일기』(문학동네) 이후 그가 낸 대부분의 저서는 언어를 다룬 것들이다. 1997년에 『사랑의 말, 말들의 사랑』(문학과지성사)을 냈으며, 1999년엔 3권의 책을 냈다. 6월 『감염된 언어』, 7월 『언문세설』(열림원), 9월 『국어의 풍경들: 고종석의 우리말 강좌』(문학과지성사) 등이 바로 그것이다. 그는 2000년대 들어서도 여러 책을 냈는데, 자신의 대표적 저서를 꼽아 달라는 요청에 이렇게 답했다.

"『기자들』은 첫 책이라서, 『제망매』는 내가 소설가가 됐구나, 『자유의 무늬』(개마고원, 2002)는 내가 저널리스트구나, 『감염된 언어』는 내가 약간은 언어학도구나 하는 느낌이 들게 했지요. 이 세 개가 제 정체성인데, 셋 다 얼치기이긴 하지만 이 책들에 기자로서, 소설가로서, 언어학도로서 정체성이 있는 것 같아요.”[61]

고종석의 지극한 국어사랑은 ‘열려 있다’는 말을 듣는다. 그가 복거일의 영어공용어화론에 찬성한 건 결코 놀라운 일이 아니다. 그는 지극히 실용주의적인 이유와 언어 순수주의에 대해 반대하는 입장에서 영어공용화론에 대해 열린 자세를 취한 것이다. 그는 자신이 ‘불순함의 옹호자’라며 다음과 같이 말했다.

“불순함을 옹호한다는 것은 전체주의나 집단주의의 단색 취향·유니폼 취향을 혐오한다는 것이고, 자기와는 영 다르게 생겨먹은 타인에게 너그러울 수 있다는 것이다.”[62]

일상적 삶의 대인관계 차원에서만 하는 말이 아니다. 심오한 뜻이 담겨있는 거대담론이기도 하다. 그는 “결국 내가 20세기의 역사에서 얻은 교훈은 모든 순수한 것에 대한 열정이 위험하다는 것이다. 순수에 대한 열정이라는 것은 말을 바꾸면 근본주의, 원리주의다. 그것이 종교의 탈을 쓰든, 학문이나 도덕의 탈을 쓰든, 인종이나 계급의 탈을 쓰든 마찬가지다”라며 다음과 같이 말했다.

“순수에 대한 열정은 좋게 말하면 진리에 대한 열정이라고도 할 수 있다. 그런데 광신이라는 게 별 게 아니라 진리에 대한 무시무시한 사랑이다. 그리고 진리에 대한 무시무시한 사랑은 필연적으로 소수파나 이물질을 배제하는 전체주의의 문을 연다. 그 문을 닫아놓는 길은 모든 사람들이 진리의 전유권을 스스로 포기하고 그와 동시에 남들이 진리를 전유하는 것도 용납하지 않는 것이다. 진리에 대한 사랑을 줄이는 것, 열정의 사슬을 자유로써 끊어내고 광신의 진국에 의심의 물을 마구 타는 것이다. 흩어져 싸우는 개인들이란 결국 세계시민주의자들이고, 세계시민주의의 실천 전략은 불순함의 옹호다. 결론을 내리자. 섞인 것이 아름답다는 것이 내가 생각하는 20세기의 교훈이다. 아직 우리는 그 교훈을 받아들일 준비가 안된 듯하지만."[63]

고종석의 영어공용어화론 지지는 그런 철학에서 비롯된 것일 뿐 그의 국어사랑은 지나치면 지나쳤지 모자라지는 않다. 고종석의 저서 『언문세설』은 한글의 24개 자모에 대해 자세히 이야기하는 독특한 구성 방식을 취하고 있는데, 그는 '책 앞에'에서 "모국어는 내 감옥이다. 오래도록 나는 그 감옥 속을 어슬렁거렸다. 행복한 산책이었다. 이 책은 그 산책의 기록이다"라고 밝히고 있다. 이 책에 대해 어느 기자는 "지은이는 우리말글을 정확하게 분류하고 엄밀하게 규정하기 위해 거의 편집증적이기까지 한 노력을 들인다. 그것은 큰 사전 한 권을 통째로 씹어먹고 음성·음운학의 이론까지 만끽한 학구파의 태도와 결부돼 있다"는 평가를 내렸다.[64]

국어 연구와는 별도로 고종석의 에세이는 많은 사람들의 사랑을 받고 있다. 소설가 장정일은 『장정일의 독서일기 2』(1995)에서 고종석의 글에 대해 다음과 같이 말했다.

"서점의 인기 서적 매장과 사춘기 감성을 장악하고 있는 대부분의 수필집이 '가을엔 고독하다' '4월은 진인한 달이라고 어떤 시인은 노래했다'와 같은, 딱히 자기만의 것도 아닌 대중적 감상주의와 올빼미의 혀처럼 학습된 교양주의로 글쓴이를 익명화시키는 반면, 고종석의 수필은 저자를 저자이게 드러낸다."[65]

스타일, 메시지의 탁월성

대중적인 글을 쓰는 사람들 가운데 고종석이 점하고 있는 위치는 매우 독특하고 희귀한 것이다. 그런 사람들의 글은 크게 보아 스타일(형식) 중심주의와 메시지(내용) 중심주의로 나눌 수 있다. 물론 두 가지를 다 중요시 여기는 사람들도 많지만 스타일도 탁월하고 메시지도 탁월한 글을 쓰는 사람은 매우 드물다.

고종석의 경우 두 가지를 다 성공적으로 해내고 있다. 무엇보다도 그의 글은 신선하다. 그의 글에 동의하건 동의하지 않건, 장정일의 말대로 '저자를 저자이게 드러낸다'. 고종석이 각종 매체에 쓴 에세이 가운데 주목할 만한 내용으론 다음과 같은 것들을 들 수 있겠다.

"대선이 끝난 뒤 한겨레가 주선한 한 좌담에서는 '일부 보수언론의 선거 개입 폐해'가 거론됐지만, '보수언론'이라는 것은 발설자의 조심스러운 표현일 뿐 조선일보를 보수언론이라고 할 수는 없다. 서구의 보수언론이 견지하고 있는 주지주의, 열린사회에 대한 신념이 조선일보에는 없기 때문이다."[66]

"기독교 역사나 마르크시즘 역사는 사랑의 이름으로 이룩한 증오의 역사다. 그들이 내건 사랑이 그리 크지만 않았더라도, 그들이 역사 속에서 실천한 증오의 크기가 그렇게 엄청나지는 않았을 것이다. 바로 여기서 반—유토피아주의자의 금언이 나온다. 남을 도우려고 애쓰지 말라. 남을 해치지 않도록 애쓰라."[67]

"나는 한자어와 외래어가 마구 섞인 한국어 문장에서 풍요와 세련을 느낀다. 언어 순결주의, 즉 외국어의 그림자와 메아리에 대한 두려움에서 장애인 멸시, 외국인 노동자 박해까지는 그리 먼 걸음이 아니다."[68]

"자신을 진보적이라고 (또는 적어도 민주주의자라고) 내세우면서도 조선일보에 글을 쓰거나 인터뷰하는 사람들, 또는 그 밖의 방법으로 그 극우신문과 속 보이는 거래를 하는 사람들은 모두 X새끼들이라고 말하는 사람이 서넛쯤은 있어도 좋지 않을까?"[69]

"오문은 한국어 출판물에 너무나 만연해, 그것을 지적하는 사람이 신경증 환자라고 핀잔받을 정도다. 오문투성이 글을 밤낮없이 읽고 있으니, 나 역시 오문의 함정을 빠져나갈 자신이 없다."[70]

"우리말의 경어 체계는 나이의 위계뿐 아니라 신분의 위계를 드러내고 그것은 다시 경어법에 의해 강화된다. 우리말이 민주적이지 않다는 것, 그것은 국어에 대한 내 애정에 주름을 만든다."[71]

"고은광순 씨는 『어느 안티 미스코리아의 반란』(1999)을 통해 세기말의 남성우월주의자들을 조롱하고 풍자하고 야유한다. 고은광순 씨 시집을 읽고 나니, 나도 찔리는 데가 있다. 나, 사실은 고최종석이다."[72]

"1970년대는 3김 시대가 아니라 박정희 시대였고, 1980년대의 첫 여덟 해 역시 3김 시대가 아니라 전두환 시대였다. 따라서 3김 시대는 아무리 길게 잡아도 12년이다. 일부 언론이 '30년 3김 시대'라 하는 것은 사실과 부합하지 않는다."[73]

"한국에서 자신이 '인문주의자'라는 것을 드러내는 가장 효과적인 방법은 프랑스 애호를 높이 외치는 것이다. 그들은 말한다. '프랑스를 보라'. 그들은 미국을 이상할 정도로 경멸하면서 프랑스의 장점은 과장하고 단점은 묵인한다."[74]

민노당의 감사장을 받아야 한다

자신을 진보적이라고 생각하는 독자들께 질문을 하나 드리겠다. 민주노동당(민노당)이 창당 기념일 행사로 일반 대중을 상대로 한 여론형성에 있어서 민노당의 발전과 성장에 가장 큰 기여를 한 지식인에게 감사장을 수여한다면, 당신은 1순위로 누구를 꼽겠는가?

나는 고종석이다. 고종석의 반열에 오를 만한 다른 지식인의 이름이 생각나지 않는다. 나의 이런 주장을 염두에 두면서 최근 고종석이 펴낸 『바리에떼: 문화와 정치의 주변풍경』,(개마고원, 2007)라는 책을 읽기를 권한다. '사람'에 관심이 있는 독자라면 고종석의 '복잡성'에 큰 재미를 느낄 수 있을 것이다. 아니 무심코 읽으면 그냥 지나칠 수도 있다. 나는 자칭 '고종석 전문가'로서 그가 얼마나 '복잡한 사람'인가에 대해 이제부터 예비지식을 드리고자 한다. 고종석에 대한 칭찬도 비판도 아니다. 담담하게 해부해보는 것이다.

고종석은 "개인적으로 나는 스스로를 진보주의자라고 생각해본 적이 없다. 당연히 나는 진보정당의 지지자가 아니다"고 했다.[75] 고종석은 진보주의자가 아닐 뿐더러 집단주의를 혐오한다. 그는 "만국의 개인들이여, 흩어져라! 흩어져서 싸우라! 민족주의의 심장에, 모든 집단주의의 급소에 개인주의의 바이러스를 뿌려라!"라고 선동적인 개인주의 선언을 한 바 있다.[76] 고종석이 낙관적 열망을 갖고 있는 것도 아니다. 그는 "나는 염세주의자에 가깝다. 나는 나 자신을 포함해서 사람을 그다지 신뢰하지 않는다. 탐욕과 포악과 비굴에서 사람에게 맞설 만한 동물이 있을지 모르겠다"고 털어놓았다.[77]

이 정도면, 고종석을 잘 모르는 분들은 의아하게 생각할 것이다. 아니 그런 사람에게 왜 민노당이 감사장을 줘야 한단 말인가? 이유는 간단하다. 고종석만큼 효과적으로 민노당 지지를 역설한 지식인은 찾기 어렵다는 사실 때문이다.

민노당 당원이거나 당원은 아니더라도 민노당 색깔을 갖고 있는 진보적 지식인들은 평소 글쓰기 활동을 어떻게 하고 있는가? 민노당 당원들도 잘 알아듣기 어려운 용어로 논문식 글을 쓰는 지식인들이 다수다. 대중적인 글을 쓰는 지식인들도 있지만, 이들은 보수(자유주의 포함)정당 비판에만 몰두한다. 보수정당 비판이 곧 민노당 지지로 연결되지 않는다는 건 이미 충분히 입증된 것 같은데도, 이들은 왜 민노당을 지지해야 하는지 겸손하고 간곡한 자세로 설득하려 하지 않는다. 보수정당 지지자들에 대한 호통, 야유, 조롱이 주요 메뉴다. 비극은 많은 민노당 당원들이 그걸 말리면서 "손님 쫓아내지 말라"고 고언을 하는 게 아니라, "아이고 속 시원해라" 하면서 즐긴다는 사실이다.

호통, 야유, 조롱의 가치를 인정하지 않는 게 아니다. 차분하고 정중한 설득보다는 그게 더 필요할 때도 있고 효과를 낼 때도 있다. 문제는 시종일관 그렇게 함으로써 그것이 하나의 양식으로 굳어져 본말이 전도되는 사태다. 나를 위한 진보인가, 민중을 위한 진보인가?

고종석은 시종일관 겸손하게 민노당 지지를 설득한다. 그는 한국사회의 극우편향을 개탄하면서 '이념적 정상화'를 위해 자유주의자들이 민노당에 표를 던져야 한다고 타이르고 호소한다. 이 책에도 그런 호소가 자세히 나와 있지만, 고종석이 정치를 주제로 쓴 많은 글엔 명시적·암묵적인 민노당 선전이 들어있다. 민노당이 이런 사람에게 감사장을 주지 않는다면 누구에게 줘야 한단 말인가?

고종석은 한국 진보의 리트머스 시험지

고종석이 묘한 사람인 건 분명하다. 한국사회의 야만에 대해 그 어떤 진보주의자보다 더 진보적 의분을 표출해 왔으면서도, 자신은 진보주의자가 아니라고 딱 잡아떼니 말이다. 문학평론가 백철은 고종석의 소설집 『제망매』에 쓴 발문에서 고종석의 묘한 이념 지향성과 관련하여 다음과 같이 말한 바 있다.

"그는 우리나라의 어떤 '좌파들' 보다도 더 좌파적이었고, 어떤 '우파들' 보다도 더 우파적이었다. 인간과 세상의 진보를, 아니 진보의 험난한 좌절들을 진실로 가슴 아파하는 사람이라는 뜻에서 그는 충실한 좌파였고, 많은 좌파들을 부끄럽게 만들 줄 안다는 의미에서 또한 충실한 우파였다."[78]

사회과학적 분석으로 한 걸음 더 들어가보자. 고종석은 한국형 진보주의의 리트머스 시험지다. 진보세력이 '고종석 시험' 을 통과하지 않고선 큰 발전은 기대하기 어렵다. 그 시험의 이름은 '개인주의와 사회주의' 의 관계 정립 문제다.

개인주의는 오랫동안 사회주의와 갈등 관계를 유지했다. 허버트 스펜서(Herbert Spencer)는 "조직이 완성될수록 경직된다는 것은 모든 조직의 속성이다"라며 사회주의에서 중앙집권의 발달, 정치권력의 확대, 창의력의 쇠퇴, 개인의 종속 등이 생길 걸 우려했다. 그는 사회주의는 '인간 개미' 의 공동체를 형성할 것이며, 현재의 사태보다 훨씬 단조롭고 절망적인 노예제도를 발생시킬 것으로 보았다.[79]

사회주의에 호의적인 사람들도 개인주의 때문에 사회주의에 대해 유보적 자세를 취하곤 했다. 예컨대, 미국 철학자 윌리엄 제임스(William

James)는 사회주의에 공감했지만 사회주의가 개인과 천재에 반대하는 것을 싫어했다. 가치 있는 것은 오직 개인뿐이라는 것이다.[80]

사회주의자들에게 그런 고민이 없었던 건 아니다. 오스카 와일드 (Oscar Wilde)는 1891년에 낸 『인간의 영혼과 사회주의』에서 "우리가 사회주의를 통해 이르고자 하는 것이 개인주의"라고 주장했으며, 조레스 (Jean JaurAs)는 1898년에 낸 『사회주의와 자유』에서 "사회주의는 완전하고 논리적인 개인주의"라고 주장하면서 사회주의를 개인주의의 논리적 완성으로 보았으며, 빅토르 바슈(Victor Basch)는 1904년에 낸 『무정부주의적 개인주의』에서 "일관성 있는 개인주의는 사회주의로 귀결된다"고 주장했다.[81] 또 프랑스 사회주의자 루이 블랑(Louis Blanc)은 개인주의를 미래의 박애적 시대로 이행하는 데 필요한 과도기적 단계로 보았으며, 푸리에(Charles Fourier)와 그의 추종자들은 개인주의와 사회주의 간에 어떠한 기본적 대립도 없다고 생각했다.[82]

고종석의 책임윤리

한국에서 '개인주의를 거친 사회주의'를 시사한 이는 한양대 교수 임지현이다. 그는 "낡은 전통에 가위 눌려 있는 남한의 좌파 지식인들은 '사회주의는 진정한 의미의 개인주의를 거친 사회에서만 건설할 수 있다'는 트로츠키(Leon Trotskii)의 회한으로부터 얼마나 자유로운 것일까?"라는 의문을 제기했다.[83]

이론 없이 곧장 실천으로 들어간 대표적 인물이 바로 고종석이다. 그렇다고 해서 고종석이 사회주의를 지향한다는 뜻은 아니다. 한국의 진보주의자들 가운데 사회주의자는 얼마나 되겠는가? 고종석은 진보주의

자라는 뜻이다. 그런데 왜 고종석은 한사코 자신이 진보주의자가 아니라고 주장하는가? 개인주의와 진보주의가 양립하지 못하는 한국의 진보주의 풍토를 정면 돌파할 뜻이 없기 때문일까? 나는 그게 고종석의 개인주의가 요구하는 '책임윤리' 때문이라고 생각한다.

한국의 진보주의자들은 책임윤리가 박약한 편이다. 책임윤리란 어떤 일을 함에 있어서 나타난 결과뿐만 아니라 예상 가능한 결과에 대해서도 책임을 지는 윤리의식을 말한다. 옳은 일이니까 결과에 개의치 않고 무조건 밀어붙인다는 진보주의는 책임윤리가 없는 모험주의라고 말할 수 있다. 한국에선 곧잘 모험주의가 진보주의로 통용되기도 한다. 독재 정권 시절에 형성된 습속이 민주화가 된 이후에도 지속된 탓이다.

이념을 떠나 일상의 차원에서도 책임윤리가 강한 사람은 공직을 맡는 걸 두려워한다. 책임의식이 너무 강하기 때문이다. 한국사회의 가장 큰 비극 하나를 꼽으라면 나는 공직자, 특히 고위 공직자들의 책임윤리 부재 또는 박약을 들겠다. 대부분 고위 공직을 출세로 생각한다. 그건 '출세'가 아니라 '봉사'하는 거라고 반박할 사람들도 있겠지만, 봉사하기 위해 치열한 로비를 하고 남이 자신보다 좋은 봉사 기회를 갖게 되면 배 아파하고 헐뜯는 사람들이 왜 그리도 많단 말인가?

책임윤리가 강한 사람은 함부로 공적 단체를 만들지도 않는다. 공공의 목적을 위한 단체면 성공 가능성을 검토하지도 않은 채 무조건 만들고 보는 게 우리 시민사회의 풍토다. 하다 안되면 때려치우면 그만이다. 책임? 공익을 위한 이타적 활동에 무슨 책임? 책임윤리가 강한 사람은 이타성을 면죄부로 내세우는 그런 반문에 동의할 수 없다.

책임윤리 유전자를 갖고 있는 고종석은 영원히 공직을 맡거나 상시

적인 공적 단체를 만드는 일은 하지 않을 가능성이 높다. 최근『시사저
널』사태로 인해 고통에 빠져 있는『시사저널』기자들을 돕기 위해 발족
시킨 '『시사저널』을 사랑하는 사람들의 모임(공동대표 고종석, 이재현)'
의 경우처럼 궂은일에나 나설 뿐이다. 물론 그렇지 않을 수도 있고, 그렇
게 되지 않기를 바라지만, 여태까지 내가 분석해온 고종석은 그렇다는
것이다.

고종석은 진보마저도 책임윤리의 관점에서 접근하는 사람이다. 그래
서 선뜻 "나 진보요!"라고 말할 수 없는 사람이다. 그는 진보를 고위 공
직처럼 생각하는 것이다. 앞서 인용한 백철의 평가를 다시 읽어보라. 가
슴에 와 닿는 날카로운 지적이다.

고종석, 강준만의 논쟁

고종석은 과격한 개인주의 선언을 하였지만, 나는 실천에선 내가 고종
석보다는 훨씬 개인주의적이라고 생각한다. 이는 내가 이기주의에 더
충실하다는 뜻이기도 하다. 지난 2003년 12월 나는 고종석과 민주당 분
당 문제로 논쟁을 한 바 있다. 이와 관련된 글이『바리에떼』에 실려 있
으므로, 이 이야기를 좀 해보자.

민주당 분당에 대해 비판적이었다는 점에선 나와 그의 생각은 같았
지만, 전체 또는 집단을 생각한다는 점에선 고종석은 나에 비해 한 수
위였다. 고종석은 "가난한 부모가 창피하다며 집을 뛰쳐나갔다가 세상
에서 따돌림당하는 자식을 거두어 보살피는 어미의 심정으로 호남 유
권자들은 신당을 감싸야 한다"는 주장을 폈다.[84]

나는 이런 '부모' '자식' '어미' 론이 매우 부적절한 유추라고 생각한

다. 그건 그 어떤 악성 '인질정치'마저 정당화해주는 논법이기 때문이다. 고종석이 많은 면에서 자신과는 어울리지 않는 김동민과 똑같은 논법을 구사했다는 게 흥미롭다. 김동민은 구체적으로 호남인들을 겨냥해 "어머니와 같은 도량과 품성으로 노무현 대통령을 감싸 안아야 한다"고 역설했다.

"뭇사람들처럼 똑같이 그를 비난하고 있을 수만은 없다. 세상의 어느 어머니가 자식이 잘못한다고 매질만 하고 급기야 자식의 연을 끊는단 말인가. 가출을 했다 해도 마찬가지다. 따끔하게 질책은 하되 끝까지 책임지는 모습을 보여주어야 한다. 그래서 결국은 뜻을 성취하도록 뒷바라지를 해주어야 한다. 자식 이기는 부모가 없다지 않은가?"[85]

고종석과 김동민의 이런 의기투합이 내겐 '가국주의(가족국가주의)' 스캔들로 비친다. 그런 논법에 근거해 고종석이 '참여정부의 파산'을 염려해 열린우리당 지지를 역설하고, 다른 대안으로 민노당 지지를 제시한 건 나로 하여금 "이 양반 개인주의자 맞나?"라는 의문을 갖게 했다.

고종석은 나의 주장이 '민주당 지지'를 '암시'한다고 해석했지만, 그런 해석을 매우 불온하다고 본 나는 "이 양반 진짜 개인주의자 맞나?" 하는 생각을 했다. 혹 '대안 중독증'이나 '독수리 5형제 신드롬'에 빠져 있는 건 아닌가 하는 생각마저 했다. 노무현의 대안 없는 해체주의는 '창조적 파괴'라고 예찬하는 사람들이 많던데, 그건 노무현만 누릴 수 있는 특권이란 말이냐고 내심 쏘아붙였다.

나는 열린우리당은 내가 반대한 정당이므로 열린우리당이 파산하건 말건 아무런 책임의식이 없는 반면, 고종석은 대선에서의 투표에 대한 책임을 말하면서 노 정권에 대한 책임윤리마저 역설하는 게 아닌가! 고종석이 자유주의자요, 개인주의자라고? 다시 생각해볼 필요가 있겠다.

노무현은 자신의 약속을 뒤집고 민의를 폄하하면서 결과야 어떻게 되건 말건 모험주의라고 불러주기조차 어려운 도박주의로 치달리는데도 고종석은 그런 노무현까지 어미의 마음으로 껴안자고 역설했으니, 나로선 "오지랖도 참 넓다"는 생각을 하지 않을 수 없었던 것이다.

고종석은 "노무현이 아무리 나빠도 최병렬이나 이회창보다는 수백 배 덜 나쁘고, 전두환 보다는 수만 배 덜 나쁘다"는 논리를 내세워 대통령 측근 비리 관련 특검법 통과에 한나라당과 공조한 민주당을 격렬하게 비판했다.[86] 나는 여기서 고종석의 평소 '쿨함'이 사라졌다는 게 흥미롭다. 이는 그가 '개인'보다는 집단적 '대의'를 앞세운 탓이리라.

나도 평소 대안을 어지간히 강조하는 편이지만, 잘못된 것을 비판함에 있어서 늘 그 결과와 대안까지 미리 생각하고 비판에 임하진 않는다. 그런데 고종석은, 비록 그가 '국가'와 '민족'이라는 단어를 혐오할망정, 사실상 국가와 민족을 염려하는 지극한 애국심을 발휘하였으니 이 어인 일인가.

고종석형 진보주의

『바리에떼』엔 복거일의 『죽은 자들을 위한 변호』(알음, 2003)에 대한 성실한 반론이 실려 있다. 87쪽에서 137쪽에 이르는 긴 글이다. 고종석 스스로 "식민지 시기의 역사적 복권을 통해 민주주의 운동의 정통성을 흔들려는 온갖 '경제론'들의 급소를 이 글이 비교적 정교하게 움켜쥐었다고 나는 판단한다"고 했는데, 내가 보기엔 그 이상이다. 최근 홍수처럼 쏟아져 나오고 있는 식민지 시절에 대한 모든 논란에 대해 명쾌한 교통

정리를 원하는 사람이라면 반드시 읽어야 할 글이라고 말할 수 있다.

고종석은 복거일을 내내 비판하지만 그의 비판은 더할 나위 없이 성실하다. 나는 복거일에 대한 과분한 대접이라고 생각한다. 나는 복거일은 철저한 사회진화론자이며, 그가 말하는 자유주의니 보수주의니 하는 건 편의적으로 동원되는 것일 뿐이라고 보기 때문이다.

일부 지식인들이 경쟁에 친화적인 자유주의까지 싸잡아 사회진화론이라고 하는 바람에 사회진화론의 의미가 많이 희석·왜곡되었지만, 진정한 의미의 사회진화론적 관점에서 보자면 일제·일제통치는 욕할 게 아니다. 약육강식(弱肉强食), 우승열패(優勝劣敗)의 원리에 따른 것뿐인데, 거기에 무슨 가치판단이 필요하단 말인가. 사회진화론자들이 도덕을 완전히 무시하는 건 아니지만, 그건 약육강식, 우승열패 원리에 부차적인 것에 지나지 않는다. 나는 고종석이 복거일의 자기교정 가능성에 대해 미련을 떨치지 못하는 건 자신이 복거일로부터 배운 점이 있다는 것에 대한 책임윤리 때문에 그러는 게 아닌가 의심하곤 한다.

고종석과 같은 희귀한 지식인이 있다는 건 한국 지식계의 축복이지만, 내가 정작 높이 평가하는 그의 미덕은 매사를 깊이 꿰뚫어보는 시력이다. 예컨대, 노무현 시대의 가장 큰 재앙은 무엇일까? 나는 고종석이 2005년 8월 다음과 같이 말했을 때 동의했을 뿐만 아니라 노무현을 원망했다.

"노 대통령이 지금까지의 방식으로 남은 임기를 채울 때, 그가 남길 유산은 정치적으로만이 아니라 문화적으로도 파멸적일 것이다. 그의 실패는 사회·문화적 소수자에 대한 유권자들의 편견을 정당화하고 강화함으로써, 앞으로는 결코 그와 같은 배경의 인물이 정치의 중심에 서지 못하도록 만들 것이다."[87]

내 기준으론 보아선 과도할망정 고종석의 엄격한 책임윤리가 곳곳에 스며드는 그런 세상이 되면 좋겠다. 물질적으론 낮은 곳에 있을망정 정신적으론 높은 곳에 서서 진보 아닌 사람들을 내려다보는 일부 진보주의가 고종석형 진보주의로 교체되는 그런 세상은 언제 올 것인가?

—1999년 『시사인물사전 1』에 쓴 「고종석」과 『한겨레 21』 2007년 3월 13일자에 쓴 「'고종석' 식 진보주의를 위하여」를 합해 발전시킨 것이다.

공지영:
상처를 껴안는 법

공지영의 상처

소설가 공지영 씨가 재테크·처세술을 다룬 책이 베스트셀러를 독식하다시피 하는 출판계에서 고군분투하며 한국문학의 자존심을 세워주고 있다. 상처가 오히려 약이 된 걸까? 그녀는 한동안 자신에게 쏟아진 '운동권 상품화'라는 독한 비난에 충격을 받아 신경정신과까지 다녀야 했다고 털어 놓았다.

　나는 공씨의 상처에 가슴 아파하면서 최근 한 언론학자가 출간한 책을 떠올렸다. 그 학자는 '머리말'에서 '좌파 10년, 우파10년'으로 보낸 자전적 이야기를 소개했다. 과거 진보적 언론운동단체에서 일했던 그는 자신의 변화 이유와 관련, '사람이 살 만한 세상을 만들기 위해 개혁하자는 사람들 간의 갈등'에 대한 환멸을 토로하면서 '사람을 소중히 여기지 않는 메마른 좌파의 문제'를 지적했다. 그는 같이 운동을 한 대학교수들의 처신은 어쩌면 개인적 '입신양명'인지도 모르겠다는 생각을 하게 되었다고도 했다.

평소 어떤 분들에 대해 "개혁, 진보를 열심히 외치지만 '인간이 없다'"는 생각을 해온 나는 그의 고백에 공감했다. '인간'이 없는 메마른 개혁, 진보 담론은 자신의 출세나 인정욕구 충족을 위한 도구일 수 있다는 생각도 했다. 스티븐 룩스(Steven Lukes)는 『마르크스주의와 도덕』이라는 책에서 마르크스주의를 망친 건 '도덕'의 부재라는 걸 시사했는데, 마르크스주의건 개혁주의건 세상을 바꾸고 싶은 열망이 강하거나 그런 열망으로 포장한 권력욕이 강한 사람일수록 '인간적 도덕'이 결핍되기 쉬운 것 같다. 나도 그런 혐의로부터 자유로울 수 없는 사람이기에 자기비판을 하는 심정으로 말씀드려 보겠다.

인간적 도덕이라 함은 정실주의를 말하는 게 아니다. 최소한의 자기성찰이다. 역지사지(易地思之) 능력이라 해도 좋겠다. 물리적 폭력에 분노하는 사람들이 자신의 언어폭력엔 믿기지 않을 정도로 둔감하기에 하는 말이다. 과거의 동지를 비난하고 상처를 주더라도 지켜야 할 최소한의 원칙은 있는 법이다. 가학의 쾌감을 느끼려는 게 아니라면, 무엇보다도 상대편의 말과 글을 가능한 한 악의적으로 해석하고 왜곡까지 하는 건 해선 안될 일이다.

"자신 있는 자만 돌을 들어라"는 말은 보수 이데올로기로 악용될 수도 있지만, 그 참뜻은 자신을 먼저 돌아보라는 뜻이다. 자신의 흠과 추태에 대해선 무한대로 관대할 뿐만 아니라 모두 좋은 뜻이었다고 미화하고, 자신의 마음에 들지 않는 남의 행태에 대해선 성난 얼굴로 비난만 해서야 쓰겠는가. 남들도 자신만큼의 지능과 선의를 갖고 있을 수 있다는 걸 인정하는 자세가 아쉽다 하겠다.

공지영 씨의 상처 이야기를 하다가 멀리 나갔지만, 공씨에겐 장경동 목사의 말씀을 들려주고 싶다. 장 목사가 매우 어려웠던 시절 그의 아내는 이웃집 김장을 도와주러 갔다고 한다. 아내는 김장을 할 수 있는 처지가 아니어서 일을 끝내고 내버려질 푸성귀나 가져가려고 했더니, 주인장 하시는 말씀이 "돼지 갖다 주려고 그래요?"였다나. 아내는 이 사건을 먼 훗날에야 털어놓았다고 한다.

장 목사는 세 가지 교훈을 말했다. 첫째, 말을 조심하자. 둘째, 별 생각 없이 상투적으로 한 남의 말에 상처받지 말자. 셋째, 말의 때를 알자. 공씨가 껴안을 교훈은 두 번째 것이다. 남의 비판에 개의치 말고 무소의 뿔처럼 혼자서 담대하게 자신의 길을 갈 일이다. (그러나 권력자는 그러면 안된다).

비판을 많이 하는 나 같은 사람들이 명심해야 할 건 첫 번째와 더불어 세 번째 교훈일 게다. 장 목사는 아내가 그 일을 즉시 말했더라면 자신은 돈 버는 길로 나섰을 것이라며 말의 때가 중요하다고 했다. 비판도 마찬가지다. 심사숙고와 공부가 필요하다. 생각을 익힌 다음에 발설해야 한다. 나는 그간 개혁, 진보 담론을 이기적으로 사용해온 건 아닌지 새삼 두려운 마음을 갖게 된다.

'다름'을 포용하면 안되나?

앞의 글은 내가 한국일보 2006년 11월 29일자에 쓴 「공지영의 상처」라는 제목의 칼럼이다. 어느 신문에 실린 공지영 인터뷰 기사를 읽고 가슴이 아파서 쓴 글이었다. 그녀의 발언을 좀더 소개하면 다음과 같다.

"우파들은 내가 좌파 성향인 거 같아 싫어하고, 좌파들은 나보고 운동 팔아먹는다고 싫어했지요. 남자들하고 우파들, 이제는 권력을 얻은 좌파들 심기를 모두 건드린 거지요. 그러고도 사랑받기를 바라면 너무한 거 아닌가?'

"아직도 못 잊어요. 한 평론가가 『고등어』를 두고 '운동을 핫도그처럼 팔아먹는다'고 했지요. '햄버거'라고만 했어도 그렇게 충격받지는 않았을 거예요."

"그 소설(『무소의 뿔처럼 혼자서 가라』)에 대한 어느 신인 여성 평론가의 글 제목이 「대중 추수주의의 파멸」이었어요. 이런 종류의 충격을 겪으며 신경정신과까지 다녔어요. 너무 힘들었어요. 그때 내 나이 31세였는데……."

"난 길들여지고 싶지 않아요. 어느 날 어떤 자리에서 언제나 내게 호의적인 한 남성 평론가가 말하길 '공지영 씨는 너무 평가절하된 대표작가'라고 말하더군요. 내가 대답했어요. 나도 처음엔 몹시 서운했는데 앞으로도 당신들 평론가는 날 절대로 칭찬하고 부추기지 말아요. 난 마음이 약해서 당신들이 자꾸 잘해주면 하라는 대로 춤추니까. 당신들이 칭찬해주지 않아서 나는 대신 너무도 자유롭게 바다를 헤엄치고 다녔어요."[88]

문학평론가이자 인하대 교수인 김명인은 문단이 공지영을 평가절하한 이유 중의 하나로 거론하는 "문학적 혹은 예술적 자의식의 부족이나 이른바 '문제성'의 부족"에 대해 '다르게 생각하면 그것은 그가 문학을 하고자 삶을 들여다본 것이 아니라, 삶을 치열하게 살고자 문학을 수단으로 동원한 데서 오는 스타일의 차이라고 할 수 있다"며 다음과 같이 말했다.

"공지영을 두고 문장이 거칠거나 예술적 자의식이 부족하다고 비판하는 것에는 어느 정도 수긍할 수 있지만 1980년대 변혁운동이나 1990년대 페미니즘을 상품화했다는 비판에는 동의할 수 없다. 그는 변혁운동이나 페미니즘을 팔아먹은 게 아니라 자신의 삶 앞에 문제로서 가로막혀 있는 변혁운동에서 받은 상처라든가 가부장적 현실의 질곡을 자신의 방식으로(물론 그 방식의 평면성은 문제 삼을 만하지만) 글을 써냄으로써 이겨나가려 했던 것이라고 보아야 한다. 굳이 그가 무엇인가를 팔았다면 그는 자신의 힘겨운 삶을 글로 가공하여 판 것이리라."[89]

김명인의 평가가 중요한 건 김명인은 '다름의 가치'를 인정했다는 점이다. 즉, 공지영 소설을 달리 볼 수 있는 길이 있는데도 평론가들이 그걸 거부하고 자신의 길만을 평가의 잣대로 삼아 "나는 다르게 생각한다"가 아니라 "너는 틀렸다"는 식으로, 그것도 가능한 한 최대한의 상처를 줄 수 있는 언어로 비판을 가했다는 점일 것이다. 그녀가 '인간에 대한 예의'라는 말을 가장 좋아하게 된 것도[90] 그런 배경과 무관치 않을 것이다.

"나를 키운 건 8할이 상처"

공지영이 "자신과 다른 사람을 포용할 줄 아는 사회가 절실할 때가 됐어요"라고 말하는 건 세 번 결혼하고 세 번 이혼해 성(姓)이 다른 세 아이를 키우는 자신의 처지에 근거해 국제결혼 가족의 자녀들에 대한 염려에서 비롯됐지만,[91] '다름'을 인정하지 않는 문단의 경직된 풍토에 대해 한(恨) 맺힌 토로이기도 하리라.

공지영의 주된 화두는 상처다. 냉정하게 보이는 겉모습과는 달리,

"난 왜 이렇게 정(情)이 많게 태어난 걸까, 하늘이 원망스럽다" 하는 편이 자신의 본모습이라고 하니,[92] 아무래도 정이 많은 탓인 것 같다. 정희진의 말마따나, "사랑하는 것은 상처받기 쉬운 상태가 되는 것"이라고 하니 말이다.[93]

예쁜 얼굴을 갖고 운동권에 뛰어든 것도 그녀에겐 사회생활에서 겪은 상처의 출발이었다. 노동운동 조직에 들어가 6개월간 교육을 받은 후 선배들의 지시로 위장취업을 위한 현장 분위기 파악에 나섰는데, 여공들 머리가 다 빠글빠글하기에 여공답게 보이려고 파마를 하고 갔다가 당장 한 여자 선배로부터 싸늘한 경고를 받았다나. "너 외모에 신경 좀 그만 쓸래?"[94] 그것 참 죽을 맛이겠다. 이렇게 해도 예쁘고 저렇게 해도 예쁘니, 예쁜 걸 어쩌란 말인가.

소설가가 되고 나선 책만 팔리면 "미모 내세워 책 팔아먹는다"는 소리를 듣게 되었으니, 공지영 상처의 근원은 외모인지도 모르겠다. 그 수많은 문학상들도 일부러 그녀를 피해갔다. 1988년에 데뷔한 그녀는 2001년에서야 처음으로 21세기 문학상 대상을 수상했다. 지금은 상에 대한 미련이나 욕심을 극복했다지만, 그녀는 한때 상에 포한(抱恨)이 졌다고 고백한 적도 있다.[95]

결혼과 이혼의 상처도 가세했다. 이문열은 다음과 같은 악담을 퍼부었다.

"진실로 걱정스러운 일은 요즘 들어 부쩍 높아진 목소리로 너희를 충동하고 유혹하는 수상스런 외침들이다. 그들은 이혼의 경력을 무슨 훈장처럼 가슴에 걸고 남성들의 위선과 이기와 폭력성과 권위주의를 폭로하고 그들과 싸운 자신의 무용담을 늘어놓는다. 이혼은 '절반의 성공' 쯤으로 정의되고 간음은 '황홀한 반란'으로 미화된다. 그리고 자못 비장하게 '무소의 뿔처럼 혼자서 가라'고 외친다."[96]

이문열, 정말이지 해도 너무했다. 공지영은 언젠가 "성(性) 다른 내 두 아이 상처 감싸준다면 감옥에라도 가겠다"고 했다.[97] 그러나 그 상처를 치유할 겨를도 없이 그녀의 성 다른 아이는 셋이 되었다. 그래서인지 공지영 인터뷰 기사에선 좀처럼 '상처'라는 말이 빠지지 않는다. "상처받은 삶, 삶의 상처들을 서로 보듬어 안을 수 있는 여유와 온기를 나누고 싶었어요."[98]

문학이 상처의 구원이 되었다. 공지영은 "나를 키운 건 8할이 '상처'라고 생각하는데 글을 쓰면서 상처가 치유되는 걸 느꼈다"고 했다.[99] 그녀의 책들이 모두 베스트셀러가 되는 건 그만큼 상처받은 사람들이 많다는 걸 의미하는 건 아닐까? 글을 쓰면서 상처가 치유될 수 있다면, 그런 글을 읽는 것도 그런 효과를 낼 수 있으리라.

사실 그녀의 세 번에 걸친 결혼과 이혼은 그녀가 갖고 있는 '무소의 뿔' 역량을 말해주는 것인 동시에 그녀가 평단의 낡은 틀과 법칙을 깰 수 있었던 이유이기도 하다. 그녀는 '다름'을 포용하고 실천했기에 수난을 겪은 셈이다. 이제 상처마저 껴안는 새로운 포용을 실천할 일이 그녀를 기다리고 있다.

—2006년 한국일보에 쓴 「공지영의 상처」를 발전시킨 글이다. 미발표.

김용옥:
호연지기는 자유를
먹고 자란다

도올 김용옥은 자유로운 사람이다. 어느 누구는 자유롭지 않은가? 이런 반문에 답하기 위해선 '자유 등급제'를 역설해야 할지도 모르겠다. 감옥 밖에 있는 사람은 다 자유롭지만, 기존 이념, 인습, 관행으로부터 자유로운 사람은 얼마나 되겠는가?

그런데 나는 노무현 시대에 들어와 내가 높이 평가했던 도올의 자유로움이 좀 사라졌다는 느낌을 받았다. 이른바 개혁, 진보의 색깔이 두드러지면서 '모범생' 이미지가 강해졌다는 뜻이다. 그렇게 할 수 있는 사람들은 부지기수로 많은데, 도올까지 그 대열에 참여하지 않아도 좋은데, 뭐 이런 생각이었다.

그러나 불행 중 다행히도(?) 그의 모범생 역할은 그리 오래 가진 않았다. 최근 세인의 주목을 받고 있는 도올의 활동은 기독교 비판이다. 기독교계로부터는 분노 어린 비판이 쏟아지고 있지만, 우리나라 기독교 신학계의 대표적 지성인 한신대 명예교수 김경재는 한겨레 인터뷰에서 도올에 대해 호의적 평가를 내렸다.

김경재는 도올에 대해 '물건!'이라며 웃으면서 도올의 용기를 높게 평가했다. 독실한 기독교 집안에서 자랐고, 더구나 그의 집안이 속한 예수교장로회의 중도 및 중도 우파적 사상 계보로 볼 때 도올이 기독교를 비판하는 건 쉽지 않은 일이라는 것이다. 그는 "한국 개신교 120년 역사에서 도올만큼 '준비된 지성'도 흔치 않다"며 "서양 선교사들의 말을 그대로 답습한 게 아니라 주체적으로 기독교를 받아들였던 유영모, 함석헌 선생의 맥이 도올에까지 가 닿았다"고 평가했다.[100]

나는 그 논쟁을 평가할 만한 능력이 없다. 다만 지식인은 "자기 일이 아닌 남의 일에 뛰어드는 자"라는 사르트르의 정의를 수용하면서 지식인의 '문제제기'라는 고유의 역할에 비추어 볼 때에 높이 평가할 건 도올의 '용기'라기보다는 '자유 의지'라는 생각이 든다. 물론 자유를 위해 용기가 필요한 건 분명하지만, 그간 도올이 일으켰던 그 수많은 논란을 생각할 때에 용기는 이미 도올에겐 '상례화'된 것인지라 그의 타고난 자유 의지 또는 자유 본능으로 보는 게 더 타당하지 않겠느냐는 것이다.

한승동은 「도올판 '호연지기' 놀랍구나」라는 칼럼에서 도올의 자유 본능을 '호연지기(浩然之氣)'로 보았다. 한승동은 "그의 얘기를 제대로 따져 보는 것도 중요하겠지만, 우선은 요즘같은 세상 풍토에서 그 나이에 그토록 쉬지 않고 파고들면서 읊고 외칠 수 있다는 게 놀랍고도 통쾌하다. 도올판 호연지기랄까. 어쨌든 그것부터 흔쾌히 인정해서 나쁠 게 있을까"라고 말했다.[101]

전적으로 동의한다. 수많은 사람들이 '진보의 위기'를 말하고 있는

데, 나는 그렇게 된 가장 큰 원인이 '호연지기의 억압'에 있다고 본다. 호연지기란 "하늘과 땅 사이에 넘치게 가득 찬, 넓고도 큰 원기" 또는 "사물에서 해방되어 자유롭고 즐거운 마음"을 의미한다. 자유로워야만 발휘될 수 있는 것이다.

이 점에선 보수 쪽보다는 오히려 진보 쪽 굴레가 더 심하다. 진보는 어떠어떠해야 한다는 상투적 법칙이 엄존하고 있고, 진보적 지식인들은 그 법칙을 조금이라도 벗어나면 큰일 나는 줄 안다. '선명성 투쟁'이 진보 활동의 대부분을 차지하고 있다고 해도 과언이 아니다. 일종의 '상상력 죽이기' 게임이라고나 할까.

개인적 삶으로 보면 더할 나위 없이 자유로운 지식인인 것 같은데도 막상 글만 썼다 하면 '진보사상 경찰' 노릇을 하는 게 아닌가 할 정도로 자신의 진보 원칙에 어긋나는 걸 비판하는 일에 정열을 불태우는 진보 지식인들이 의외로 많다. 그 진보 원칙이라는 것도 한국적 현실에 대한 깊은 고민에서 우러나온 것이라기보다는 서구의 선진적 면모와 비교하여 낙후된 한국의 전근대성을 공격하는 것이다. 서구를 이상향으로 미화하며 토착적 전통을 냉소, 혐오, 멸시하는 주변부의 개혁지향적 엘리트의 세계 인식을 '자기 오리엔탈리즘(orientalism)' 또는 '옥시덴탈리즘(occidentalism)'이라고 하는데,[102] 그런 경향이 농후하다.

도올의 글에선 일탈의 자유를 느낄 수 있는 반면, 그런 진보적 지식인들의 글에선 목깃을 **빳빳**이 세운 제복을 입은 종교적 경직과 근엄함이 느껴진다. 겉으로 보기엔 도올이 더 경직되고 근엄하고 권위주의적일 것 같은데도 글은 그렇지 않으니, 이게 참 재미있는 현상이 아닐 수 없다. 자유를 먹고 자라는 호연지기를 억압하는 '아비투스(습속)'라고나

할까. 기존 법칙을 의심하고 경계를 뛰어넘어 자유롭게 생각하는 게 말

처럼 쉬운 일은 아닌 것 같다.

—2007년, 미발표.

김동춘:
누가 '기업사회'를
만드는가?

진보파는 한국사회가 기업적 가치의 지배를 받는 '기업사회'로 변했다고 개탄한다. 김동춘은 최근 출간한 『1997년 이후 한국사회의 성찰』(길, 2006)에서 기업사회를 "기업이 단순히 사회의 일부인 것이 아니라 오히려 사회가 기업의 모델과 논리에 따라 재조직되는 사회"로 정의하면서, 한국은 1990년대 초반부터 기업사회로 전환되기 시작해 1997년 외환위기 이후 그 전환이 급속하게 이루어졌다고 주장했다.

김동춘은 기업사회란 세 가지 차원에서 이야기될 수 있다며, ①기업권력이 정치권력이나 법 또는 행정을 압도하는 사회, ②기업이 아닌 사회조직이 기업을 모델로 하여 조직되는 사회, ③기업의 문화나 시장논리가 다른 문화의 가치를 압도하고 모든 사회구성원이 종업원과 소비자로 지칭되는 사회를 기업사회로 보았다.[103] 그는 기업사회의 구체적 특징을 다음과 같이 꼽았다.

- 자본의 고유한 권력인 생산 지휘권이 극대화돼 사회영역으로 확대된다.
- 정치·사회가 기업활동을 통제하기보다는 오히려 그것에 봉사하는 구실을 한다.
- 기업의 생산성이 곧 국가나 사회의 생산성으로 간주된다.
- 대기업 및 기업가 단체가 단순한 경제 문제뿐만 아니라 정치·사회 영역까지 간섭한다.
- 정치활동, 정책 생산, 법원, 미디어 등이 주로 대기업의 이익을 보호하는 쪽으로 기울어진다.
- 국민·시민·주민이 소비자로 불린다.
- 모든 정부·사회 조직의 우두머리는 경영자를 이상적인 역할 모델로 설정한다. 교회와 학교까지도 기업의 모델을 따라서 자신을 재조직한다.
- 정치·사회 엘리트층까지도 주로 기업 경영자 출신이 차지하게 된다.
- 노조활동은 기업경영의 방해물로 간주된다.
- 행정부는 기업조직을 모델로 한다. 정부부처 중에서 경제부처가 다른 모든 부처를 압도한다.
- 경쟁력이 없는 것은 곧 부도덕한 것으로 간주된다. 공공성은 곧 무책임과 동일시된다.[104]

날카로운 지적이다. 우리 사회의 성찰을 요구하는 것도 꼭 필요한 일이다. 그런데 누가 가장 먼저 성찰해야 할까? 진보파다. 보수파는 기업

사회를 바람직하다고 여기기 때문에 성찰을 요구해도 듣지 않는다. 오히려 코웃음 친다. 보수파와 진보파 중간에 있는 국민의 판단이 중요한데, 지금 우리의 현실은 어떠한가?

기업사회를 견제하는 최상의 방안은 공공영역의 내실화다. 공공영역이 잘 돌아가면 기업사회를 걱정할 필요가 없다. 기업사회와 공공영역중간 위치에 존재하는 공공기관은 기업사회에 대한 국민적 판단의 주요 근거가 될 수 있다. 공공기관이 일을 잘하면 기존 민영기업마저 공공기관화하는 일이 벌어질 수 있지만, 그 반대라면 결코 민영화해선 안될공공기관마저 민영화해야 한다는 여론이 우세해질 것이다.

그런데 김동춘의 책엔 성찰의 목소리가 전혀 없다. 아니 있긴 한데, 그건 "사회를 시장의 식민지 상태에서 벗어나게 하는 데는 주체의 복원이 가장 중요하다"는 수준에만 머물러 있다.[105] 대(對) 자본주의 투쟁을하자는 건가? 김동춘이 "모든 기업사회는 자본주의사회이지만 모든 자본주의가 기업사회는 아닐 것이다"라고 말한 걸로 보아선 그건 아닌 것같다.[106]

'주체의 복원'과 같은 추상적 해법보다는 우선 당장 기업사회로의 이행을 재촉하는 데에 가장 큰 영향을 미치는 공기업 문제를 건드릴 순 없었을까? 그렇지만 김동춘은 공기업 문제에 대해선 단 한마디도 하지 않고 있다. 아마도 분석 차원이 다르다고 봤기 때문에 건너뛰었겠지만, 대안 모색에 조금만 더 관심을 기울였더라면 결코 다른 차원의 문제가 아니라는 데에 생각이 미쳤으리라 보기에 이만저만 아쉬운 게 아니다.

최근 기획예산처에 따르면, 감사에게 급여를 주는 공공기관 119곳 가운데 절반 이상인 64곳이 감사에게 1억 원이 넘는 연봉을 지급하고 있는 것으로 나타났다. 69개 공공기관 감사의 2000~2005년 평균 인건비 상승률은 78.4퍼센트였다.[107] 고액 연봉을 받는 만큼 일을 잘하는 것도 아니다. 공공기관의 '무능, 방만, 도덕적 해이'는 국정감사의 단골 메뉴다.

노무현 정권은 한때나마 전투적으로 '양극화 해소'를 외치면서도 공공기관의 '풍요'에 대해선 입을 닫았다. 아니 오히려 풍요를 부추겼다. 자기편 요원들의 '낙하산 인사'를 위한 텃밭이었기 때문일까? 그런 점도 있겠지만, 노 정권 사람들도 비슷한 풍요를 누리고 있기 때문에 아무런 문제의식을 갖지 못했을 가능성이 높다.

2006년 2월 행정부 1급 이상 공직자 643명의 재산변동 신고내역에 따르면, 노 대통령을 비롯한 정부 고위공직자 중 81.8퍼센트가 재산을 늘렸으며 10명 중 2명은 1억 원 이상 불린 것으로 나타났다. 국회의원의 경우도 74퍼센트가 재산을 불렸으며, 1인당 평균 증가액은 1억 4,000여만 원이었다. 행정부 1급 이상, 국회의원, 사법부 고위법관 1,071명의 평균 재산이 10억 원을 넘고, 전체의 26퍼센트인 270명이 2005년 한해 1억원 이상 재산을 불린 것으로 나타났다.

이에 한국일보는 청와대가 홈페이지에 "승자 독식의 카지노 경제는 사회적 양극화가 심화될 수밖에 없다. 국가는 빈곤층에게 삶의 희망을 심어 줄 의무가 있다"고 썼다는 걸 상기시키면서 "그러나 서민층 중산층 모두 재산공개를 보며 절망하거나 깊은 한숨을 쉬고 있다"고 지적했다.[108]

그렇다. 그게 바로 민심 이반의 출발점이기도 했다. 노 정권이 진보파는 아니지만, 국민은 상대적 관점에서 그렇게 보고 있는 걸 어찌하랴. 공공기관 임직원과 고위 공직자의 풍요가 정당화될 수 있다면, 기업사회를 걱정해야 할 이유는 무엇이란 말인가.

정권·정치권은 공공기관을 개혁할 수 없다. 공공기관은 그들의 인력 관리상 보은(報恩)을 위한 '낙하산 인사'의 도구에 지나지 않기 때문이다. 그럼에도 정권·정치권 밖의 진보파는 이 문제를 주요 의제로 삼은 적이 없다. 이를 오랫동안 지켜본 많은 국민이 차라리 기업사회를 차선(次善)으로 여긴다고 해도 놀랄 일은 아니다.

반면 보수파는 기업사회의 현실은 아랑곳하지 않고 우리 사회에 '반(反)기업 정서'가 팽배해 있다며 그걸 없애기 위한 맹렬한 캠페인을 전개하고 있다. 반기업 정서라는 게 있다면 누가 가장 먼저 성찰해야 할까? 기업과 보수파다. 그러나 이들은 진보파와 똑같이 자기성찰은 하지 않고 반대편에게만 책임을 묻는다. 어느 쪽이 옳건 그르건 이런 식으론 기업사회는 물론 반기업 정서는 극복되지 않는다. 우리 모두 '내 탓'부터 먼저 하는 법을 배워야 한다.

—한국일보, 2007년 1월 17일자 칼럼을 발전시킨 것이다.

이건희:
'역지사지' 하면
안되나?

'이건희 시대'를 위하여

지난 16일 노무현 대통령은 "이미 권력은 시장으로 넘어간 것 같다"고 말했다. 이 발언은 그의 의도가 무엇이었건 '경제권력 우위론'을 일깨워주는 묘한 울림으로 다가왔다. 송복 전 연세대 교수는 노무현 정권 출범 직전 노무현 당선자가 삼성을 이길 수 없을 거라고 단언했다. 대통령과 삼성의 관계를 승패의 관점에서 보는 시각에 동의하긴 어렵지만, 삼성은 대통령 권력 위에 존재하는 더욱 막강한 권력일 수 있다는 점은 부인하기 어려울 것 같다.

우리 시대는 '노무현 시대'라기보다는 '이건희 시대'로 기록될지도 모르겠다. 노 대통령의 '동북아 균형자론'마저도 '세계 10위의 경제력'을 앞세워 제기되었다는 걸 상기할 필요가 있다. 우리는 삼성이 곧 국력이고 외교인 시대에 살고 있는 것이다. 이건희 회장이 지배하는 삼성이 한국 전체 수출액에서 주식시장 시가총액에 이르기까지 20퍼센트 이상의 몫을 차지하고 있다는 것도 놀랍지만, 더욱 놀라운 건 삼성의 '문화적 패권'이다.

한국은 정치와 경제의 이중구조가 문화로 고착화된 사회다. 일반 시민들의 정치적 삶과 경제적 삶이 각기 크게 다르다는 것이다. 예컨대, 정치적으론 개혁, 진보적이더라도 경제적으론 보수적이다. 이를 잘 보여주는 것이 신문 구독 행태다. 김대중, 노무현 지지자들도 신문만큼은 악착같이 김대중, 노무현에 적대적인 신문들을 구독해왔는데, 그 이유가 바로 '정치 따로, 경제 따로' 현상 때문이다.(오늘날 한국에서 신문 구독은 경제적 행위다.)

개혁, 진보적인 정치인이나 저명인사들 중에서도 재테크 솜씨가 탁월해 재산을 크게 불린 사람들이 의외로 많으며, 이게 흉이 되지도 않는다. 경제생활에 있어선 한국인들은 모두 다 "기존 질서에 순응해 일단 잘살고 봐야 한다"는 원칙에 집착하기 때문에, 보수와 진보의 갈등은 주로 비(非)경제 영역에서 벌어진다.

이런 이중성은 이건희 회장에 대한 분열주의로 나타난다. 정치적 개혁, 진보성의 관점에서 보자면 이 회장이 노조 탄압에서부터 상속세 문제에 이르기까지 많은 문제를 안고 있는 인물이라는 걸 모르는 사람은 없다. 그러나 경제적 순응주의의 관점에서 보자면 이 회장에 대한 평가는 전혀 달라진다.

부실 경영으로 기업을 망하게 해 사원들을 길거리에 나앉게 만든 재벌 총수들의 이름은 열 손가락으로 다 꼽을 수 없을 만큼 많다. 기업인에게 그것 이상 더 큰 죄악은 없다. 그 점에서 보자면 이 회장은 17만 삼성 사원들에게 영웅이다. 뿐만 아니라 그는 '세계적 1류 기업'의 탄생을 고대했던 한국인들의 오랜 한(恨)을 풀어줌으로써 모든 국민에게도 영웅이 되었다. 그래서 오래전부터 무슨 조사만 했다면 하면 '존경받는 기업인' 1위의 몫은 늘 이 회장에게 돌아갔다. 바로 이게 삼성의 '문화적 패권'일 것이다.

최근 고려대는 그런 '영웅'에게 철학박사 학위를 주는 건 당연하다는 판단을 내렸다. 그러나 일부 고려대 학생들은 이 회장을 정치적으로 볼 걸 요구했다. 그들은 이 회장의 어두운 면을 지적하면서 고려대 당국의 '경제주의적' 처신에 항의했던 것이다. 고려대 당국과 보수언론이 이 사건에 대해 호들갑을 떨면서 학생들에게 과잉 대응을 했던 진정한 이유는 사회적 묵계로 존재해온 이 회장에 대한 분열주의에 정면 도전했기 때문이었을 것이다.

이제 이 회장은 그 스스로 역설해 온 이른바 '노블레스 오블리주(noblesse oblige)'의 시험대 위에 서게 되었다. 그는 자신의 위상에 걸맞은 발상의 전환을 시도해 '삼성 왕국'의 높은 담장을 허물고 사회와 소통해야 한다. 그가 '모든 면에서 존경받는 기업인'은 실현 불가능한 꿈이 아니며, 그 꿈의 실현이 장기적으로 삼성의 이익에도 도움이 된다는 걸 깨달으면 좋겠다. '이건희 시대'가 오명이 아닌 영예가 되길 바란다.

이건희만 돌을 맞아야 하나?

나는 2005년 8월 『이건희 시대』라는 책을 냈다. 삼성과 이건희 회장을 중간적 입장에서 양시양비론으로 다룬 책이다. 양 극단의 지지세력과 비판세력 사이의 소통을 선동함으로써 다수의 지지를 받으면서 확실하게 실천 가능한 개혁을 이루자는 마음에서 썼다.

그러나 그 책을 쓰고 나서 주변에서 욕을 꽤 먹었다. 이른바 '도청 X 파일 사건'으로 이 회장과 삼성이 그간 저지른 불법과 횡포를 응징할 수 있는 절호의 기회가 왔는데 그런 분위기를 망칠 수 있다는 이유 때문이었다. 대충 이런 대화가 오고갔다.

"아니 내 책은 그 사건 이전에 쓰인 것인데다, 나는 모든 걸 법대로 처리하는 데에 찬성하는 사람이고 그 책도 그런 기조 위에 서 있는데 뭐가 문제란 말인가?"

"이 회장과 삼성에 대한 응징이 '법대로' 가능하다고 믿는가? 불같은 분노의 여론이 일어 검찰과 사법부에 압박을 가하지 않고선 그들은 영원한 성역이라는 걸 모르는가? 그런데 당신의 책은 타오르는 불길에 찬물을 끼얹는 효과를 낼 수 있으니 어찌 개탄하지 않을 수 있겠는가."

요컨대, 한국은 불처럼 타오르는 여론의 힘을 빌리지 않고선 법치(法治)의 완전한 실현을 기대하기 어려운 나라라는 것이다. 따라서 타야 할 불이 타오를 때엔 기름 한 방울이라도 보태야지 찬물을 붓는 성격의 발언은 자제해야 한다는 것이다.

그런 주장에 일리가 없지 않음을 인정하면서도 나는 우리 사회가 그간 이 회장과 삼성에게 잘못된 신호를 보내왔다는 점에 대해서도 깊은 성찰이 있어야 한다고 믿는다. 즉, 이 회장과 삼성이 지금 문제가 되고 있는 행위들을 해도 괜찮을 것이라고 믿게 한 책임이 우리 사회에도 있다는 것이다.

이 회장과 삼성 비판 중에 빠지지 않고 등장하는 게 그들이 돈질을 해서 사회 각계를 장악하고 있다는 이야기다. 장악을 당하는 이들은 누군가? 힘없고 배운 게 없는 이들인가? 아니다. 한국에서 둘째가라면 서러

위 할 정도로 힘있고 많이 배운 권력, 엘리트 집단들이다. 평소에 그걸 몰랐나? 평소부터 알고 있던 사실이라고 한다. 무슨 대책은 세웠나? 무대책이었거나 뾰족한 방법이 없었다고 한다. 한국사회의 수준을 일시에 뛰어넘을 수 있는 '절호의 기회'가 오기만 기다렸었나 보다.

한국을 대표할 만한 유명 지식인들이 앞 다투어 일방적인 '이건희 예찬론'을 폈을 때, 그 어떤 반론도 나오질 않았다. 오래전부터 삼성을 비롯하여 재벌들이 주는 각종 금전적 지원 혜택을 받기 위해 지식인들 사이에 치열한 경쟁이 벌어지고 있지만, 이건 아예 논의의 대상이 되질 않는다. 대학의 영웅은 이 회장과 삼성이다. 이 회장과 삼성으로부터 많은 돈을 받은 명문대학일수록 더욱 그렇다. 이 또한 전혀 거론되지 않는다. 고작 이 회장에게 '명예 철학박사' 학위를 주는 것만 논란이 될 뿐이다.

지금 나는 "우리 모두 죄인이요"라는 식의 대책 없는 탄식을 하자고 역설하는 게 아니다. 우리의 평소 행태를 성찰의 대상으로 삼는 일도 같이 해보자는 것이다. 내 주장은 이 회장과 삼성이 한국사회를 얕잡아 볼 만했다는 것이다. 그런 신호를 보내는 데엔 이 나라 지성의 보루라는 대학과 지식인들이 앞장섰다. 자기희생적인 헌신으로 이 회장과 삼성의 문제를 고발해온 극소수 인사들을 제외하곤 모두 '삼성공화국' 체제에 안주해 온 것이다.

바로 이런 '평소 실력'에 대한 아무런 성찰도 없이 '벼락 공부'하는 식으로 이 회장과 삼성에만 돌을 던지는 것은 위선이다. 공동책임을 져야 할 일에 주범을 하나 지목해 모든 책임을 떠넘기고 다른 모든 사람은 면책될 뿐만 아니라 피해자인 양 오히려 큰소리치는 풍토도 개혁 대상이 되어야 한다.

노무현, 이건희의 사돈 남 말하기

지난 1월 경제점검회의에서 이용득 한국노총 위원장이 "앞으로 가급적 말을 아껴주셨으면 좋겠다"고 말하자, 노무현 대통령은 화를 내며 "공개석상에서 할 말과 하지 말아야 할 말이 있다. 가려서 해 달라"고 맞받아쳐 화제가 되었다. 손호철 교수는 한국일보 칼럼에서 "노 대통령의 문제들이 대부분 대통령이 공개석상에서 할 말과 하지 말아야 할 말을 가려하지 않은 데서 연유한 것임을 생각하면 공개석상에서 할 말과 하지 말아야 할 말을 가리라는 노 대통령의 발언에 어안이 벙벙해진다"며 "옛말대로 '사돈 남 말한다'"고 꼬집었다.

웃음이 터져 나왔다. 나 역시 그 말을 꼭 하고 싶었는데 대통령에 대한 결례가 아닌가 싶어 차마 하지 못했었기 때문이다. 실제로 노 대통령은 사돈 남 말하는 일이 잦다. 탈당 의원들을 비난하며 "당을 쪼개 성공한 사례가 없다"고 한 발언만 해도 그렇다. 그거야말로 노대통령 자신의 이야기가 아닌가.

지도자가 '사돈 남 말하는' 버릇을 갖고 있다는 건 비극이다. 그건 자신을 객관적으로 관찰할 능력이 박약하다는 걸 뜻하기 때문이다. 아랫사람들은 지도자의 기분을 흡족하게 만드는 쪽으로 '올인' 하기 마련이다. 양심적이고 똑똑한 사람들이 모인 집단이 최악의 판단을 내리는 '집단사고' 현상이 일어나는 이유도 바로 여기에 있다.

한국의 경제 지도자인 삼성의 이건희 회장은 어떤가. 나는 이 회장을 다룬 책을 냈다가 '너무 긍정적이다' '너무 부정적이다'는 상반된 평가를 동시에 받으면서 한 가지 절감한 게 있다. 그건 지도자가 사돈 남 말하는 것보다는 아예 아무 말도 하지 않는 게 훨씬 더 낫다는 것이다. 이 회장과 삼성을 긍정 평가하는 사람들은 '말'이 아니라 '실적'을 본다. 반면 이 회장과 삼성을 부정 평가하는 사람들은 언행 불일치에 분노한다. 이는 온갖 무리를 해가면서 삼성을 아름답게 포장하는 걸 목표로 삼는 기존 홍보전략을 재검토해야 할 이유이기도 하다.

최근 『시사저널』 사태의 간접적이지만 근본적인 원인은 삼성의 홍보전략이다. 어느 기업이건 자사에 대한 부정적인 기사를 막으려는 건 홍보활동의 기본이지만, 여기에도 과유불급(過猶不及)의 법칙은 작동한다. 언론계 사람들은 삼성의 홍보에 감탄하는 동시에 경악한다. 거의 완벽하다고 보기 때문이다. 만약 이 회장이 그런 완벽성에 흐뭇해한다면, 그거야말로 소탐대실(小貪大失)이다.

그 완벽성은 이해관계자들의 '공감'이 아니라 '굴복'에 의해 이루어진다. 현실적인 힘의 논리에 의해 굴복을 하기 때문에 문제의식은 더욱 커진다. 겉으론 삼성에 부정적인 기사가 유포되지 않으니 평화로운 것 같지만, 속으론 "삼성을 이대로 두면 큰일 나겠다"는 적대감이 쌓여간다.

삼성이 언론에 의해 자주 비판받는 게 삼성 헤게모니를 위해서도 오히려 바람직한 일이다. 지금 삼성 홍보맨들에겐 진정 삼성과 이 회장을 위하는 길이 무엇인가를 판단할 재량권이 박탈돼 있다. 그들은 조직에서의 자기 안전과 성장을 위해 기존 조직의 법칙을 따르는 것뿐이다.

이 회장이 그간 세상에 유포된 '이건희 어록'을 다시 읽으면서 그간 자신이 사돈 남 말했던 건 아닌지 되돌아보면 좋겠다. 이 회장은 사내에서의 '아첨'에 저주를 퍼부은 지도자다. 왜 그 원리를 삼성 밖의 사회적 차원에선 실천하지 못한단 말인가? 삼성에 대한 양 극단의 시각보다는 삼성의 '건전한 헤게모니'를 지지하는 중간파가 다수라는 걸 믿는 게 좋겠다. 최소한의 건전성이 확보되지 않는다면 그 다수파는 '삼성 해체' 쪽으로 돌아설지도 모른다. 『시사저널』 사태를 원점으로 되돌려놓는 데에 일조하면서 삼성의 기존 홍보전략을 전면 재검토하는 이 회장의 현명한 용단을 보고 싶다.

―2005년 5월, 11월 그리고 2007년 2월
한국일보에 기고한 칼럼을 합한 것이다.

박세일:
누구를 위한 눈물인가?

행정도시특별법 국회통과에 반대하면서 눈물까지 흘렸던 박세일 한나라당 의원이 지난 3월 23일 탈당으로 의원직을 잃었다. 언론은 그의 소신을 높이 평가했으며, 그의 소신에 동의하지 않는 언론도 그가 공언을 이행한 것에 대해선 찬사를 아끼지 않았다. 그의 주장에도 공감할 수 있는 것이 많았다.

돌이켜보건대, 노무현 정권은 행정수도 이전 문제를 너무 정략적으로 다루었다. 지난해 4·15 총선의 승리에 도취돼 행정수도 이전에 반대하는 움직임을 '제2의 탄핵사태'로 몰아붙이는 오만한 자세를 보였다. 겸허하게 설득하려는 노력은 없었다. 노 정권이 행정수도 이전을 초당파적인 국책사업으로 삼아 한나라당의 적극적 참여를 요청하면서 여론 설득에 나섰더라면 헌법재판소의 10·21 위헌 판결은 나오지 않았을 것이다. 노 정권은 자신들의 그런 뼈아픈 과오를 반성하기는커녕 헌재를 공격하는 걸로 책임 회피를 하려고 들었다.

노 정권의 정략은 행정도시특별법 통과 이후에도 계속되었다. 무더기로 쏟아낸 '서울 살리기' 방안들이 바로 그것이다. 행정수도 이전을 열렬히 환영했던 사람들 중에서도 "이건 해도 너무 한다"는 말이 나오고 있다. 차분하고 치밀한 계획보다는 정략적 고려에 의해 추진되는 사업들의 부작용을 우려하는 목소리도 커지고 있다.

노 정권의 치명적인 약점은 진실성의 결여다. 서울시민들에겐 그들 대다수의 고향이 지방임을 상기시키면서 큰 타격이 가지 않게끔 잘하겠노라고 설득하는 방법을 택했어야 옳았다. 설사 선거에서 좀 당하더라도 그런 정공법으로 가야 정책에 대한 신뢰를 얻을 수 있는 일이었다.

박 전 의원이 노 정권의 그런 얄팍한 정략을 비판한 건 당연하다. 그는 자신의 그런 우국충정(憂國衷情)이 소수파 의견으로 다뤄지는 현실이 답답한 나머지 눈물을 흘렸을 것이다. 공감이 간다. 그러나 그는 한 가지 큰 걸 보지 못하고 있는 것 같다.

박 전 의원은 행정수도 이전은 물론 행정도시특별법을 '평등주의'로 비판했다. 그의 눈물이 어디로 갔을까 하는 생각이 든다. 그의 다른 모든 비판엔 동의해도 그 비판엔 동의하기 어렵다. 지방에서 한 번 살아보시라. 그런 말 안 나온다. 군사독재정권들도 특정 지역의 사람들이 국가와 민족을 위해 희생하는 게 미덕이라고 공개적으로 주장하진 않았다.

행정수도 이전이나 행정도시특별법을 지지하는 사람들이 노 정권의 정략을 모르는 게 아니다. 박 전 의원보다는 덜 하겠지만, 그 정략의 과잉으로 인해 나라 전체가 잘못되는 건 아닌가 하는 우려도 하고 있다. 다만 그들은 아무 희망도 없이 '지금 이대로'를 더 이상 감내하진 못하겠다는 것이다.

행정수도 이전이나 행정도시특별법을 반대하는 사람들이 평소 국토의 균형발전을 위해 나름대로 애쓴 사람들이었다면 상황은 크게 달라졌을지도 모른다. 그러나 그들은 그런 사람들이 아니었다. 그들은 '서울'을 '대한민국'으로 간주하면서 살아온 사람들이었다.

노 정권은 가볍고 얄팍한 정략으로 오염되긴 했지만 미래의 비전만큼은 올바르게 제시했다. 그래서 많은 사람들이 그 정략에 개탄하면서도 그 비전에 대한 공감으로 행정도시특별법에 대해 소극적 지지를 보내거나 침묵하고 있는 건지도 모른다.

박 전 의원이 지방민들의 삶의 현장을 체험해보면 좋겠다. 왜 전국의 많은 지역에서 '인구 늘이기'를 위해 눈물겨운 몸부림을 하고 있는지 그 이유도 살펴보면서 '국가 경쟁력'이라는 게 과연 누구를 위한 것인지 근본적인 의문을 가져보는 것도 좋겠다. 올바른 비전을 제시하긴 했지만 내공의 부족으로 정략의 수렁에만 빠져드는 정권을 도와 국가 백년대계를 함께 세우는 건 모든 사람들의 권리이자 의무일 것이다.

이미 많은 사람들의 존경을 누리고 있는 박 전 의원이 앞으로 해야 할 일은 노 정권을 '평등주의 정권'으로 비판하는 게 아니다. 그 '평등주의'라는 게 왜 많은 국민의 지지를 받는 건지 그 이유에 대해 깊은 성찰을 하고, 그런 성찰의 기반 위에서 좀더 나은 대안을 제시하는 것이다. 박 전 의원의 눈물이 진실된 것임을 믿어 의심치 않기에 그 눈물이 지방민들을 위해서도 흘려지기를 바라는 것이다.

―2005년 4월 부산, 대구, 광주 등 지방신문 신디케이트 칼럼.

10장

불성실한 비판자들

신영복:
왜 신영복을 오독 하는가?

신영복에 대한 오해가 만만치 않다. 신영복에 대한 일부 개혁, 진보 인사들의 부정적·소극적 평가는 '진보'에 대한 편협한 정의와 상황, 여건에 대한 무관심에서 비롯된 건 아닌가 하는 문제제기를 하고자 한다. 교수신문 2006년 9월 26일치에 실린 「탈이념 시대의 진보신화」라는 기사에 소개된 익명의 평가 5개를 인용하겠다. 내용이 다소 중복되기도 하는 긴 인용이 되겠지만, 신영복에 대한 오해를 넘어서야 참된 진보의 길을 모색할 수 있다는 문제의식의 중요성을 감안해 꼼꼼하게 검토해 주시기 바란다.

평가 1 "신영복 교수는 진보가 아니다. 신 교수의 저작 내용이 현재 KTX 여승무원 문제, 한미 FTA에 대한 '진보' 입장과 크게 입장을 달리하진 않겠지만 그렇다고 이에 대한 구체적 입장이나 답안이 제시되는 것도 아니다. 누가 신 교수의 저작을 읽고 래디컬함(급진성)으로 인한 위협을 느끼겠냐."

평가 2 "신영복 교수는 '진보적 상징'이라기보다는 '어른'이다. 그가 학계나 대중에 받아들여지는 방식은 각박하고 경쟁 위주인 현실에서 한숨 돌리면서 사색할 수 있는 사색의 인도자, 지혜로운 어른 정도다. 그렇기에 그의 저작들이 베스트셀러가 될 수 있었다."

평가 3 "사실 신영복 교수의 학문적 연구성과라는 것은 사회과학적 맥락에서 보면 전혀 없지만 이는 신 교수가 살았던 시대, 한국 현대사가 만들어낸 우리 '지식인의 초상'이기 때문에 그런 시대를 살아낸 '어른'에 대한 경외감은 필요하다. 그러나 실제 '그러한 것'보다 신비화되는 측면은 있고 이는 경계할 부분이다."

평가 4 "신 교수의 이론을 실제 사회 대안으로서 적용하려면, 그래서 낮은 사람들에게 실질적 도움이 되도록 적용하기에는 무리가 있는 주장이자 사상들이다. 현실은 감옥 속의 사람들보다는 조금 더 나은 상황과 평균적 이해와 속성을 가진 많은 사람들이 복합적으로 얽힌 복잡한 사회인데, 선생님께서 감옥이라는 현실과 동질성이 떨어지는 곳에 오래 머물렀다는 점, 또 학교라는, 사회와는 다른 세계에 오래 있어서 현실적 대안과 구체적 답을 원하는 이들에게 적절한 답을 줄 수는 없다."

평가 5 "나는 이렇게 고백하지 않을 수 없다. 선생님의 말씀이 조금씩 추상적으로 느껴지기 시작했다고, 선생님의 '관계론'이 소통되는 방식은 좀 '존재론'적으로 느껴졌다고, 그래서 선생님의 사상이 '고통의 바깥자리'에서 교양의 한 자락으로 변모돼가는 것을 느꼈다고, 세상의 악한들에게도 열려 있는 선생님의 너른 품이 속 좁은 내게는 문득 안타깝기도 했다고, 나는 그렇게 고백하고 싶다."

위에서도 지적되었지만, 많은 사람들이 신영복에겐 '구체적 입장이
나 답안' '급진성으로 인한 위협' '현실적 대안과 구체적 답'이 없다고
말한다. 나는 누울 자리를 보고 발을 뻗을 생각을 하자는 제안을 하고
싶다.

한국의 지도층 인사나 엘리트 계급에 대한 국민적 신뢰도는 늘 한 자
릿수와 10퍼센트대를 오락가락한다. 진보건 보수건 민중은 '출세'한 그
들을 믿지 않는 것이다. 공적 신뢰가 무너진 세상이다. 그런데 일부 진
보파는 신영복에게 '구체적 입장이나 답안' '급진성으로 인한 위협'이
없다고 불평한다.

신뢰가 죽은 사회에서 진보란 어떤 것이어야 하는가? 보수에게 타격
을 입힐 대안을 강구하는 것인가? 민중이 믿지 않는데도 진보의 비전과
대안을 역설하는 사람이어야 하는가? 신뢰의 문제를 외면하고 벌이는
그런 '대안 노름'은 문자 그대로 사상누각(砂上樓閣)은 아닐까? 신영복
은 바로 그 점을 지적하면서 다음과 같이 묻고 있는 것이다.

"지금 우리 사회에 신뢰받는 집단이 있습니까. 대학? 대학교수? 전혀
신뢰받지 못합니다. 문제가 있는 곳이면 어디 안 끼는 곳이 없어요. …
정치권, 종교계, 법조계 다 마찬가지입니다. … 지금 우리 사회에서 신
뢰집단이 되려고 하는 이들이 보이는 모습이 어떤 것이지요? 상대방을
흠집 내서 자신이 신뢰 받으려 합니다. 이 과정에서 우리 사회는 엄청난
내부 소모를 겪고 있습니다."

진보파는 그런 '내부 소모'를 필요악으로 본다. 기회가 있을 때마다

'필승' 구호를 외치고 있다. 진보적 지식인의 역할은 그런 필승을 위한 답을 제시하는 것이라고 아우성친다. 물론 그 덕분에 김대중, 노무현 정권이 탄생했다고 볼 수도 있으니, 그게 무조건 잘못됐다고 말하기는 어렵다. 문제는 두 정권이 보인 한계에 대해 아무런 성찰도 없이 또 한 번 무조건 필승해야 한다고 외치는 모습이다.

'신뢰'와 '성찰'의 미덕을 강조하는 신영복은 가급적 비판을 하지 않으려고 애를 쓴다. 신영복의 그런 점을 못마땅하게 생각할 사람들도 있겠지만, 그건 '역할분담'으로 이해하면 간단히 풀리는 문제다. 한 사람에게 모든 걸 다 기대하려는 '영웅 만들기' 게임의 유혹에서 벗어나자는 것이다. 지금 정작 하려는 말은 그건 아니고, 그런 신영복이 다음과 같이 말했을 땐 행간의 의미를 읽는 게 필요하다는 뜻으로 하는 이야기이다.

"1960년대 학생운동을 하던 시절을 돌이켜 보면 굉장히 능력 있고 진보적인 친구들이 참 많았습니다. 제가 그들과 헤어져 감옥에 있는 동안 내내 그 친구들이 어떻게 지내고 있을지 참 궁금했습니다. 그래서 출소한 직후에 제일 먼저 물어본 게 그 친구들의 근황이었습니다. 그런데 그 친구들 중 자리를 지키고 있는 경우가 하나도 없더군요. 다들 출세했더군요. 그 대신 남아 있는 사람들은 예전에 별 능력 없어 보였던 친구들, 사명감이 아니라 친구들에 대한 미안함 때문에 참여했던 이들, 그런 사람들이 남아 있더라고요. 제게는 놀라운 발견이었습니다. … '누가 누구를 이끌고 나가겠다'는 오만한 생각은 큰 잘못입니다."

내 나름의 직설법으로 해석해보겠다. 신영복은 '진보의 사유화, 이권화'를 지적한 것이다. 민주화운동에 헌신했던 농민운동가 천규석의 독설을 빌리자면, "지나고 보니, 1960년대부터 1980년대까지의 그 풍성했던 민주화운동이란 것들도 잘난 놈들에게는 입신출세와 물질적 보상이라는 두 가지의 전리품을 동시에 거두어갈 기회로 활용되었다."

물론 설사 그렇다 하더라도 민주화운동의 역사적 의미와 가치까지 훼손되는 건 아니다. 중요한 건 그 민주화운동 세력이 두 번 또는 세 번의 집권을 했지만 민중에겐 큰 실망을 안겨준 게 분명한 이상, '평가 1'이 중요하게 생각하는 '급진성으로 인한 위협'이야말로 이미 현실적합성을 잃어버린 옛날이야기가 아니겠느냐는 것이다. 이제 새로운 진보 프로그램을 기획할 때가 되었으며, 그 전제는 성찰과 신뢰라는 게 바로 신영복표 진보의 핵심이다. 누가 이 중요한 문제를 신영복만큼 일관되고 끈질기게 역설했는가?

신영복의 책들이 베스트셀러가 될 수 있었던 건 그가 "각박하고 경쟁 위주인 현실에서 한숨 돌리면서 사색할 수 있는 사색의 인도자, 지혜로운 어른 정도"로 여겨졌기 때문이란 '평가 2'의 지적은 옳다. 그러나 거기서 멈춰선 안된다. 그 사색에 담겨있는 진보의 가능성과 잠재력을 모색하는 단계로까지 나아가야 한다. 그럼에도 우리는 늘 진보를 '이끄는' 입장에서만 말할 뿐 '이끌림을 당하는' 사람의 입장은 고려하지 않는다. 상투적인 민중예찬과 실질적인 민중모독을 범하면서도 아무런 모순도 느끼지 않는다. 이러한 관계의 문제를 외면한 진보는 허구라는 게 신영복의 주장이기도 하다.

"우리의 삶은 사람과의 관계로 이루어져 있습니다. 우리가 느끼는 가장 절실한 아픔과 기쁨은 모두 사람에게서 옵니다. 그런데 세상에는 관대한 사람과 오만한 사람이라는 두 종류의 사람이 있습니다. 관대한 사람은 자신보다 약한 사람에게 관대한 사람입니다. 오만한 사람들을 자신보다 약한 사람에게 오만한 사람입니다. 하지만 이런 이들은 자신보다 강한 이들에게는 결코 오만하지 않습니다. 결국 어떤 사람이 관대한 사람인지 오만한 사람인지를 알려면 그 사람보다 약한 이들, 낮은 곳에 있는 이들에게 어떻게 대하는지를 보면 됩니다.”

지금 신영복은 ‘오만한 진보’는 원초적으로 가능하지 않다는 말을 하고 있는 것이다. ‘진보—보수’의 구도 이전에 ‘오만—관대’의 구도가 진보의 가치를 구현하는 데에 더 적절하다는 가능성을 시사한 것이다. ‘진보’로 출세한 이들에게 낮은 곳에 있는 사람들에 대한 공감과 눈물이 있는가? 공감과 눈물은 사회과학적 개념이 아니기 때문에 무시해야 하는가? 진보의 ‘진영 강화’라는 명분을 앞세워 끼리끼리 뜯어먹는 데에만 골몰했던 건 아닌가?

‘평가 3’은 신영복의 학문적 연구성과라는 것은 사회과학적 맥락에서 보면 전혀 없다고 했는데, 그 이전에 학문이건 진보적 실천이건 그걸 지배하는 기존 사회과학의 틀을 의심해볼 수는 없을까? 그 사회과학이란 것도 수입품이거나 보세가공품 아닌가. 신영복이 이런 문제제기를 직설적으로 하지 않았다고 해서, 우리는 단지 ‘어른’에 대한 경외감으로만 그를 대해야 하는가? 오히려 ‘신비화’를 걱정할 필요조차 없이 ‘어른’에 대한 경외감을 아예 버리고, 신영복을 대담한 도발자로 보는 게 더 옳지 않을까?

신영복이 겪은 20년 20일간의 감옥 생활이 갖는 한계를 지적한 ‘평가 4’에 필요한 것도 바로 그런 발상의 전환일 것이다. 위 평가들에 일관되게 나타나는 건 ‘전투적 일상에 매몰돼버린 진보’의 모습이다. 근본과 더불어 크게 보는 법을 놓쳐버린 타성의 정치일 수 있다. 신영복의 이론은 실제 사회 대안으로 적용할 수 있는 것이라기보다는 그 대안의 토대가 무너지고 있다는 걸 지적한 것으로 보는 게 옳다. 토대 없는 대안에 무슨 쓸모가 있단 말인가?

'평가 5'는 "세상의 악한들에게도 열려 있는 선생님의 너른 품이 속 좁은 내게는 문득 안타깝기도 했다"고 고백했는데, 이는 "대립과 갈등만 있을 뿐, 소통이 이루어지지 않는 사회의 문제를 어떻게 풀 수 있을까?"라는 신영복의 고민을 비켜간 고백은 아닐까? '세상의 악한'을 무력하게 만들거나 소외시키는 게 진보일 수 있을까? 그게 가능한가? 가능하건 불가능하건 그건 옳기 때문에 무조건 실천해야 할 그런 일인가?

그런 의문에 대해 신영복은 "우리 사회의 갈등 구조, 이것은 우리 사회가 지금까지 쌓아 온 역사의 결론"이라고 했다. 그는 한국사회는 흔히 말하는 것처럼 '젊은 사회'가 아니라 '굉장히 나이 많은 사회'라고 말한다.

"지난 세월 동안 파란만장한 역사를 살아온 사회거든요. 켜켜이 쌓인 세월의 무게를 지고 있는 나이 든 사람들의 모습과 닮았지요. 이렇게 나이 많은 사회라서 우리 사회는 무척 고집이 셉니다. 우리 사회가 처한 대립과 갈등의 문제를 풀어가려면 이런 전제, 즉 '우리 사회는 무척 고집이 센 사회다'라는 것을 먼저 수긍하는 태도가 우선 필요하다고 봅니다."

위와 같은 진단에 동의하지 않더라도 '세상의 악한'에 대해 무조건 이기는 게 좋은 건지 그것도 다시 생각해보자는 게 신영복의 문제의식이다. 그는 "한쪽에 이기는 사람이 있으면 다른 쪽에 어린 시절 강가에서 코피를 쏟던 나처럼 좌절하는 사람도 있으니까"라고 과거를 회상하면서 "하지만 수단 방법을 가리지 않고 이기기만 하면 된다는 사람들은 나이를 먹어도 이런 사실을 깨닫지 못하는 것 같아요"라고 했다.

이런 말이 현실과 동떨어진, '고통의 바깥자리'에서 교양의 한 자락으로 변모돼가는 담론으로 여겨진다면, 정작 현실과 동떨어진 건 바로 그런 생각일 수 있다는 반론을 펴고 싶다. 민중의 열화와 같은 지지를 받았던 노무현 정권은 한 자릿수 지지를 받는 '식물 정권'으로 전락한 가운데 민중은 노 정권에 대한 환멸과 반감을 한나라당과 '박정희 신드롬'을 껴안는 것으로 표현하고 있다. 과연 민중이 생각하는 '세상의 악한'은 누구인가?

신영복은 '승자 독식주의' 진보를 공격한 것이며, 그 내용은 너무도 현실적이다. '편 가르기'와 '적에 대한 증오' 등과 같은 진영의식에 사로잡혀 늘 '남 탓'만 하면서 외쳐대는 진보는 진보가 아니라는 그의 메시지가 현실적이지 않으면 무엇이 현실적이란 말인가? 문제는 너무도 현실적인 이야기를 '교양'으로만 간주하거나 소비하려 든 우리 모두에게 있는 건 아닐까? 한때 피를 나눈 형제 이상으로 끈끈하게 보였던 노 정권 사람들 간의 이전투구를 보라. 늘 사람을 강조해온 신영복에게 '사람 얘기'를 너무 많이 한다는 비판이야말로 비현실적인 게 아니었을까? 지금 우리는 신영복을 제대로 '소비'하지 못하고 있는 건 아닐까?

—『한겨레21』, 2007년 1월 2일자

탁석산:
사상, 생활 분리주의

탁석산 씨의 『대한민국 50대의 힘』(랜덤하우스코리아, 2006)이라는 책을 읽었다. 가장 눈길이 가는 대목은 '사상과 생활의 네 가지 조합'이었다. 그는 사람의 사상과 생활을 좌·우파로 분류해 ①사상 우파—생활 우파 ②사상 우파—생활 좌파 ③사상 좌파—생활 우파 ④사상 좌파—생활 좌파 등 네 가지 유형을 제시했다. ②유형이 가장 바람직하고 ③유형이 최악이라는 탁씨의 주장엔 논란의 소지가 있겠지만, 이제 '사상'만 말하지 말고 '생활'과 '인격'에 대해서도 말할 때가 되었다는 점에서 그의 문제제기는 소중하다 하겠다.

한국의 엘리트 계급을 놓고 말한다면, 가장 흔한 게 ①, ③ 유형이다. 사상에 관계없이 대부분 생활은 우파라는 것이다. 사상, 생활 분리주의는 오랜 역사를 자랑하는 것이거니와 여전히 그 장점도 있기 때문에 ③유형이 무조건 잘못됐다고 말하긴 어렵다. 문제는 ③유형이 너무 많다는 데에 있다. 좌우 개념을 세력 균형 중심의 상대적 관점에서 보아 개혁파까지 '사상 좌파'로 간주한다면 말이다. 그로 인한 문제는 대략 네 가지인 것으로 보인다.

첫째, 사회적 의제 설정의 왜곡이다. 개혁 의제를 민생과 동떨어진 의제 중심으로 가져갈 가능성이 매우 높다. 생활 중심 의제에선 자신들이 '사상 우파'를 압도할 수 있는 차별성을 보여주기 어렵기 때문이다. '생활 우파'인지라 서민 중심 의제의 절박성을 감지하기 어려운 탓도 있을 게다.

둘째, 출세를 위한 사상의 도구적 이용이다. 사상이 생활과 분리된 채 출세주의의 도구가 되면 '사상 좌파' 권력에 대한 충성 경쟁이 벌어지기 마련이다. 이런 경쟁에선 생활이 우파일수록 강경파 노릇을 하는 법이다. 이는 권력의 자기성찰과 자기교정 기능을 박탈하는 결과를 초래하기 십상이다.

셋째, 불신 초래와 민심 이반이다. 민심은 처음에는 '사상 좌파'가 '생활 우파'일 수 있다는 걸 인정하지만, 그 어떤 임계점을 넘어서 탈법, 부도덕의 혐의가 짙은 '생활 극우파'의 모습이 드러나는 일이 빈발할 경우 등을 돌릴 뿐만 아니라 기만을 당했다고 분노하게 된다.

넷째, '생활 좌파'의 득세를 거의 불가능하게 만든다. '생활 우파'는 사상에 관계없이 기득권 세력이기 때문에 모든 면에서 '생활 좌파'보다 높은 경쟁력을 자랑한다. 또 언론은 '사상'만 보도할 뿐 '생활'은 다루지 않기 때문에 일반 대중은 '생활 좌파'의 진정성을 접하거나 그 가치를 평가하기 어렵다.

이런 네 가지 문제를 이젠 본격적으로 거론할 때가 된 것 같다. 김대중, 노무현 정권이 국민에게 안겨준 가장 큰 실망은 '사상, 생활 분리주의'와 그에 따른 부작용이라는 게 분명해졌기 때문이다. 좌파 쪽 입장에선 생활은 우파인데도 사상은 좌파인 사람들이 힘을 보태준다고 해서 고맙게 생각할 수도 있겠지만, 그들의 득세로 인한 기회비용의 문제를 이젠 심각하게 고려해볼 필요가 있겠다.

고액 연봉을 받는 고위 공직자나 전문직 종사자라고 해서 곧장 '생활 우파'라고 할 수는 없다. 어떻게 사느냐가 중요하다. '사상 좌파'이면서도 소득 상위 20퍼센트 계층의 연간 가구소득(7,280만 원)보다 더 많이 재산을 불려놓고선 자신을 '청렴'하다고 생각하는 사람들이 많다. 그래놓고선 가만있으면 모르겠는데, 한국엔 기부문화가 없어서 큰일이라고 개탄하기까지 한다. 아마도 부정한 돈 한 푼 안 받으면 '생활 좌파'라고 생각하는 듯하다.

한국에서 사상, 생활 분리주의는 오랜 전통을 자랑하는데다 그럴 만한 역사적·구조적 조건이 있기 때문에 쉽게 극복되진 않을 것이다. 오히려 그런 분리주의를 지지하는 목소리가 더 탄탄한 이론적 배경을 자랑한다고 볼 수도 있다. 사상, 생활 분리주의의 폐해를 더 겪어봐야 하는 건 아닌지 모르겠다.

—한국일보, 2006년 12월 20일자.

리영희:
불성실한
'리영희 비판자들'

리영희는 '성찰의 대부'

지난날보다 더 지혜로워져야 한다. 이제 이분법이 잘 통하지 않는다. 상황이 달라지면 지식인은 자기수정을 해야 한다. 단시일에 바꾸려는 것, 비타협적인 것, 독선, 과격에서 벗어나야 한다. 이제는 군부독재 때처럼 무리수를 쓰면서 전면 투쟁하고 그런 과정을 통해 목적을 달성하고 정치적으로 성장하는 시대가 아니다.

2005년 봄에 나온 리영희의 발언이다. 지식사회학적 관점에서 보자면 리영희는 '사상의 은사'라기보다는 '성찰의 대부'다. 그가 1991년 1월 26일에 행한 '사회주의의 실패를 보는 한 지식인의 고민과 갈등'이라는 강연은 '성찰의 역사'에서 대사건이라 부를 만했다. 수많은 좌파 지식인, 청년들이 리영희에게 실망을 표시했고 일부는 리영희를 비판, 비난했다.

리영희 스스로 밝혔듯이, "그 당시 『전환시대의 논리』를 관철하는 나의 입장은 마르크스주의나 레닌, 스탈린주의이기보다는 휴머니즘이었”지만,[109] 그의 사상의 제자들은 ‘휴머니즘’을 넘어섰다. 그런 제자들의 비판, 비난에 대해 리영희는 다음과 같이 말했다.

“나는 섣부른 우상이 되고자 했거나, 우상처럼 행세했거나, 그런 것은 전혀 없었어요. 다만 일정한 영향을 끼쳤다는 것은 인정합니다. 그렇게 받아짐으로 말미암아서 후배나 후학들의 시야를 가리게 했다면, 법률용어로 말하면, 미필적 고의라고나 할까요. 내가 의도하지 않은 결과를 가져오게 한 것에 대해 한 선배 지식인으로서 가슴 아픈 자책이라고 할 수도 있고, 반성이라고 할 수 있고, 미안하다고 할까, 이런 것을 다 합친 감정에 사로잡혀 있어요. 그건 사실이에요. 그런데 나는 지금 거대한 역사적 변혁 앞에서 지적, 사상적 그리고 인간적 겸허의 무게에 짓눌려 있는 심경입니다. 그와 동시에, 주관적 오류나 지적 한계가 객관적 검증으로 밝혀질 때, 부정된 부분을 ‘사상적 일관성’이라는 허위의식으로 고수할 생각은 없습니다. 더 공부해야겠다는 생각이 간절합니다. 지난 1년간 글을 발표하지 않은 것도 그 때문이지요.”[110]

리영희는 자신의 ‘지적 고민’을 속으로만 하고 잠자코 있어도 될 일이었다. 그러나 그는 그렇게 하지 않았다. 이게 바로 리영희다. 리영희는 그 강연 이후 그의 ‘사상의 제자’들에게 끊임없는 ‘평생교육’을 실시해왔다. 언젠가 『월간조선』(2005년 9월호)은 “노무현은 리영희의 가장 충실한 제자”라고 주장했지만, 그게 사실이라면 노무현 정권이 지금처럼 큰 어려움에 처하진 않았을 것이다.

중앙일보의 '리영희 때리기'

그런데 중앙일보 2006년 11월 8일자는 리영희가 남긴 '비체계적인 인본적 사회주의'가 우리 사회를 '시장맹(盲)' '북한맹(盲)'으로 만들었다고 주장하고 나섰다.[111] 그런 주장을 편 글을 소개했을 뿐이며 공과를 공정하게 소개했다고 할 수도 있겠지만 편집 효과상 두드러지는 건 그 메시지다. 여기에 리영희의 정신적 제자였음을 자처한 내부 논객의 비슷한 비판까지 가세했다.[112]

나름대론 진지한 비판이었겠지만 다소 우스꽝스러운 '리영희 숭배' 현상이라는 생각이 든다. 리영희는 그렇게까지 위대하진 않다. '인물 결정론'도 정도 문제지, 너무 심했다.

신문은 '분위기 상품'이다. 편집은 사회 분위기에 민감한 편집국 분위기의 산물이다. 보수신문들은 노정권에 대한 민심의 분노를 이념, 색깔 전쟁으로 몰아가는 데에 여념이 없다. 삼성과의 관계라는 '축복과 저주'를 동시에 안고 있는 중앙일보는 그래도 그간 나름의 '자본 합리성'이라는 미덕을 보여왔다. 그랬던 중앙일보가 분위기에 휩쓸려 리영희마저 그 전쟁의 한복판에 세우는 건가?

2005년 3월 15일 리영희가 회고록 『대화』 출간 기념 기자회견을 가졌을 때, 중앙일보 기사는 리영희를 '원로 중의 원로'라고 부르며 이를 소제목으로 뽑았다. 76세라는 나이 때문만은 아니었다. 리영희에 대한 존경이 묻어난 기사였다. 기자마다 색깔이 다르다곤 하지만, 어떤 게 중앙일보의 진심인지 궁금하다.

그래도 중앙일보는 말이 통할 것 같아 제안을 하나 하고 싶다. 분위기에 휩쓸리지 말고 리영희 탐구를 제대로 하기 바란다. 전 사원이 『대화』

를 읽고 독서 토론회를 해보길 권한다. 바로 이 책에 국난 극복의 비전이 담겨 있기 때문이다.

리영희는 『대화』에서 1980년대 후반 운동권을 풍미했던 이른바 사회구성체 논쟁을 분열주의적 공쟁(空爭)으로 비판했다. 그는 한국사회의 분열에 대한 환멸을 이야기하면서 이런 달갑지 않은 요소가 '민족적 유전자'를 형성하게 된 것은 아닌가 하는 회의를 품을 때가 있다고 했다. 그는 모든 비극의 원인을 외세 탓으로 돌리는 '민족적 면책론'도 거부했다. 그는 뼈아픈 자기비판과 민족적 각성을 요구했다. 나라를 망친 것은 지도층이나 지배계층이고 나라를 염려하고 지킨 것은 대중이나 민중이라는 관점에도 이의를 제기했다. 그는 교조주의적 도그마에 강한 혐오감을 드러냈다.

이런 문제들을 공부하면서 고민하는 중앙일보의 모습을 보고 싶다. 노 정권 때려서 나라가 잘될 것 같으면 그것도 좋은 일이지만, 그게 답은 아니라고 생각한다면 노 정권을 넘어선 애국적 우파의 모습을 보여달라. 한국 저널리즘의 그 지독한 이념 과잉, 정치 과잉 풍토와 결별하고, 보수의 성찰과 건강성을 실현하기 위한 프로젝트에 매진해 달라.

그럴 때에 비로소 노 정권의 낮은 지지도는 보수신문들 탓이라고 믿는 사람들도 자신들의 우매함을 돌아보게 될 것이다. 지금과 같은 반감과 증오의 악순환 체제하에선 그 어떤 정권이 들어서도 성공할 수 없다. 이게 바로 보수와 진보를 막론하고 성찰의 씨가 말라 극단적 분열을 일삼는 사람들에게 리영희가 던진 메시지이기도 하다.

성실성이 없는 좌우(左右) 한통속

리영희를 비판한 논객들은 성찰에 투철했는가? 아니다. "나 학생 시절 당신 책 읽고 반했었는데 지금은 믿지 않으니 사과하라"는 식으로 떼쓰는 꼴이었다.[113] 중앙일보가 떼쓰니까 조선일보까지 덩달아 떼쓰고 나왔다. 동아일보가 소외감을 느낀 걸까? 동아일보까지 뒤를 따랐다.[114] 한마디로 이야기해서 홍수 날 때 쓰레기 내다버리는 식이었다.

리영희 비판자들은 게으르고 불성실했다. 리영희 비판자들이 진정 성실했다면, 리영희의 모든 글을 꼼꼼하게 읽었어야 했다. 그랬다면 그들은 리영희에 감사드리면서, 자기성찰부터 했을 것이다. 리영희 글에 나타난 일부 오류에 대해선 자유로운 정보의 흐름을 억압했던 독재정권들에 분노했을 것이다. 그러고 나서 힘이 남아돈다면 리영희의 성찰 메시지를 아직도 알아채지 못하고 리영희를 '사상의 은사'로만 기억, 박제하려는 개혁, 진보진영의 성찰 부재, 박약을 비판할 수 있겠다.

사실 이런 말은 할 필요도 없다. 도대체 그들은 지난 1991년 리영희가 수많은 좌파 지식인과 청년들로부터 비판과 비난을 받을 때에 어디 갔었나? 그때 그걸 보고서도 이제 와서 또 리영희를 비판할 생각을 했다면 이건 파렴치의 극치라 할 만하다. 자기 자신에게 직접 찾아와 사과하지 않았다고 시비는 거는 건가? 오냐, 그래. 당신들 전화번호와 집 주소 내놓아라.

리영희는 좌우(左右)를 뛰어넘는 우리의 소중한 지적 자산임에도, 비판자들은 성실성 부족으로 자신이 비판하고 싶은 것만 골라서 보고, 그걸 과장되게 표현하는 오류를 저지른 셈이다. 좌우(左右)를 막론하고 어찌 그리 똑같은지, 아니 한통속인지 놀랄 지경이다. 이들은 리영희를 다시 읽어야 한다. 1990년대 이전에 나온 리영희 글은 시대의 증언이자 역사로 탐구하면서, 1990년대 이후에 나온 리영희의 글을 집중 학습하기 바란다.

성찰은 성실을 전제로 한다. 리영희는 이념으로 평가할 지식인이 아니다. 후학은 그로부터 성실과 성찰을 배워야 한다. 이제 우리 사회는 이념이나 정치적 성향보다는 불성실에 분노하는 쪽으로 바뀌어야 한다. 불성실의 보호막으로 기능하고 있는 기존 편 가르기 문화부터 박살 내야 한다.

—2006년 11월 한겨레에 기고한 칼럼을 발전시킨 글이다.

현준희: 내부고발을 탄압하는 사회

'조직인간' 사회

"조직의 요구는 강력하고 끊임없다. 조직생활에 빠져 있을수록 조직의 요구에 저항하거나 그 요구를 알아차리기가 힘들다. 조직에 굴복해야만 마음의 평화를 얻는 것이다."

윌리엄 화이트(William Whyte)가 1956년에 출간한 『조직인간』이라는 책에서 한 말이다. 그로부터 5년 후인 1961년 유태인 학살을 저지른 나치 전범 아돌프 아이히만(Karl Adolf Eichmann) 재판은 '조직인간'에 대해 뜨거운 논쟁을 불러 일으켰다. 어느 잡지의 특파원 자격으로 이 재판과정을 취재한 한나 아렌트(Hannah Arendt)는 아이히만이 유태인 학살이라는 반인륜적 범죄를 저지른 것은 그의 타고난 악마적 성격 때문이 아니라 아무런 생각 없이 자신의 직무를 수행하는 '사고력의 결여' 때문이라고 주장했기 때문이다.

아렌트가 말하고자 했던 건 '악(惡)의 평범성'이었다. 아이히만이 악마와 같은 인물이었다면 많은 사람들의 마음을 편하게 했겠지만, 아이히만이 평범한 가장이었으며 자신의 직무에 충실한 모범적 시민이었다고 하는 사실이 많은 사람들을 곤혹스럽게 만든 것이다.

한국의 악명 높은 고문 기술자들도 가정과 직장에 충실한 '모범적 시민'이었다는 사실이 밝혀졌다. 안기부 도청 요원들도 모범적 시민이었을 가능성이 높다. 그들은 조직의 요구에 응했던 것뿐이다. 독재정권 시절도 아니었는데, 그 요구를 거부할 순 없었을까?

이 질문은 연쇄 질문을 불러온다. 어느 분야에서건 수위를 달리고 있는 조직의 특성은 무엇인가? '일등 기업'에서 '일등 신문'에 이르기까지 그 조직이 다른 조직과 가장 다른 점이 무엇인가? 그건 그 조직 구성원의 '조직인간' 정신이 투철해 일사불란한 단결력을 과시하고 있다는 점이다. '마피아'라고 해도 좋을 정도다.

어느 신문사주가 특정 후보 대통령 만들기를 결심했다고 해서 그 신문사의 모든 기자들이 그 일을 위해 뛰는 게 가능한가? 가능할 뿐만 아니라 이미 여러 차례 일어났던 일이다. 내부 저항은 없다. 모두 다 '조직인간'이기 때문이다. 흥미롭고도 놀라운 건 독자들의 저항도 전혀 없다는 점이다. 한국에선 어떤 신문이 무슨 짓을 하건 독자가 떨어져나가는 일은 없다. 독자들은 오직 힘만을 숭배하기 때문이다.

한국인의 정의감은 독특하다. 광장의 구경꾼이 될 때에 한해서 불같은 정의감이 발동한다. 구경거리가 되지 않으면 정의감도 없다. '우우' 소리가 날 정도로 사람이 몰릴 때에 한해서만 '진실'과 '정의'와 '개혁'을 엄청나게 사랑한다. 한국 특유의 '사이버 조직인간'이 탄생해 '사이버 패거리주의'를 유감없이 보여주고 있는 것도 바로 그런 이치 때문이다. 그렇지 않다면, 우리는 내부고발자를 잔인하게 대하는 한국사회의 강고한 풍토를 이해할 길이 없어진다. 내부고발자를 보호하는 법과 제도가 엉터리라는 것도 문제지만, 더욱 중요한 건 내부 고발자를 싸늘하게 대하는 한국인 다수의 '조직인간' 근성이다.

1996년 효산콘도 비리 감사 중단 의혹을 폭로한 죄로 10년째 감사원과 법정싸움을 벌이며 패가망신의 길로 접어든 현준희 씨의 경우를 보라. 현씨는 노무현 정권에 '절망을 느낄 뿐'이라고 개탄했는데, 소위 민주 정권 사람들의 '조직인간' 근성도 알아줄 만하다. 독재파와 민주파가 똑같이 공유하는 게 하나 있다면 바로 그 점일 것이다.

광장에서 무슨 일이 벌어졌을 때 진실과 정의의 수호자가 되는 것도 좋은 일이지만, 평소 '조직의 쓴 맛'에 대한 공포가 초래하는 인간 자율성의 상실에 대해 관심을 가져보는 것도 좋을 것 같다. 비정규직의 시대에 '조직인간'은 동경의 대상이 되고 있기에 더욱 그렇다.

노무현 정권이 개혁 정권이라고?

개혁 접근법에도 연역적 방식과 귀납적 방식이 있을 법 하다. 개혁의 대명제를 세우고 위에서 아래로 각 사안에 적용하는 방식이 연역적 개혁이라면, 대중의 삶의 현장에서 발생하는 개별 문제들을 해결해나가면서 아래에서 위로 개혁명제를 세우는 방식을 귀납적 개혁이라 할 수 있겠다.

연역적 개혁은 강력한 추진력을 확보할 수 있고 개혁 주체의 개혁성을 널리 홍보할 수 있는 장점이 있는 반면, 이론이 현실에 적용되면서 나타날 수 있는 부작용을 간과하기 쉽고 개혁에 대한 반발, 염증, 불신을 초래할 수 있는 단점이 있다. 귀납적 개혁의 장단점은 그 반대로 생각하면 되겠다.

그간 역대 정권들에 의해 추진된 개혁은 모두 연역적 개혁이었으며, 노무현 정권도 마찬가지다. 그런데 갈수록 연역적 개혁을 하기가 어렵다. 이미 오래전 버트런드 러셀이 내놓은 다음과 같은 주장이 그 이유를 시사해준다.

"정치참여층이 점점 확대되고 이질화되면서 이성에의 호소도 점점 어려워진다. 논쟁의 출발점이 되는, 보편적으로 인정받는 가설들이 점점 줄어들기 때문이다. 그러한 보편적인 가설들이 존재하지 않을 때 사람들은 자신의 직관에 의존하게 된다. 이질적인 집단들의 직관들은 당연히 서로 다를 것이므로 직관에의 의존은 결국 충돌과 힘의 정치로 이어지게 된다."

구체적 각론에서 출발했더라면 폭넓은 지지를 얻을 수 있는 사안도 총론에서 거창하게 치고 나가는 바람에 필요 이상의 반발과 의혹을 불러일으킨 경우가 많았다. 그런데 정권 입장에선 개혁 시도를 널리 알려야 지지자들을 규합할 수 있고, 선거에서 유리한 고지를 차지할 수 있고, 역사에 족적을 남길 수 있다고 믿기 때문에, 연역적 개혁을 선호하게 된다. 그래서 절대 다수가 동의할 수 있는 개혁마저 곧잘 정치투쟁으로 전락하는 현상도 벌어진다.

그런 현상의 귀결로 나타나는 것 중의 하나가 바로 '내부고발'에 대한 보수적 대응이다. 바람직한 '내부고발' 문화가 정착되면, 이후 개혁의 상당 부분은 저절로 이루어지게 돼 있다. 그런데 우리의 현실은 어떤가? 개혁을 정권홍보의 도구로만 생각하는 발상이 '내부고발' 문화를 정착시키기는커녕 오히려 그걸 억누르는 결과를 초래하고 있다. 현준희 씨 사례가 그걸 잘 말해준다. 그는 최근 시민의신문과의 인터뷰에서 다음과 같이 말했다.

"인터뷰를 하면서 아쉬운 점이 있었습니다. 기자들은 항상 고생담을 강조하는데 나는 그거 싫거든요. 사실 그게 독약이라 봅니다. 언론 입장에서야 관심 끌 수 있는 소재니까 그러겠지만 결국 독자들이 봤을 때는 '내부고발하면 저렇게 작살나는구나' 생각할 테니까요. 동정심만 자극하지 말고 사실을 좀 추적해 주십시오."

한국에서 내부고발하면 패가망신한다는 건 상식으로 통용되고 있다. 지난 2003년 우리신용정보 직원으로 내부고발을 했던 김승민 씨는 회사에서 쫓겨난 건 물론이고 법정투쟁 비용을 대느라 수천만 원의 빚까지 졌다. 김씨는 "만약 누가 내부고발 문제로 고민하고 있다면 절대 하지 말라고 말리고 싶습니다"라고 억울함을 토로했다. 누가 감히 내부고발을 해보라고 격려할 수 있겠는가?

정권이 영광을 독식하고 자기세력을 키워나갈 수 있는 걸 전제로 한 개혁만 하겠다면 갈등과 분란만 일으키다가 시간 다 보내기 십상이다. 아래에서 위로, 작은 것에서 큰 것으로, 구체에서 추상으로 나아가는 개혁도 병행해야 한다. 각종 민원을 귀찮게만 생각하지 말고 적극 대응해 행정의 불합리한 면을 고쳐 나가는 기회로 활용하고, 우선 당장 내부고발을 개혁 의제로 삼아야 한다. 내부고발자의 가슴에 한(恨)과 피멍이 맺히게 만드는 정권은 개혁 정권이 아니다.

내부고발 죽이기

2005년 한국행정연구원의 설문조사에 따르면, 부패신고를 한 공무원들

중 43.3퍼센트가 신고한 것을 후회했으며 50퍼센트가 부패행위를 보고 고민하는 사람이 있으면 신고하지 말라고 권하겠다고 응답했다. 66.7퍼센트는 신고 후 징계와 인사조치 등 유·무형의 보복을 받았다고 답했다.

참으로 이상한 일이다. 엽기적이라는 느낌마저 든다. 내부고발자를 철저하게 보호해주고 내부고발을 장려하기만 하면 공직사회 비리의 90퍼센트는 차단할 수 있다는데, 왜 우리 사회는 말로는 부정부패 척결을 외치면서 내부고발자를 보호해주기는커녕 탄압하는 걸까? 우리는 진심으로 부정부패 없는 사회를 원하는 걸까? 아니면 나의 부정부패는 '세상사는 인정'이므로 남의 부정부패만 척결되어야 한다는 걸까?

노무현 정권 들어 내부고발 건수가 급감했다. 그만큼 공직사회가 깨끗해진 탓일까? 아니다. 내부고발자들이 가혹하게 보복받는 걸 본 학습 효과 때문이다. 게다가 노 정권은 내부고발자 보호는커녕 탄압의 가해자편에 서 있다. 그런데 왜 노 정권은 개혁을 외치는가? 바로 여기에 '내부고발 정치학'의 수수께끼가 있다.

전 문화관광부 장관 이창동 씨는 장관 취임 2주 만에 관료사회 문화를 '조폭 문화'로 규정한 바 있지만, 관료사회만 그런 건 아니다. 한국사회의 모든 분야가 조폭 문화의 지배를 받고 있다. 예컨대, 대학교수들의 총장·학장·학회장 선거는 '학연 조폭 문화'라고 해도 좋을 정도로 학연에 의해 결정된다. 최근 서울대가 공개한 '서울대학교 제24대 총장 선거에 관한 보고서'는 총장 선거 수준이 정치판 선거 수준보다 나을 게 없다는 걸 잘 보여주었다. 그래도 서울대는 그런 보고서를 낼 정도로 대학들 중에선 괜찮은 편인데도 그 지경이니, 대학교수들의 정치 비판이 무슨 설득력을 갖겠는가.

개혁이 어렵거나 안되는 이유도 그것이 '조폭식 개혁'이기 때문이다. 개혁주체세력의 출세, 승리, 패권을 전제로 한 개혁이라는 뜻이다. 개혁을 하기 위해선 그들의 출세, 승리, 패권이 전제되어야 한다는 건데, 이 전제조건을 충족시키기 위한 투쟁을 하느라 개혁은 신기루가 되고 만다. 바로 그런 이유 때문에 내부고발은 금기가 된다. 내부고발이 개혁에 도움이 된다 하더라도, 개혁 이전에 개혁주체세력의 출세, 승리, 패권 실현을 어렵게 만들기 때문이다.

대중은 이런 현실의 피해자인가? 그렇진 않다. 공모 관계에 있다고 보는 게 옳을 것이다. 스스로 개혁성이 강하다고 생각하는 참여대중이 그간 열성적 지지를 보낸 대상이 누구였던가를 상기해보라. 이들은 출세, 승리, 패권을 지향하는 개혁주의자를 사랑하지만 이들이 더 매료되는 건 개혁이라기보다는 출세, 승리, 패권이다. 그렇지 않다면, 내부고발자에 대한 이들의 무관심과 냉대를 어떻게 이해할 수 있겠는가?

지금 우리는 '내부고발을 죽이는 개혁'을 추구하고 있다. 그래서 편을 갈라 싸움을 벌이는 것이다. 그 편싸움을 개혁을 위한 투쟁으로 착각하고 있다. 내부고발, 내부비판은 당연히 이적(利敵)행위가 된다. 우리 편에 타격을 주는 건 물론이고 기존 편싸움 구도를 만드는 데에 큰 장애가 되기 때문이다. 기존 개혁 패러다임에 대한 왕성한 내부고발이 필요한 시점이다.

―2005년 8월 10일, 2006년 3월 8일, 2006년 10월 25일
한국일보에 기고했던 칼럼을 합쳐 정리한 글이다.

박원순:
삼성과의 관계,
적절한가?

'박원순 모델'의 명암

"삼성은 박원순 변호사의 희망제작소에 7억 원을 지원했고, 더 큰돈이 드는 사업도 서로 협의한 바 있다. 오랫동안 시민운동에 몸바쳐온 박 변호사의 공적은 아무리 존중해도 지나치지 않다. 희망제작소를 설립한 취지나 운영상의 어려움도 모르는 바 아니다. 하지만 재정을 주로 삼성에 기대는 연구소가 얼마큼 독립적이고 진보적일 수 있을까. 박 변호사는 재벌과의 생산적 긴장을 이야기하지만, 근년에 그의 활동에서 긴장된 관계는 찾아보기 힘들다."

재벌개혁을 위해 애쓰는 김기원 방송대 교수가 최근 한겨레에 기고한 칼럼에서 한 말이다. 김 교수는 칼럼 제목 그대로 '걸리버 삼성과 진보세력'의 관계에 주목했지만, 지방에 사는 나로선 좀 다른 아쉬움이 있다.

나는 박 변호사의 희망제작소에 큰 기대를 걸었던 사람 중의 하나다.

무엇보다도 희망제작소가 '지방·지방자치 살리기'를 제1의 과제로 내세웠기 때문이다. 영남권 일부를 제외하곤, 지방은 심리적 중앙종속성도 매우 강하다. 지방에 사는 사람들이 하면 안될 일도 중앙에서 활약하는 유명 인사가 나서면 될 수 있다. 지방민의 한 사람으로서 자존심 상하는 일이긴 하지만, 그게 현실이라는 걸 부정할 순 없다.

내가 사는 전라북도의 경우를 잠시 살펴보기로 하자. 전북의 지역신문 구독률은 4퍼센트 미만이다. 25가구 중 1가구꼴로 전북에서 발행되는 일간지를 구독하고 있다는 뜻이다. 지역 공론장이 사실상 없다는 뜻이기도 하다. 이런 현실에서 제대로 된 지방자치는 기대하기 불가능하다는 게 나의 평소 지론이다.

지역신문을 살릴 길이 없을까? 현재로선 답이 없다. 전북 인구는 180만 명도 안 되는데, 일간지가 9개나 된다. 앞으로 1개가 더 생긴다고 하니 곧 10개를 돌파할 모양이다. 전북경제의 현실상 2개 일간지가 먹고살까 말까 한데 그 지경이니 모든 신문들이 다 영세성을 면할 길이 없다. 그래서 신문에 대한 불신도 매우 높다. 불신의 악순환이라고나 할까. 지역신문 살려야 제대로 된 지방자치할 수 있다고 호소해봤자 돌아오는 반응은 싸늘하다.

박 변호사의 희망제작소가 나서면 달라질 수도 있지 않을까? 그런 기대를 걸고 있었다. 그러나 재벌의 지원을 받는 모델로는 안된다는 게 나의 생각이다. '독립성'이나 '진보성' 때문에 그러는 게 아니다. 지금과 같은 '박원순 모델'은 박원순이라는 이름이 사라지면 지속될 수 없는 모델이기 때문이다. 박원순이라는 이름에 기대를 건다는 건 그가 전국적 여론을 조성하고 지방의 시민사회를 설득할 수 있는 역량을 갖고 있다는 것에 기대를 건다는 뜻이지, 그의 이름으로 돈을 끌어오는 것에 건 기대는 아니다.

일단 재벌 돈 가져다 쓰면서 지속가능한 모델을 개발할 수도 있지 않을까? 그러나 지방이 어렵고 지방자치가 부실한 건 고급인력의 아이디어나 정책 부재 때문이 아니다. 지방민들을 지배하고 있는 '냉소와 불신의 소용돌이'가 훨씬 더 큰 문제다.

돈 없이 시민단체나 진보적 연구소를 할 수 없는 현실을 몰라서 하는 말이 아니다. 어떻게 하면 시민들의 소액 기부금을 광범위하게 얻어낼 수 있을지, 그걸 고민해 성공시키는 게 지속가능할 뿐만 아니라 전국에 확산시킬 수 있는 일반 모델이 될 수 있다는 뜻이다.

바로 그런 이유 때문에라도 돈은 지방에서 모아야 한다. 서민의 주머니에서 1,000원짜리 한 장씩 내놓게 하는 게 진짜 참여요 진짜 개혁이다. 그 돈을 내놓게 하기까지 쏟아야 할 피와 땀은 엄청나겠지만, 그게 이루어지면 이미 절반 이상의 성공을 거두었다고 말할 수 있다. 시민단체나 진보적 연구소가 재벌 돈을 받는 것엔 찬반양론이 있을 수 있지만, 박원순이라는 귀한 이름이 그런 일에 쓰이는 건 우리 모두를 위해 바람직하지 않다.

'아래로부터의 개혁'을 위하여

2006년 11월 인터넷 빅뉴스 지승호와의 인터뷰에서 이 칼럼과 관련된 질문에 답한 걸 소개한다.

질문 지난번에 칼럼을 통해 희망제작소가 삼성으로부터 자금 지원을 받은 것을 비판하셨는데요. 박원순 변호사께서는 비판에 대해서는 동의하면서도 현실의 어려움을 토로하기도 했습니다. 현재 한국의 시민운동 상황을 어떻게 평가하십니까?

답 박 변호사님의 토로에 100퍼센트 동의합니다. 제가 그걸 왜 모르겠습니까? 이런 이야깁니다. 우리는 말로는 너무도 쉽게 '아래로부터의 개혁'을 외치지만, 이게 안됩니다. 정말 안됩니다. 특히 지방에 사는 분들은 뼈저리게 실감합니다. 그래서 박 변호사님께 기대를 갖는 것이지요.

그분의 이름이 워낙 보물과 같기 때문에 그 보물의 힘으로 작은 지역에서나마 시범사업 삼아 '아래로부터의 개혁'을 성공시켜 다른 지역에 희망과 용기를 줄 수는 없겠느냐는 거지요. 삼성 돈 받아 하는 일도 소중하고 의미가 있겠습니다만, 그건 박 변호사님이 아니더라도 다른 분들도 할 수 있는 일이고 파급효과로 보아 '아래로부터의 개혁' 시범사업 성공이 훨씬 더 큰 의미가 있다는 거지요.

사실 저는 박 변호사님께 '순교'를 요구했던 건지도 모르겠습니다. 대선 후보로까지 거론되기에 그 '네임 파워'에 기대고자 했던 건지도 모르겠습니다. 이 자리를 빌어 박 변호사님께 죄송하다는 말씀을 드리고 싶습니다. 도무지 희망이 보이지 않기에 그만 '희망제작소' 이름을 보고서 제가 무리한 욕심을 부렸나 봅니다.

정치와의 거리두기는?

'거리두기' 이야기를 한 김에 정치와의 거리두기는 어떻게 보아야 할 것인지도 생각해보자. 이와 관련, 2007년 3월 26일자 신문에서 두 기사가 눈길을 끈다. 먼저 경향신문 기사를 보자.

"범여권 대선 예비주자인 한명숙 전 총리와 정치권 밖 범여권 제3후
보로 거론되는 문국현 유한킴벌리 사장, 박원순 희망제작소 상임이사
가 25일 저녁 식사를 함께 했다. 서울의 한 호텔에서 2시간여 동안 진행
된 만찬에는 진보적 시민사회 활동가들로 구성된 '창조한국 미래구상'
의 핵심멤버인 최열 환경재단 대표도 참석했다. 참석자들은 총리직에
있는 동안 만나지 못했던 한 전 총리를 오랜만에 만난 사적인 자리였다
고 설명했지만 대선과 관련한 정치 현안에 대한 의견을 교환했을 것으
로 보인다."[115]

다음은 중앙일보 기사다. 경실련 사무총장 박병옥과의 인터뷰 기사
인데, 박병옥은 다음과 같이 주장했다.

"시민단체들은 커밍아웃(coming out)이 필요하다. 자기 정체성을 드
러내란 말이다. 그걸 안하기 때문에 전체 시민운동이 물고 물려 다 죽는
다. 정치운동을 하려면 그 컬러를 드러내고 그런 대로 나가면 된다. 시
민단체들이 각기 헤엄치면 다 살 수 있는데, 서로 껴안고 붙잡고 숨으려
고 하면 다 죽는다. 숨지 마라."[116]

박원순과 박병옥이 무슨 선거에 출마한 건 아니지만, 나는 박병옥에
게 표를 던지련다. 박원순은 대통령 후보로 거론되는 것에 대해선 손을
내저었지만, 정치에까지 그런 건 아니다. 물론 나는 그가 좋은 뜻으로
시민운동의 정치세력화를 꿈꾸고 있다고 믿는다. 그런데 이런 문제가
있다. 박병옥의 말마따나, 다 죽게 생겼다는 것이다. 신뢰의 추락 때문
이다.

성균관대 동아시아학술원 서베이리서치센터와 삼성경제연구소가 3

년 동안 실시한 한국종합사회조사(KGSS) 결과 2003년, 2004년 연속 1위에 오른 시민단체 신뢰도가 2005년 5위로 4계단 떨어졌다. 2006년 6월 한국사회여론조사연구소(KSOI)의 사회단체 정기여론조사도 '참여민주사회와 인권을 위한 시민연대(약칭 참여연대)' 등 시민단체에 대해 '신뢰하지 않는다'는 답변(52.6퍼센트)이 '신뢰한다(41.5퍼센트)'보다 많았다. 동아시아연구원(EAI)이 2006년 가을 국내 24개 파워집단을 조사한 결과 참여연대의 신뢰도는 지난해에 비해 8위에서 15위로, 영향력은 16위로 4계단 떨어졌다.[117]

그런 상황에서 시민운동 지도자들의 정치참여는 시민운동의 신뢰도를 더욱 떨어뜨릴 게 틀림없다. 시민운동을 죽이는 정치개혁? 정치를 하더라도 하나의 규칙을 만들자. 이재영이 시민의신문에 기고한 글에서 한 제안이 마음에 든다.

이재영은 "나는, 그가 누구든 정치에 간여하거나 누군가의 선거운동을 돕는 것을 반대하지 않는다. 어떤 거창한 명분을 내세우든 정치참여를 막는 것이 오히려 죄악이고, 시민사회단체의 상대적으로 고급한 인력 자원이 정치에 참여하는 것이 한국정치를 다소나마 개선하는 데 기여할 수 있다고 믿는다"며 "다만 단 하나의 조건, 자신이 몸담고 있거나 경력 사항에서 언제나 앞세우는 그 단체 회원들의 동의를 얻으라는 것이다"고 말했다.

"서경석도, 최열도, 한명숙도 그런 과정은 아주 과감하게 생략했다. 그리고는 말한다. '개인의 활동'이라고. 그런데 한국노총이나 민주노총 같은 노동조합들은 어느 당에 들어가든 대개 조합원 투표 같은 걸 거친다. 자민련에 들어가든 민노당에 들어가든 공적인 의견 수렴 과정을 통과하고, 정당으로 적을 옮긴 후에도 낮은 정도의 교류나마 유지하는 것이 노동조합에서는 불문율처럼 굳어지고 있다.” 이어 이재영은 “초등학교 동창회에서도 ‘금년 총무는 영희가 맡았으면 좋겠는데, 반대하는 분 계세요?’ 라고 묻지 않는가. 민주주의하자는 시민사회단체들이 정치 참여와 같은 고도의 민주주의 행위에 대해 아무런 절차도 두지 않는 것은 어떤 변명으로도 용납될 수 없다”며 다음과 같이 주장했다.

“게다가 시민사회단체 전현직 간부들이 정치권에서 통용될 수 있는 상품성은 자연인인 개인으로부터 나오는 것이 절대 아니다. 그들의 명망과 권위는 오직 단체의 공적 축적물로써만 발생한 것이고, 쓰일 것이다. ‘저는 어디 단체 출신인데, 지금은 상관없어요’ 라는 말을 누가 믿나? 한국사회 시민이라면 누구든 ‘아, 어디 출신 누구지’ 라고 생각하고, 그렇기 때문에 그들을 지지하는 것이지 않는가? 따라서, 출신 단체의 정치적 진로나 동의와는 무관하게 혈혈단신 정치에 나서겠다는 것은 ‘시민’ 의 사유화이고, ‘양심’ 의 횡령이다.”[118]

나는 이재영의 제안이 모든 시민단체에 명문화된 철칙으로 적용되기를 바라며, 박원순이 그런 일에 앞장서주면 좋겠다. 정치개혁도 좋지만, 시민운동을 다 죽이고 나서 그게 무슨 의미가 있겠는가. 정치란 인간이 존재하는 한 늘 개혁 대상이다. 개혁의 완료란 있을 수 없기에 더욱 그렇다. 이제 박원순의 ‘정치와의 거리두기’ 도 시험대에 올랐다.

—한국일보, 2006년 10월 11일자 칼럼.

오연호:
오마이뉴스의
성공 이유

지난해 8월 오마이뉴스 대표기자 오연호가 『대한민국 특산품 오마이뉴스』(휴머니스트)라는 책을 냈을 때, 나는 한 가지 흥미로운 현상을 발견했다. 그 책의 발간을 계기 삼아 오연호와 오마이뉴스가 화제가 되었는데, 내가 보기에 가장 중요한 점이 전혀 언급되지 않았다. 모두 약속이나 한 듯이 오마이뉴스의 '정치학'과 '사회학'에만 주목할 뿐 '경제학'은 완전히 외면했다.

내가 오연호의 책을 읽으면서 가장 감동받았던 건 그가 직접 대기업 광고주들을 찾아 나선 장면이었다. 2002년 봄 그가 한 대기업 홍보실을 방문했을 때 어떤 일이 벌어졌을까? 약속을 하고 오전 10시경에 찾아갔지만 담당 차장은 자리에 없었다. 오연호는 신문을 뒤적거리면서 마냥 기다려야 했다. 그 사이 대형 언론사의 광고담당 직원들이 시끌벅적하게 인사를 하면서 들어왔는데, 그들은 사무실에 들어서자마자 상무급 간부들의 안내를 받고 별도의 방으로 들어갔다. 그러나 오연호는 완전히 무시됐다. 그는 그렇게 40여분을 기다려야 했다.

드디어 담당 차장이 나타났다. 그러나 그는 기다리게 해서 미안하다는 말도 안했다. 오연호가 용건을 꺼내려고 했더니 그는 듣는 척도 않고 옆에 있는 여직원을 보고 이렇게 외쳤다. "어이, 김 대리 이분 이야기 좀 들어봐줘요." 오연호는 20대 후반의 여자 대리에게 오마이뉴스의 광고 효과에 대해 열심히 설명했다. 그러나 그 대리는 오연호가 말을 하고 있는 도중에도 다른 서류를 뒤적거리는 등 딴청을 피웠다.

2002년 대선을 기점으로 오마이뉴스가 뜨기 전까지 오연호는 1년 내내 그렇게 박대받는 광고영업을 열심히 하고 다녔던 모양이다. 이게 도대체 가능한 이야기인가? 한국 '반미(反美) 저널리즘'의 선구자라 할 천하의 오연호가 미국 한 번 다녀오더니 이렇게까지 달라질 수 있었던 걸까? 그의 기자로서의 자존심은 조중동 기자들 한 트럭분을 합산해도 그걸 능가할 정도로 하늘을 찔렀을 텐데 말이다.

나는 오마이뉴스의 성공 이유를 정치학적, 사회학적으로 설명하는 지식인들의 진단과 평가를 전혀 믿지 않는다. 그런 진단과 평가가 잘못됐다는 게 아니다. 하나 마나 한 거대담론이라는 것이다. 오마이뉴스라고 하는 매체의 발상에서부터 성공에 이르기까지 그건 오연호를 빼놓고는 설명할 수 없는 것이다. 또 오연호가 '반미 저널리즘'의 선구자에서 미국유학을 통해 자본주의의 세례를 듬뿍 받고 돌아와 '상업적 인터넷 저널리즘'의 선구자로 변신했다는 점도 반드시 지적되어야 한다.

혹자는 '상업적 인터넷 저널리즘'이라는 표현에 거부감을 느낄지도 모르겠다. 사실 그게 바로 이 글의 주된 논점이기도 하다. 나는 그 거부감에 대해 '상업적'에 대한 위선과 자기기만이라는 딱지를 붙여주고 싶다. 시장에서 자력으로 운영되는 매체는 모두 상업적인 매체다. 아닌 가? 대한민국은 자본주의사회다. 아닌가?

자본주의를 비판하는 지식인의 담론마저도 신자유주의적 자본주의 정신에 충실한 대학의 '철밥통'이라는 안전장치에 근거해 생산되며 천민 자본주의적 정신에 충실한 조중동의 '상품화 전략'의 일환으로 소비되고 있는 게 우리의 현실이다. 그 현실이 아름답다는 게 아니라 그 현실에 대해 고개를 돌리면서 딴청을 피우는 건 곤란하다는 것이다. 원활한 의사소통을 위해서 말이다.

오연호가 '반미 저널리즘'의 선구자로서의 명성을 쌓은 무대였던 『월간 말』은 지금 죽느냐 사느냐 하는 심각한 위기 상황에 봉착해 있다. 나는 사석에선 '농반 진반'으로 『월간 말』을 그렇게 만든 주범은 오연호, 조유식, 천호영 등이라고 주장하곤 한다. 이들은 모두 『월간 말』기자 출신으로 인터넷 업계 쪽에선 알아주는 인터넷 전문가들이기 때문이다. 이들은 디지털 마인드를 『월간 말』에 심어주면서 그곳에서 구현하려 하기보다는 『월간 말』을 뛰쳐나와 독자적인 살림을 차렸다. 오연호는 『월간 말』기자들을 오마이뉴스로 빼내오기까지 했으니 주범 중의 주범이다.

그래서 그들이 비난받아 마땅하다는 말인가? 아니다. 큰일 날 소리다. 오히려 정반대의 메시지를 던지고자 하는 것이다. 『월간 말』을 사랑하는 사람으로서 최근의 위기 상황에 대한 안타까운 마음을 좀 도발적으로 표현해보고자 하는 것뿐이다. 『월간 말』은 오연호의 창의성과 모험성을 발휘하기 힘든 무대였다. 『월간 말』은 1980년대 운동권식 집단체제로 운영돼왔기 때문이다. 『월간 말』의 콘텐츠가 시대에 안 맞거나 뒤떨어진 게 아니다. '상업적' 마인드의 부재가 위기의 핵심 원인이다.

지금이야 오마이뉴스가 확 떴으니, 사람들은 오마이뉴스의 성공은 시대사적 필연이었다고 말할지 모르겠지만, 그런 거짓말은 삼가는 게 좋다. 인터넷 신문의 성공은 시대사적 필연일 수 있어도 그게 꼭 오마이뉴스였어야 한다는 보장은 없다. 『월간 말』도 마찬가지다. 종이 월간지의 퇴조는 시대사적 필연일 수 있어도 꼭 『월간 말』이 그 필연의 희생양이어야 한다는 법은 없는 것이다.

오마이뉴스는 상업적 마인드에 투철했다. 나는 오마이뉴스가 디지털 멀티미디어방송(DMB) 사업에까지 뛰어든 걸 보고 깜짝 놀랐다. 한나라당 의원 김영선이 특혜 의혹을 제기하자, 오마이뉴스는 "공식 사과를 요구하며, 사과하지 않으면 법적 대응할 것임을 명백히 해둔다"고 밝힌 바 있다. 그 뒤론 어떻게 됐는지 모르겠지만, 이 건이 제대로 논의된 것 같지는 않다.

마찬가지로 흥미로운 건 한겨레도 DMB 사업에 뛰어들었다는 사실이다. 언론학자 전규찬이 한겨레 지면에 대고 간접적으로나마 한겨레를 혹독하게 비판을 한 걸 제외하곤, 이것 역시 슬그머니 의제에서 사라지고 말았다.

오마이뉴스와 한겨레의 DMB 사업 참여는 정당한가? 나는 판단을 못 내리겠다. 나는 그간 늘 '상업적 마인드'를 역설해왔지만, 내가 말하는 '상업적 마인드'는 그런 종류의 것은 아니며 본업으로 승부를 걸어야 한다는 것이기 때문에 좀 헷갈린다.

그러나 이것 하나만큼은 자신있게 말할 수 있다. 우리 모두 이제 경제에 대해 정직해지자는 것이다. 이건 내 경험담이기도 하다. 나는 그간 상업주의를 옹호하면서 이른바 '상도덕 이론'을 주창해왔다. 그 요점은 파렴치한 상술행위에까지 '상업주의'라는 딱지를 붙이는 건 어리석으며, 우리가 정작 따져야 할 것은 상도덕과 공정거래의 원칙이라는 것이다.

그러나 그런 주장은 먹혀들지 않게 돼 있다. 사실 사람들이 그걸 모르는 게 아니다. 지금 우리는 모든 걸 다 알면서도 모르는 척하는 일종의 '냉소 게임'을 하고 있기 때문이다. 그 게임은 상당 부분 '음모'의 산물이지만, 모두가 익숙해져있기 때문에 음모라 하더라도 개의치 않는 '국민 게임'이 되었다. '카트라이더' 같은 게임이다. 그 게임의 이름은 '정치 과잉' 게임이다.

"디즈니랜드는 '실제의' 나라, '실제의' 미국 전체가 디즈니랜드라는 사실을 숨기기 위하여 거기 있다"는 장 보드리야르(Jean Baudrillard)의 어법을 뒤집는 식으로 원용해 말하자면, 한국의 '정치 과잉'은 한국사회가 더 이상 정치의 지배를 받지 않는 사회라는 걸 숨기기 위해 존재하며 반드시 존재해야만 한다고 말할 수 있다.

현재 한국사회에서 가장 뜨거운 에너지를 분출하는 집단은 누구인가? 대부분 '사모'들이다. 노사모건 박사모건 대부분 정치지향적 사모들이다. 이들은 꿈을 꾼다. 정치의, 정치에 의한, 정치를 위한 꿈을 꾼다. 꿈의 실현 여부는 중요하지 않다. 꿈의 마력은 꿈을 꾸는 과정에 있기 때문이다.

현재 한국의 모든 언론매체가 가장 심혈을 기울여 크게 다루는 주제는 무엇인가? 정치다. '정치 중독'이라고 해도 좋을 정도다. 벌써부터 '대권 게임'에 푹 빠져들었다. 무슨 조사에서건 수용자들의 정치 기사 선호도는 낮게 나오지만, 언론은 개의치 않는다. 그런 조사 결과를 믿기도 어렵다. 정치란 한국인들이 늘 욕하면서 즐기는 게임이기 때문이다.

현재 한국의 평범한 보통 엘리트가 더 큰 출세를 원하거나 '인정 욕구'를 충족시키고자 할 때에 그들에게 열려 있는 유일한 출구는 무엇인가? 정치다. 정치 외엔 없다. 변호사로 아무리 돈 모아봐야 수십억대가 상한선이며, 또 그 정도 벌려면 '양심'은 잠시 보류해야 한다. 평생 먹고 살 돈 벌어놓고 나면 자꾸 인생의 의미를 생각하게 된다. 기자의 황금기는 30대다. 40대 접어들면 다른 분야에 종사하는 대학 동창들에 비해 뒤처지기 시작한다. 교수의 황금기는 30~40대다. 이들 역시 50대에 가까워지기 시작하면 10년 전이나 20년 전이나 똑같이 반복되는 강의, 채점, 논문쓰기에 환멸을 느끼게 된다. 잘 나가는 친구들은 세월가면서 기사 딸린 자가용도 타고 비서도 거느리지만, 대학교수 팔자엔 그런 게 없다.

이들 전문직 종사자들이 정치 쪽을 힐끔 거리면서 진심을 토로할 순 없다. '국가와 민족'을 팔아야 한다. 이들은 '정치 과잉'을 부추기는 이론적 전도사들이 된다. 자기정당화 논리가 정치 과잉의 미화 논리로 변질되는 것이다. 이들이야말로 한국의 비대한 정치산업의 홍보 담당 로비스트라 할 수 있다.

물론 제도와 법을 바꾸기 위해선 꼭 정치가 필요하기 때문에 이들의 정치에 대한 관심 자체를 정치 과잉이라고 보는 건 부당하다. 지금 여기서 말하고자 하는 건 정치와는 달리 경제에 대해선 그 중요성에 상응하는 관심이 돌려지고 있지 않으며 경제마저 '정치화'하고 있다는 점이다. 정치는 모든 사람들이 전문가 행세를 하는 반면, 경제는 극소수 전문가들의 영역으로만 여겨지고 있다는 것도 그 점을 말해준다.

'경제의 정치화'는 성공하기도 어렵다. 예컨대, 부동산 투기 문제를 뜨거운 분노만으로 잡을 수 있을까? 어림도 없다. 그건 노무현 정권이 온몸으로 잘 보여주고 있지 않은가. 사실 노 정권의 마인드와 행태야말로 한국사회가 얼마나 '정치 과잉 경제 과소'인가를 웅변해준다. 재벌들에게 투자 좀 해 달라고 사정하지 않으면 안될 정도로 '경제 헤게모니'는 실질적인 권력과 더불어 지식까지 재벌들에게 넘어가 있다.

문화평론가 이재현이 날카로운 지적을 한 바 있다. 그는 한국의 "인문계 지식인과 예술가들의 비판적 분파가 현실적으로 두드러지게 보여주는 경제 차원에의 담론적 무지 내지는 지적 게으름은 한국사회 발전에서 치명적이다"라고 주장했다. 그는 "우리가 경제학을 다른 사람의 손에만 맡겨둔다면, 당연히 경제학은 우리에게 사기를 치게 된다. 여기에 대해 나는 경제학의 복수 내지는 보복이라는 이름을 붙이고 싶다. 경제(학) 전문가들로부터 사기당하지 않도록 또 보복당하지 않도록 우리는 경제적 담론의 세계에 개입해야 하는 것이다"라고 역설했다.

다만 나는 경제학이 우리에게 사기를 친다기보다는 우리가 우리 자신에게 사기를 치고 있는 현실에 무게를 두고 싶다. 한국의 보통 엘리트들이 정말 경제를 무시하는가? 천만의 말씀이다. 그들은 '가정 경제'엔 도사들이다. 재테크에 탁월한 사람들이 아주 많다. 여기엔 보수, 진보 구분이 없다.

한국경제의 대외의존도는 70퍼센트가 넘는다. 이는 '국내 정치'만으로 '세계화된 경제'를 다룰 수 없는 핵심적인 이유가 되고 있다. 대외의존도가 한국보다 훨씬 낮은 미국(19.5퍼센트)이나 일본(21.8퍼센트), 또는 유럽사회에서 생성된 사회과학 이론을 한국사회에 적용할 수 없는 이유도 바로 여기에 있다. '신자유주의 타도'를 정녕 원한다면 '한국적 타도 이론'을 내놓아야 한다. 그러나 대부분의 사회과학자들이 수입된 '타도 이론'만 알 뿐 '한국적 이론'은 아는 바 없다. 모두 코스모폴리타니즘의 화신이다. 과거 '한국적 민주주의'에 워낙 덴 경험 때문에 그러는 것인지도 모르겠다.

삼성 회장 이건희의 고대 사건은 벌써 잊혀가고 있다. 그래선 안된다. 노무현 못지않게 이건희도 늘 상시적 화두가 되어야 한다. 일방적인 비판을 하자는 게 아니다. 비판적 지식인들이 아무리 이건희를 비판해도 그는 '존경받는 기업인' 1위의 자리를 확실하게 고수하고 있으며 앞으로도 계속 그럴 것이라는 점에 주목해야 한다.

사회과학은 그 괴리를 설명하고 대안을 모색하는 작업이어야지 언제까지 운동권 선언문의 수준에만 머무를 수는 없지 않은가. 내 입맛에 맞으면 민중은 위대하다고 예찬하다가도 내 입맛에 맞지 않으면 민중은 없는 듯 내 주장만 해대는 식으론 세상을 바꿀 수 없다. '정치 중독'에서 탈출해 경제공부도 열심히 해서 제대로 된 개입을 해야 한다. 물론 나 자신에게 하는 소리이기도 하다.

―『한겨레 21』, 2005년 7월.

■ 주석

'연역적 개혁'에서 '귀납적 개혁'으로

1) 버트런드 러셀, 송은경 옮김, 『게으름에 대한 찬양』, 사회평론, 1997년, 140~141쪽.

2) 박명림·김명인, 「박명림-김명인 교수 대담: '경쟁'의 짝꿍 '연대' 살려내야 민주주의 완성, 알맹이는 '성찰하는 행동'으로 채워야」, 한겨레, 2007년 1월 1일, 20~21면.

3) 강국진, 「"한국판 드레퓌스 사건 바란다", 내부고발 이후 11년째 법정투쟁하는 현준희 씨」, 시민의신문, 2006년 2월 20일, 8면.

4) 버트런드 러셀, 송은경 옮김, 『인간과 그 밖의 것들』, 오늘의책, 2005년, 93쪽.

전주고 이야기

5) 고종석, 「전주고 이야기」, 선샤인뉴스, 2007년 9월 4일.

'전관예우' 이데올로기

6) 박용근, 「공생의 카르텔 '낙하산 감사'」, 조선일보, 2007년 5월 21일자.

7) 고재학 외, 「퇴직관료 로비 '해도 너무 한다'」, 한국일보, 2006년 2월 7일, 1면.

8) 「사설: 직역(職域) 가리지 않는 공직자 '전관예우'」, 문화일보, 2006년 10월 17일, 31면.

9) 김영수, 「공정위의 부당한 '내부거래'」, 조선일보, 2007년 3월 1일, A31면.

10) 김기현 외, 「지방공사·공단 최고경영자 3명 중 2명이 퇴직 공무원」, 동아일보, 2007년 5월 5일, A1면.

11) 허영섭, 「여적: 전관(前官) 파동」, 경향신문, 2007년 5월 30일자.

12) 손제민, 「퇴직판사 90%가 최종근무지 개업」, 경향신문, 2004년 10월 4일, 8면.

13) 황예랑, 「현직 부장판사 '전관예우' 비판」, 한겨레, 2004년 10월 6일, 8면.

14) 김종태, 「조대현 헌법재판관 후보자 청문회」, 문화일보, 2005년 7월 4일, 5면.

15) 이현미 · 김남석, 「법구회 소속 변호사 구속사건 수임 1위」, 문화일보, 2005년 9월 9일, 1면; 임석규 · 고나무, 「중앙지법 구속사건 전관들 싹쓸이, 이래도 '전관박대'냐」, 한겨레, 2005년 9월 10일, 5면.

16) 「사설: 속속 드러나는 구속사건 전관예우」, 서울신문, 2005년 9월 10일, 23면.

17) 권재현 외, 「'전관예우'는 살아 있었다, 중앙지법 출신 변호사들 구속사건 수임 '싹쓸이'」, 경향신문, 2005년 9월 10일, 1면.

18) 김재곤 · 이현미, 「서울 구속사건 '싹쓸이' 수임, 개업 3년도 안된 판 · 검사 출신 변호사들」, 문화일보, 2005년 10월 6일, 8면.

19) 박상진, 「법조계 전관예우 '난치병'」, 한국일보, 2006년 9월 5일, 10면.

20) 노윤정 · 조성진, 「대법관 출신 변호사는 전관예우 몸통」, 문화일보, 2006년 10월 16일, 9면.

21) 「사설: 직역(職域) 가리지 않는 공직자 '전관예우'」, 문화일보, 2006년 10월 17일, 31면.

22) 김회평, 「아름답지 않은 '대법관 변호사'」, 문화일보, 2006년 10월 16일, 30면.

23) 「사설: 사회의 공정한 룰 깨는 전관예우 관행」, 한국일보, 2006년 10월 18일, 31면.

24) 천광암, 「"전관예우 일본선 상상조차 할 수 없어", 법-검 갈등 계속 땐 국민 신뢰 잃을 것」, 동아일보, 2006년 12월 4일, A10면.

'지도자 민주주의'는 숙명인가?

25) 이은호, 「배신자를 지지하는 국민」, 한국일보, 2007년 3월 2일, A26면.

26) 권대열, 「이 · 박 지지자 3명 중 2명 "탈당해도 지지"」, 조선일보, 2007년 5월 7일, A5면.

27) 이상록, 「한나라 지지자 71% "당 아닌 후보에 투표"」, 동아일보, 2007년 5월 19일, A5면.

28) 신효섭, 「만물상: 경선 승복 각서」, 조선일보, 2007년 5월 19일, A30면.

29) 이기호, 「길 위의 이야기: 감정」, 한국일보, 2007년 5월 16일자.

30) 김재목, 「기간당원제와 '배제의 정치'」, 문화일보, 2004년 9월 4일, 22면.

31) 신용호, 「선거 때 급증 … '동원당원' 상당수, 삐걱대는 열린우리 '기간당원제'」, 중앙일보, 2005년 5월 9일, 8면.

32) 최인진 · 김창영, 「기초의원 유급제 등 당원 '입도선매' 극성」, 경향신문, 2005년 8월 18일, 1면.

33) 이해석, 「지방의원 선거 벌써 후끈, "연봉 5,000만~7,000만원이 어디냐" 너도 나도 깃발」, 중앙일보, 2005년 9월 29일, 1면.

34) 「열린우리당 전북도당 10만 기간당원시대」, 새전북신문, 2005년 9월 2일, 2면; 김정훈 외, 「몰려드는 입당원서 공천노린 박수부대?」, 동아일보, 2005년 9월 5일, A4면.

35) 하태원 · 장강명, 「정치개혁 상징? 대국민 사기극?」, 동아일보, 2005년 11월 3일, A6면.

36) 김정훈 외, 「절반이 무자격 '종이당원'」, 동아일보, 2005년 11월 15일, A8면.

37) 이태훈, 「선거 앞두고 당원 급모집, 당비 대납 여(與) 3명 구속」, 조선일보, 2005년 12월 29일, A10면.

38) 「'유령당원' 모집이 정치개혁인가」, 한겨레, 2006년 1월 10일, 31면.

39) 황대진, 「"종이당원이 훨씬 싸게 먹히는데 … 돈 안 드는 기간당원제 웃기는 소리"」, 조선일보, 2006년 1월 11일, A4면.

40) 안준호, 「분통 터뜨린 탈북자들」, 조선일보, 2006년 1월 17일, A3면.

41) 김재목, 「'종이당원'은 예고된 참사」, 문화일보, 2006년 1월 24일, 30면.

42) 심지연, 「유령당원과 당의장 선출」, 중앙일보, 2006년 2월 1일, 27면.

43) 김보협, 「9%의 벽, 민주노동당은 초조하다」, 『한겨레 21』, 2006년 3월 21일, 40~42면.

범주화 기질과 본질주의 성향

44) 김정훈, 「노 대통령 방미(訪美), "미국이 한국 도와줘야" 다섯 차례 반복」, 동아일보, 2003년 5월 13일자.

45) 정용환, 「조문사절 사양한 미국 "이민자도 미국인 … 한국이 나서면 곤란"」, 중앙일보, 2007년 4월 19일, 2면.

46) 이제훈, 「"자성의 뜻으로 32일간 금식하자" 이태식 주미대사 추모예배 발언」, 한겨레, 2007년 4월 19일, 9면.

47) 「사설: 송구한 마음으로 애도합니다」, 국민일보, 2007년 4월 19일, 22면.

48) 배영대, 「보스턴 거주 소설가 이문열 '조승희 범죄' 분석」, 중앙일보, 2007년 4월 20일, 1면.

49) 김광호 · 박영흠, 「미(美)도 놀란 한국의 집단책임의식」, 경향신문, 2007년 4월 21일, 1면.

50) J. 스콧 버거슨, 「한국인들의 지나친 '한국 걱정'」, 조선일보, 2007년 4월 21일, A31면.

51) 임지현, 「'집단적 죄의식' 증후군」, 조선일보, 2007년 4월 24일, A35면.

52) 김미영, 「"독립 피디 저널리즘 침해" 논쟁 불붙어」, 한겨레, 2007년 4월 12일, 21면.

53) 박상우, 「총기참사, 한국인의 잘못된 관점」, 경향신문, 2007년 4월 26일, 26면.

54) 임지현, 「'집단적 죄의식' 증후군」, 조선일보, 2007년 4월 24일, A35면.

55) 이기호, 「길 위의 이야기: 서글픔」, 한국일보, 2007년 4월 24일, 38면.

56) 장인철, 「"명문대 집착이 전인교육 망쳐" 미(美)언론, 아시아계 자녀교육 도마에 올려」, 한국일보, 2007년 4월 24일, 6면.

57) 탁석산 · 조긍호, 「대담서평: 『한국인 이해의 개념틀』로 나눈 철학자와 심리학자의 대화」, 『교수신문』, 2003년 5월 5일, 9면.

58) 이인우·심산, 『한겨레신문 10년의 이야기: 세상을 바꾸고 싶은 사람들』, 한겨레신문사, 1998년, 49~50쪽.

59) 이문재, 「감각적 지식인 소설 새 지평을 열다」, 『시사저널』, 1997년 5월 29일, 88면.

60) 최재봉, 「'망명자의 눈' 독특한 울림」, 한겨레, 1997년 5월 13일, 13면.

61) 최성일, 「아름답기보다 정확한 한국어 구사 그래서 아름답다, '저널리스트 작가' 고종석」, 한겨레, 2007년 1월 26일, 책·지성섹션 4~5면.

62) 고종석, 『감염된 언어: 국어의 변두리를 담은 몇 개의 풍경화』, 개마고원, 1999, 25쪽.

63) 고종석, 『바리에떼: 문화와 정치의 주변풍경』, 개마고원, 2007, 30~31쪽.

64) 고명섭, 「ㄱ은 고체, ㄹ은 액체성 자음」, 한겨레, 1999년 7월 27일, 18면.

65) 이수강, 「감염된 언어·언문세설」, 『그날에서 책읽기』, 1999년 7~8월, 54쪽에서 재인용.

66) 고종석, 「열린사회의 적」, 『씨네 21』, 1998년 1월 17일, 96면.

67) 고종석, 「유토피아에 반(反)해」, 『씨네 21』, 1998년 4월 7일, 96면.

68) 고종석, 「나는 '혼탁한 국어'를 사랑한다」, 『시사저널』, 1998년 4월 23일, 88면.

69) 고종석, 「제 목소리 내기가 겁나는 사회」, 『시사저널』, 1998년 6월 11일, 88면.

70) 고종석, 「'가갸거겨' 모르는 글쟁이들」, 『시사저널』, 1998년 7월 30일, 76면.

71) 고종석, 「경어와 평어, 그리고 민주주의」, 『시사저널』, 1998년 9월 10일, 77면.

72) 고종석, 「고은광순 씨의 통쾌한 풍자시」, 『시사저널』, 1999년 8월 12일, 90면.

73) 고종석, 「언론이 만든 '3김 시대 30년'」, 『시사저널』, 1999년 9월 2일, 88면.

74) 고종석, 「프랑스는 다 괜찮아?」, 『시사저널』, 1999년 9월 30일, 110면.

75) 고종석, 『바리에떼: 문화와 정치의 주변풍경』, 개마고원, 2007, 203쪽.

76) 고종석, 『바리에떼: 문화와 정치의 주변풍경』, 개마고원, 2007, 30쪽.

77) 고종석, 『바리에떼: 문화와 정치의 주변풍경』, 개마고원, 2007, 291쪽.

78) 이수강, 「감염된 언어, 언문세설」, 『그날에서 책읽기』, 1999년 7~8월, 54쪽에서 재인용.

79) 월 듀란트, 이철민 옮김, 『철학 이야기』, 청년사, 1987년, 217쪽.

80) 월 듀란트, 이철민 옮김, 『철학 이야기』, 청년사, 1987년, 287쪽.

81) 알랭 로랑, 김용민 옮김, 『개인주의의 역사』, 한길사, 2001년, 79~81쪽.

82) 박재환, 「현대 한국인의 생활원리」, 박재환 외, 『현대 한국사회의 일상문화코드』, 한울아카데미, 2004년, 13~67쪽.

83) 임지현, 『민족주의는 반역이다: 신화와 허무의 민족주의 담론을 넘어서』, 소나무, 1999년, 350쪽; 임지현, 『바르샤바에서 보낸 편지: 동유럽 역사 에세이』, 강, 1998년, 123쪽.

84) 고종석, 『바리에떼: 문화와 정치의 주변풍경』, 개마고원, 2007년, 187쪽.

85) 김동민, 「호남의 선택」, 새전북신문, 2003년 10월 2일자.

86) 고종석, 『바리에떼: 문화와 정치의 주변풍경』, 개마고원, 2007년, 199쪽.

87) 고종석, 「환멸을 넘어서」, 『시사저널』, 2005년 8월 16일, 88면.

공지영: 상처를 껴안는 법

88) 박해현, 「공지영 신드롬: "좌파 우파 다 뭐래도 난 길들여지고 싶지 않다"」, 조선일보, 2006년 11월 25일, A21면.

89) 김명인, 「공지영 신드롬: '그녀도 아팠구나' 갑남을녀들의 공감」, 한겨레, 2006년 12월 18일, 28면.

90) 이혜정, 「만나고 싶었습니다: 소설가 공지영」, 『성서생활』, 1994년 12월, 10쪽.

91) 손민호, 「작가 공지영-화가 김태헌 씨 대담: "다름을 포용할 줄 아는 사회가 되었으면……"」, 중앙일보, 2007년 2월 24일, 5면.

92) 이나리, 「"이제는 자만도, 자학도 하지 않는다", 5년 만에 새 소설집 『별들의 들판』 펴낸 공지영」, 『신동아』, 2005년 1월, 399쪽.

93) 정희진, 『페미니즘의 도전』, 교양인, 2005, 23쪽.

94) 이나리, 「"이제는 자만도, 자학도 하지 않는다", 5년 만에 새 소설집 『별들의 들판』 펴낸 공지영」, 『신동아』, 2005년 1월, 397쪽.

95) 박은주, 「문제는 '인간에 대한 예의'」, 『문학사상』, 1998년 7월, 108쪽.

96) 이문열, 『선택』, 민음사, 1997년, 9쪽.

97) 고지영, 「성(性) 다른 내 두 아이 상처 감싸준다면 감옥에라도 가겠다」, 중앙일보, 2001년 5월 21일, 5면.

98) 최윤필, 「"오랜만에 수술하는 의사처럼 두려워", 5년 만에 소설 『별들의 들판』 낸 공지영」, 한국일보, 2004년 10월 27일, A25면.

99) 김지영, 「펜은 기억한다 그녀의 상처를, 공지영 소설 · 산문집 모두 베스트셀러에」, 동아일보, 2006년 5월 25일, A23면.

김용옥: 호연지기는 자유를 먹고 자란다

100) 조연현, 「김경재 교수가 본 도올: "용기 지닌 '물건' … 준비된 지성"」, 한겨레, 2007년 2월 23일, 25면.

101) 한승동, 「도올판 '호연지기' 놀랍구나」, 한겨레, 2007년 2월 23일, 책 · 지성섹션 17면.

102) 박노자, 『우승열패의 신화』, 한겨레신문사, 2005년, 276쪽.

김동춘: 누가 '기업사회'를 만드는가?

103) 김동춘·공병호, 「불붙은 '기업사회론 논쟁' 맞수 대담: "기업권력 자제력 잃었다" "정치권력보다 오만가능성 적다"」, 한겨레, 2007년 2월 20일, 27면.

104) 고명섭, 「한국사회는 기업의 식민지, 김동춘 교수 근작서 '기업사회' 경고」, 한겨레, 2007년 1월 12일, 책·지성 섹션, 2~3면.

105) 김동춘, 『1997년 이후 한국사회의 성찰: 기업사회로의 변환과 과제』, 길, 2006년, 32쪽.

106) 김동춘, 『1997년 이후 한국사회의 성찰: 기업사회로의 변환과 과제』, 길, 2006년, 20쪽.

107) 오관철, 「공공기관 감사 '돈 방석'」, 경향신문, 2007년 1월 13일, 2면.

108) 「사설: 양극화의 현주소, 공직자 재산공개」, 한국일보, 2006년 3월 1일, A23면.

리영희: 불성실한 '리영희 비판자들'

109) 리영희·서중석, 「사람과 사상-공세적 인터뷰: 버리지 못하는 이기주의와 버릴 수 없는 사회주의적 휴머니즘」, 『사회평론』, 1991년 6월, 98쪽.

110) 리영희·서중석, 「사람과 사상-공세적 인터뷰: 버리지 못하는 이기주의와 버릴 수 없는 사회주의적 휴머니즘」, 『사회평론』, 1991년 6월, 96~97쪽.

111) 배영대, 「진보 지식인 대부 리영희 교수, 그의 '공과'를 되묻는다: 한신대 윤평중 교수 비판」, 중앙일보, 2006년 11월 8일, 3면.

112) 김종혁, 「다시 불러보는 '껍데기는 가라'」, 중앙일보, 2006년 11월 11일, 31면.

113) 양상훈, 「리영희와 '우상과 이성'」, 조선일보, 2006년 12월 13일, A38면; 양상훈, 「노대통령의 시계추 운동」, 조선일보, 2006년 12월 27일, A30면.

114) 권재현, 「리영희, 북에 주관―낭만적 기준 적용 이성-진보 아닌 우상이자 시대착오」, 동아일보, 2007년 3월 1일, 8면.

박원순: 삼성과의 관계, 적절한가?

115) 김재중, 「"어떻게 세상 바꿀지 고민해야" 문국현, 정치권에 일침」, 경향신문, 2007년 3월 26일, 6면.

116) 김종혁, 「월요 인터뷰: 박병옥 경실련 사무총장, "시민단체 정치운동하려면 커밍아웃부터 하라"」, 중앙일보, 2007년 3월 26일, 33면.

117) 전병역·장관순, 「진보개혁의 위기, 길 잃은 한국: (5)시민단체-뿌리 잃은 풀뿌리운동, '시민'은 떠나고 … 정치 물든 '운동'만 남았다」, 경향신문, 2006년 10월 30일, 4면.

118) 이재영, 「회원동의 없는 정치참여는 문제」, 시민의신문, 2006년 12월 25일, 4면.